中國飲食文化史 長江下游地區卷

The History of Chinese Dietetic Culture
Volume of the Lower Reaches of the Yangtze River

感　謝

北京稻香村食品有限責任公司對本書出版的支持

中國農業科學院農業信息研究所對本書出版的支持

浙江工商大學暨旅遊學院對本書出版的支持

黑龍江大學歷史文化旅遊學院對本書出版的支持

飲其流者
懷其源

1. 河姆渡人的飲食生活場景，河姆渡遺址博物館模型※

2. 江蘇高郵龍虬莊文化遺址

3. 雙鳥朝陽，河姆渡人的圖騰

The History of Chinese Dietetic Culture

※　編者註：書中圖片來源除有標註者外，其餘均由作者提供。對於作者從網站或其他出版物等途徑獲得的圖片也做了
　　標註。

1. 新石器時代的陶器，江蘇高郵龍虬莊文化遺址出土

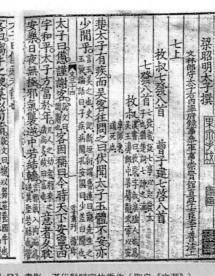

2. 《七發》書影，漢代辭賦家枚乘作（取自《文選》）

3. 漢代豆腐製作流程圖

4. 《韓熙載夜宴圖》局部，五代南唐顧閎中繪

1. 「天下第五泉」的碑銘，立於江蘇揚州大明寺平山堂西院

2. 《鬥茶圖》，南宋劉松年繪

3. 《蘭亭修禊圖》，明代文徵明繪

1. 《賣橘子的小販》，清光緒嵩山道
   人圖（揚州博物館藏）

2. 《藕香榭吃螃蟹》，
   楊柳青年畫

3. 袁枚像及《隨園食單》

序言

鴻篇巨帙　繼往開來
——《中國飲食文化史》（十卷本）序

　　中國飲食文化是中國傳統文化的重要組成部分，其內涵博大精深、歷史源遠流長，是中華民族燦爛文明史的生動寫照。她以獨特的生命力佑護著華夏民族的繁衍生息，並以強大的輻射力影響著周邊國家乃至世界的飲食風尚，享有極高的世界聲譽。

　　中國飲食文化是一種廣視野、深層次、多角度、高品位的地域文化，她以農耕文化為基礎，輔之以漁獵及畜牧文化，傳承了中國五千年的飲食文明，為中華民族鑄就了一部輝煌的文化史。

　　但長期以來，中國飲食文化的研究相對滯後，在國際的學術研究領域沒有占領制高點。一是研究隊伍不夠強大，二是學術成果不夠豐碩，尤其缺少全面而系統的大型原創專著，實乃學界的一大憾事。正是在這樣困頓的情勢下，國內學者勵精圖治、奮起直追，發憤用自己的筆撰寫出一部中華民族的飲食文化史。中國輕工業出版社與撰寫本書的專家學者攜手二十餘載，潛心勞作，殫精竭慮，終至完成了這一套數百萬字的大型學術專著——《中國飲食文化史》（十卷本），是一件了不起的事情！

　　《中國飲食文化史》（十卷本）一書，時空跨度廣遠，全書自史前始，一直敘述至現當代，橫跨時空百萬年。全書著重敘述了原始農業和畜牧業出現至今的一萬年左右華夏民族飲食文化的演變，充分展示了中國飲食文化是地域文化這一理論學說。

　　該書將中國飲食文化劃分為黃河中游、黃河下游、長江中游、長江下游、東

南、西南、東北、西北、中北、京津等十個子文化區域進行相對獨立的研究。各區域單獨成卷，每卷各章節又按斷代劃分，分代敘述，形成了縱橫分明的脈絡。

全書內容廣泛，資料翔實。每個分卷涵蓋的主要內容包括：地緣、生態、物產、氣候、土地、水源；民族與人口；食政食法、食禮食俗、飲食結構及形成的原因；食物原料種類、分布、加工利用；烹飪技術、器具、文獻典籍、文化藝術等。可以說每一卷都是一部區域飲食文化通史，彰顯出中國飲食文化典型的區域特色。

中國飲食文化學是一門新興的綜合學科，它涉及歷史學、民族學、民俗學、人類學、文化學、烹飪學、考古學、文獻學、食品科技史、中國農業史、中國文化交流史、邊疆史地、地理經濟學、經濟與商業史等學科。多學科的綜合支撐及合理分布，使本書具有頗高的學術含量，也為學科理論建設提供了基礎藍本。

中國飲食文化的產生，源於中國厚重的農耕文化，兼及畜牧與漁獵文化。古語有云：「民以食為天，食以農為本」，清晰地說明了中華飲食文化與中華農耕文化之間不可分割的緊密聯繫，並由此生發出一系列的人文思想，這些人文思想一以貫之地體現在人們的社會活動中。包括：

「五穀為養，五菜為助，五畜為益，五果為充」的飲食結構。這種良好飲食結構的提出，是自兩千多年前的《黃帝內經》始，至今看來還是非常科學的。中國地域廣袤，食物原料多樣，江南地區的「飯稻羹魚」、草原民族的「食肉飲酪」，從而形成中華民族豐富、健康的飲食結構。

「醫食同源」的養生思想。中華民族自古以來並非代代豐衣足食，歷代不乏災荒饑饉，先民歷經了「神農嘗百草」以擴大食物來源的艱苦探索過程，千百年來總結出「醫食同源」的寶貴思想。在西方現代醫學進入中國大地之前的數千年，「醫食同源」的養生思想一直護佑著炎黃子孫的健康繁衍生息。

「天人合一」的生態觀。農耕文化以及漁獵、畜牧文化，都是人與自然間最和諧的文化，在廣袤大地上繁衍生息的中華民族，篤信人與自然是合為一體的，人類的所衣所食，皆來自於大自然的餽贈，因此先民世世代代敬畏自然，愛護生態，尊重生命，重天時，守農時，創造了農家獨有的二十四節氣及節令食俗，「循天道行人事」。這種寶貴的生態觀當引起當代人的反思。

「尚和」的人文情懷。農耕文明本質上是一種善的文明。主張和諧和睦、勤勞耕作、勤和為人，崇尚以和為貴、包容寬仁、質樸淳和的人際關係。中國飲食講

究的「五味調和」也正是這種「尚和」的人文情懷在烹飪技術層面的體現。縱觀中國飲食文化的社會功能，更是對「尚和」精神的極致表達。

「尊老」的人倫傳統。在傳統的農耕文明中，老人是農耕經驗的積累者，是向子孫後代傳承農耕技術與經驗的傳遞者，因此一直受到家庭和社會的尊重。中華民族尊老的傳統是農耕文化的結晶，也是農耕文化得以久遠傳承的社會行為保障。

《中國飲食文化史》（十卷本）的研究方法科學、縝密。作者以大歷史觀、大文化觀統領全局，較好地利用了歷史文獻資料、考古發掘研究成果、民俗民族資料，同時也有效地利用了人類學、文化學及模擬試驗等多種有效的研究方法與手段。對區域文明肇始、族群結構、民族遷徙、人口繁衍、資源開發、生態制約與變異、水源利用、生態保護、食物原料貯存與食品保鮮防腐等一系列相關問題都予以了充分表述，並提出一系列獨到的學術觀點。

如該書提出中國在漢代就已掌握了麵食的發酵技術，從而把這一科技界的定論向前推進了一千年（科技界傳統說法是在宋代）；又如，對黃河流域土地承載力遞減而導致社會政治文化中心逐流而下的分析；對草地民族因食料制約而頻頻南下的原因分析；對生態結構發生變化的深層原因討論；對《齊民要術》《農政全書》《飲膳正要》《天工開物》等經典文獻的識讀解析；以及對筷子的出現及歷史演變的論述等。該書還清晰而準確地敘述了既往研究者已經關注的許多方面的問題，比如農產品加工技術與食品形態問題、關於農作物及畜類的馴化與分布傳播等問題，這些一向是農業史、交流史等學科比較關注而又疑難點較多的領域，該書對此亦有相當的關注與精到的論述。體現出整個作者群體較強的科研能力及科研水平，從而鑄就了這部填補學術空白、出版空白的學術著作，可謂是近年來不可多得的精品力作。

本書是填補空白的原創之作，這也正是它的難度之所在。作者的寫作並無前人成熟的資料可資借鑑，可以想見，作者須進行大量的文獻爬梳整理、甄選淘漉，閱讀量浩繁，其寫作難度絕非一般。在拼湊摘抄、扒網拼盤已成為當今學界一大痼疾的今天，這部原創之作益發顯得可貴。

一套優秀書籍的出版，最少不了的是出版社編輯們默默無聞但又艱辛異常的付出。中國輕工業出版社以文化堅守的高度責任心，苦苦堅守了二十年，為出版這套不能靠市場獲得收益、然而又是填補空白的大型學術著作嘔心瀝血。進入編輯階段以後，編輯部嚴苛細緻，務求嚴謹，精心提煉學術觀點，一遍遍打磨稿

件。對稿件進行字斟句酌的精心加工，並啟動了高規格的審稿程序，如，他們聘請國內頂級的古籍專家對書中所有的古籍以善本為據進行了逐字逐句的核對，並延請史學專家、民族宗教專家、民俗專家等進行多輪審稿，全面把關，還對全書內容做了二十餘項的專項檢查，剗除掉書稿中的許多瑕疵。他們不因卷帙浩繁而存絲毫懈怠之念，日以繼夜，忘我躬耕，使得全書體現出了高質量、高水準的精品風範。在當前浮躁的社會風氣下，能堅守這種職業情操實屬不易！

本書還在高端學術著作科普化方面做出了有益的嘗試，如對書中的生僻字進行注音，對專有名詞進行註釋，對古籍文獻進行串講，對正文配發了許多圖片等。凡此種種，旨在使學術著作更具通俗性、趣味性和可讀性，使一些優秀的學術思想能以通俗化的形式得到展現，從而擴大閱讀的人群，傳播優秀文化，這種努力值得稱道。

這套學術專著是一部具有劃時代意義的鴻篇巨帙，它的出版，填補了中國飲食文化無大型史著的空白，開啟了中國飲食文化研究的新篇章，功在當代，惠及後人。它的出版，是中國學者做的一件與大國地位相稱的大事，是中國對世界文明的一種國際擔當，彰顯了中國文化的軟實力。它的出版，是中華民族五千年飲食文化與改革開放三十多年來最新科研成果的一次大梳理、大總結，是樹得起、站得住的歷史性文化工程，對傳播、振興民族文化，對中國飲食文化學者在國際學術領域重新建立領先地位，將起到重要的推動作用。

作為一名長期從事農業科技文化研究的工作者，對於這部大型學術專著的出版，我感到由衷的欣喜。願《中國飲食文化史》（十卷本）能夠繼往開來，為中國飲食文化的發揚光大，為中國飲食文化學這一學科的崛起做出重大貢獻。

盧良恕

二〇一三年七月

序言

一部填補空白的大書
——《中國飲食文化史》（十卷本）序

　　中國輕工業出版社通過我在中國社會科學院歷史研究所的老同事，送來即將出版的《中國飲食文化史》（十卷本）樣稿，厚厚的一大疊。我仔細披閱之下，心中深深感到驚奇。因為在我的記憶範圍裡，已經有好多年沒有見過系統論述中國飲食文化的學術著作了，況且是由全國眾多專家學者合力完成的一部十卷本長達數百萬字的大書。

　　正如不久前上映的著名電視片《舌尖上的中國》所體現的，中國的飲食文化是悠久而輝煌的中國傳統文化的一個重要組成部分。中國的飲食文化非常發達，在世界上享有崇高的聲譽，然而，或許是受長時期流行的一些偏見的影響，學術界對飲食文化的研究卻十分稀少，值得提到的是國外出版的一些作品。記得二十世紀七〇年代末，我在美國哈佛大學見到張光直先生，他給了我一本剛出版的《中國文化中的食品》（英文），是他主編的美國學者寫的論文集。在日本，則有中山時子教授主編的《中國食文化事典》，其內的「文化篇」曾於一九九二年中譯出版，題目就叫《中國飲食文化》。至於國內學者的專著，我記得的只有上海人民出版社《中國文化史叢書》裡面有林乃燊教授的一本，題目也是《中國飲食文化》，也印行於一九九二年，其書可謂有筆路藍縷之功，只是比較簡略，許多問題未能展開。

　　由趙榮光教授主編、由中國輕工業出版社出版的這部十卷本《中國飲食文化史》規模宏大，內容充實，在許多方面都具有創新意義，從這一點來說，確實是前所未有的。講到這部巨著的特色，我個人意見是不是可以舉出下列幾點：

首先，當然是像書中所標舉的，是充分運用了區域研究的方法。我們中國從來是一個多民族、多地區的國家，五千年的文明歷史是各地區、各民族共同締造的。這種多元一體的文化觀，自「改革開放」以來，已經在歷史學、考古學等領域起了很大的促進作用。《中國飲食文化史》（十卷本）的編寫，貫徹「飲食文化是區域文化」的觀點，把全國劃分為十個文化區域，即黃河中游、黃河下游、長江中游、長江下游、東南、西南、東北、西北、中北和京津，各立一卷。每一卷都可視為區域性的通史，各卷間又互相配合關聯，形成立體結構，便於全面展示中國飲食文化的多彩面貌。

其次，是儘可能地發揮了多學科結合的優勢。中國飲食文化的研究，本來與歷史學、考古學及科技史、美術史、民族史、中外關係史等學科都有相當密切的聯繫。《中國飲食文化史》（十卷本）一書的編寫，努力吸取諸多有關學科的資料和成果，這就擴大了研究的視野，提高了工作的質量。例如在參考文物考古的新發現這一方面，書中就表現得比較突出。

第三，是將各歷史時期飲食文化的演變過程與當時社會總的發展聯繫起來去考察。大家知道，把研究對象放到整個歷史的大背景中去分析估量，本來是歷史研究的基本要求，對於飲食文化研究自然也不例外。

第四，也許是最值得注意的一點，就是這部書把飲食文化的探索提升到理論思想的高度。《中國飲食文化史》（十卷本）一開始就強調「全書貫穿一條鮮明的人文思想主線」，實際上至少包括了這樣一系列觀點，都是從遠古到現代飲食文化的發展趨向中歸結出來的：

一、五穀為主兼及其他的飲食結構；

二、「醫食同源」的保健養生思想；

三、尚「和」的人文觀念；

四、「天人合一」的生態觀；

五、「尊老」的傳統。

這樣，這部《中國飲食文化史》（十卷本）便不同於技術層面的「中國飲食史」，而是富於思想內涵的「中國飲食文化史」了。

據瞭解，這部《中國飲食文化史》（十卷本）的出版，經歷了不少坎坷曲折，前後過程竟長達二十餘年。其間做了多次反覆的修改。為了保證質量，中國輕工業出版社邀請過不少領域的專家閱看審查。現在這部大書即將印行，相信會得到

有關學術界和社會讀者的好評。我對所有參加此書工作的各位專家學者以及中國輕工業出版社同仁能夠如此鍥而不捨深表敬意，希望在飲食文化研究方面能再取得更新更大的成績。

李學勤

二〇一三年九月

於北京清華大學寓所

序言

「飲食文化圈」理論認知中華飲食史的嘗試
—中國飲食文化區域性特徵

　　很長時間以來，本人一直希望海內同道聯袂在食學文獻梳理和「飲食文化區域史」「飲食文化專題史」兩大專項選題研究方面的協作，冀其為原始農業、畜牧業以來的中華民族食生產、食生活的文明做一初步的瞰窺勾測，從而為更理性、更深化的研究，為中華食學的堅實確立準備必要的基礎。為此，本人做了一系列先期努力。一九九一年北京召開了「首屆中國飲食文化國際學術研討會」，自此，也開始了迄今為止歷時二十年之久的該套叢書出版的艱苦歷程。其間，本人備嘗了時下中國學術堅持的艱難與苦澀，所幸的是，《中國飲食文化史》（十卷本）終於要出版了，作為主編此時真是悲喜莫名。

　　將人類的食生產、食生活活動置於特定的自然生態與歷史文化系統中審視認知並予以概括表述，是三十多年前本人投諸飲食史、飲食文化領域研習思考伊始所依循的基本方法。這讓我逐漸明確了「飲食文化圈」的理論思維。中國學人對民眾食事文化的關注淵源可謂久遠。在漫長的民族飲食生活史上，這種關注長期依附於本草學、農學而存在，因而形成了中華飲食文化的傳統特色與歷史特徵。初刊於一七九二年的《隨園食單》可以視為這種依附傳統文化轉折的歷史性標誌。著者中國古代食聖袁枚「平生品味似評詩」，潛心戮力半世紀，以開創、標立食學深自期許，然限於歷史時代侷限，終未遂其所願——抱定「皓首窮經」「經國濟世」之理念建立食學，使其成為傳統士子麇集的學林。

　　食學是研究不同時期、各種文化背景下的人群食事事象、行為、性質及其規律的一門綜合性學問。中國大陸食學研究熱潮的興起，文化運氣系接海外學界之

後，二十世紀中葉以來，日、韓、美、歐以及港、臺地區學者批量成果的發表，蔚成了中華食文化研究熱之初潮。社會飲食文化的一個最易為人感知之處，就是都會餐飲業，而其衰旺與否的最終決定因素則是大眾的消費能力與方式。正是餐飲業的持續繁榮和大眾飲食生活水準的整體提高，給了中國大陸食學研究以不懈的助動力。在中國飲食文化熱持續至今的三十多年中，經歷了「熱學」「顯學」兩個階段，而今則處於「食學」漸趨成熟階段。以國人為主體的諸多富有創見性的文著累積，是其漸趨成熟的重要標誌。

人類文化是生態環境的產物，自然環境則是人類生存發展依憑的文化史劇的舞台。文化區域性是一個歷史範疇，一種文化傳統在一定地域內沉澱、累積和承續，便會出現不同的發展形態和高低不同的發展水平，因地而宜，異地不同。飲食文化的存在與發展，主要取決於自然生態環境與文化生態環境兩大系統的因素。就物質層面說，如俗語所說：「一方水土養一方人」，其結果自然是「一方水土一方人」，飲食與飲食文化對自然因素的依賴是不言而喻的。早在距今10000至6000年，中國便形成了以粟、菽、麥等「五穀」為主要食物原料的黃河流域飲食文化區、以稻為主要食物原料的長江流域飲食文化區、以肉酪為主要食物原料的中北草原地帶的畜牧與狩獵飲食文化區這不同風格的三大飲食文化區域類型。其後西元前二世紀，司馬遷曾按西漢帝國版圖內的物產與人民生活習性作了地域性的表述。山西、山東、江南（彭城以東，與越、楚兩部）、龍門碣石北、關中、巴蜀等地區因自然生態地理的差異而決定了時人公認的食生產、食生活、食文化的區位性差異，與史前形成的中國飲食文化的區位格局相較，已經有了很大的發展變化。而後再歷二十多個世紀至十九世紀末，在今天的中國版圖內，存在著東北、中北、京津、黃河下游、黃河中游、西北、長江下游、長江中游、西南、青藏高原、東南十一個結構性子屬飲食文化區。再以後至今的一個多世紀，儘管食文化基本區位格局依在，但區位飲食文化的諸多結構因素卻處於大變化之中，變化的速度、廣度和深度，都是既往歷史上不可同日而語的。生產力的結構性變化和空前發展；食生產工具與方式的進步；信息傳遞與交通的便利；經濟與商業的發展；人口大規模的持續性流動與城市化進程的快速發展；思想與觀念的更新進化等，這一切都大大超越了食文化物質交換補益的層面，而具有更深刻、更重大的意義。

各飲食文化區位文化形態的發生、發展都是一個動態的歷史過程，「不變中有

變、變中有不變」是飲食文化演變規律的基本特徵。而在封閉的自然經濟狀態下,「靠山吃山靠水吃水」的飲食文化存在方式,是明顯「滯進」和具有「惰性」的。所謂「滯進」和「惰性」是指:在決定傳統餐桌的一切要素幾乎都是在年復一年簡單重複的歷史情態下,飲食文化的演進速度是十分緩慢的,人們的食生活是因循保守的,「周而復始」一詞正是對這種形態的概括。人類的飲食生活對於生息地產原料並因之決定的加工、進食的地域環境有著很強的依賴性,我們稱之為「自然生態與文化生態環境約定性」。生態環境一般呈現為相當長歷史時間內的相對穩定性,食生產方式的改變,一般也要經過很長的歷史時間才能完成。而在「雞犬之聲相聞,民至老死不相往來」的相當封閉隔絕的中世紀,各封閉區域內的人們是高度安適於既有的一切的。一般來說,一個民族或某一聚合人群的飲食文化,都有著較為穩固的空間屬性或區位地域的植根性、依附性,因此各區位地域之間便存在著各自空間環境下和不同時間序列上的差異性與相對獨立性。而從飲食生活的動態與飲食文化流動的屬性觀察,則可以說世界上絕大多數民族(或聚合人群)的飲食文化都是處於內部或外部多元、多渠道、多層面的、持續不斷的傳播、滲透、吸收、整合、流變之中。中華民族共同體今天的飲食文化形態,就是這樣形成的。

隨著各民族人口不停地移動或遷徙,一些民族在生存空間上的交叉存在、相互影響(這種狀態和影響自古至今一般呈不斷加速的趨勢),飲食文化的一些早期民族特徵逐漸地表現為區位地域的共同特徵。迄今為止,由於自然生態和經濟地理等諸多因素的決定作用,中國人主副食主要原料的分布,基本上還是在漫長歷史過程中逐漸形成的基本格局。宋應星在談到中國歷史上的「北麥南稻」之說時還認為:「四海之內,燕、秦、晉、豫、齊、魯諸蒸民粒食,小麥居半,而黍、稷、稻、粱僅居半。西極川、雲,東至閩、浙、吳楚腹焉……種小麥者二十分而一……種餘麥者五十分而一,閭閻作苦以充朝膳,而貴介不與焉。」這至少反映了宋明時期麥屬作物分布的大勢。直到今天,東北、華北、西北地區仍是小麥的主要產區,青藏高原是大麥(青稞)及小麥的產區,黑麥、燕麥、蕎麥、葆麥等雜麥也主要分布於這些地區。這些地區除麥屬作物之外,主食原料還有粟、秫、玉米、稷等「雜糧」。而長江流域及以南的平原、盆地和壩區廣大地區,則自古至今都是以稻作物為主,其山區則主要種植玉米、粟、蕎麥、紅薯、小麥、大麥、旱稻等。應當看到,糧食作物今天的品種分布狀態,本身就是不斷演變的歷史性結

果，而這種演變無論表現出怎樣的相對穩定性，它都不可能是最終格局，還將持續地演變下去。

　　歷史上各民族間飲食文化的交流，除了零星漸進、潛移默化的和平方式之外，在災變、動亂、戰爭等特殊情況下，出現短期內大批移民的方式也具有特別的意義。其間，由物種傳播而引起的食生產格局與食生活方式的改變，尤具重要意義。物種傳播有時並不依循近鄰滋蔓的一般原則，伴隨人們遠距離跋涉的活動，這種傳播往往以跨越地理間隔的童話般方式實現。原產美洲的許多物種集中在明代中葉聯袂登陸中國就是典型的例證。玉米、紅薯自明代中葉以後相繼引入中國，因其高產且對土壤適應性強，於是長江以南廣大山區，魯、晉、豫、陝等大片久耕密植的貧瘠之地便很快迭相效應，迅速推廣開來。山區的瘠地需要玉米、紅薯這樣的耐瘠抗旱作物，傳統農業的平原地區因其地力貧乏和人口稠密，更需要這種耐瘠抗旱而又高產的作物，這就是各民族民眾率相接受玉米、紅薯的根本原因。這一「根本原因」甚至一直深深影響到二十世紀八〇年代以前。中國大陸長期以來一直以提高糧食畝產、單產為壓倒一切的農業生產政策，南方水稻、北方玉米，幾乎成了各級政府限定的大田品種種植的基本模式。

　　嚴格說來，很少有哪些飲食文化區域是完全不受任何外來因素影響的純粹本土的單質文化。也就是說，每一個飲食文化區域都是或多或少、或顯或隱地包融有異質文化的歷史存在。中華民族飲食文化圈內部，自古以來都是域內各子屬文化區位之間互相通融補益的。而中華民族飲食文化圈的歷史和當今形態，也是不斷吸納域外飲食文化更新進步的結果。一九八二年筆者在新疆歷時半個多月的一次深度考察活動結束之後，曾有一首詩：「海內神廚濟如雲，東西甘脆皆與聞。野駝渾烹標青史，肥羊串炙喜今人。乳酒清冽爽筋骨，奶茶濃郁尤益神。朴勞納仁稱異饌，金特克缺愧寡聞。胡餅西肺欣再睹，葡萄密瓜連筵陳。四千文明源泉水，雲裡白毛無銷痕。晨鐘傳於二三聲，青眼另看大宛人。」詩中所敘的是維吾爾、哈薩克、柯爾克孜、烏孜別克、塔吉克、塔塔爾等少數民族的部分風味食品，反映了西北地區多民族的獨特飲食風情。中國有十個少數民族信仰伊斯蘭教，他們主要或部分居住在西北地區。因此，伊斯蘭食俗是西北地區最具代表性的飲食文化特徵。而西北地區，眾所周知，自漢代以來直至西元七世紀一直是佛教文化的世界。正是來自阿拉伯地區的影響，使佛教文化在這裡幾乎消失殆盡了。當然，西北地區還有漢、蒙古、錫伯、達斡爾、滿、俄羅斯等民族成分。西

北多民族共聚的事實，就是歷史文化大融匯的結果，這一點，同樣是西北地區飲食文化獨特性的又一鮮明之處。作為通往中亞的必由之路，舉世聞名的絲綢之路的幾條路線都經過這裡。東西交匯，絲綢之路飲食文化是該地區的又一獨特之處。中華飲食文化通過絲綢之路吸納域外文化因素，確切的文字記載始自漢代。張騫（？-前114年）於漢武帝建元三年（西元前138年）、元狩四年（西元前119年）的兩次出使西域，使內地與今天的新疆及中亞的文化、經濟交流進入到了一個全新的歷史階段。葡萄、苜蓿、胡麻、胡瓜、蠶豆、核桃、石榴、胡蘿蔔、蔥、蒜等菜蔬瓜果隨之來到了中國，同時進入的還有植瓜、種樹、屠宰、截馬等技術。其後，西漢軍隊為能在西域伊吾長久駐紮，便將中原的挖井技術，尤其是河西走廊等地的坎兒井技術引進了西域，促進了灌溉農業的發展。

至少自有確切的文字記載以來，中華版圖內外的食事交流就一直沒有間斷過，並且呈與時俱進、逐漸頻繁深入的趨勢。漢代時就已經成為黃河流域中原地區的一些主食品種，例如餛飩、包子（籠上牢丸）、餃子（湯中牢丸）、麵條（湯餅）、饅首（有餡與無餡）、餅等，到了唐代時已經成了地無南北東西之分，民族成分無分的、隨處可見的、到處皆食的大眾食品了。今天，在中國大陸的任何一個中等以上的城市，幾乎都能見到以各地區風味或少數民族風情為特色的餐館。而隨著人們消費能力的提高和消費觀念的改變，到異地旅行，感受包括食物與飲食風情在內的異地文化已逐漸成了一種新潮，這正是各地域間食文化交流的新時代特徵。這其中，科技的力量和由科技決定的經濟力量，比單純的文化力量要大得多。事實上，科技往往是文化流變的支配因素。比如，以筷子為食具的箸文化，其起源已有不下六千年的歷史，漢以後逐漸成為漢民族食文化的主要標誌之一；明清時期已普及到絕大多數少數民族地區。而現代化的科技烹調手段則能以很快的速度為各族人民所接受。如電飯煲、微波爐、電烤箱、電冰箱、電熱炊具或氣體燃料新式炊具、排煙具等幾乎在一切可能的地方都能見到。真空包裝食品、方便食品等現代化食品、食料更是無所不至。

黑格爾說過一句至理名言：「方法是決定一切的」。筆者以為，飲食文化區位性認識的具體方法儘管可能很多，儘管研究方法會因人而異，但方法論的原則卻不能不有所規範和遵循。

首先，應當是歷史事實的真實再現，即通過文獻研究、田野與民俗考察、數學與統計學、模擬重複等方法，去盡可能摹繪出曾經存在過的飲食歷史文化構

件、結構、形態、運動。區位性研究，本身就是要在某一具體歷史空間的平台上，重現其曾經存在過的構建，如同考古學在遺址上的工作一樣，它是具體的，有限定的。這就要求我們對於資料的篩選必須把握客觀、真實、典型的原則，絕不允許研究者的個人好惡影響原始資料的取捨剪裁，客觀、公正是絕對的原則。

其次，是把飲食文化區位中的具體文化事象視為該文化系統中的有機構成來認識，而不是將其孤立於整體系統之外釋讀。割裂、孤立、片面和絕對地認識某一歷史文化，只能遠離事物的本來面目，結論也是不足取的。文化承載者是有思想的、有感情的活生生的社會群體，我們能夠憑藉的任何飲食文化遺存，都曾經是生存著的社會群體的食生產、食生活活動事象的反映，因此要把資料置於相關的結構關係中去解讀，而非孤立地認斷。在歷史領域裡，有時相近甚至相同的文字符號，卻往往反映不同的文化意義，即不同時代、不同條件下的不同信息也可能由同一文字符號來表述；同樣的道理，表面不同的文字符號也可能反映同一或相近的文化內涵。也就是說，我們在使用不同歷史時期各類著述者留下來的文獻時，不能只簡單地停留在文字符號的表面，而應當準確透析識讀，既要盡可能地多參考前人和他人的研究成果，還要考慮到流傳文集記載的版本等因素。

再次，飲食文化的民族性問題。如果說飲食文化的區域性主要取決於區域的自然生態環境因素的話，那麼民族性則多是由文化生態環境因素決定的。而文化生態環境中的最主要因素，應當是生產力。一定的生產力水平與科技程度，是文化生態環境時代特徵中具有決定意義的因素。《詩經》時代黃河流域的漬菹，本來是出於保藏的目的，而後成為特別加工的風味食品。今日東北地區的酸菜、四川的泡菜，甚至朝鮮半島的柯伊姆奇（泡菜）應當都是其餘韻。今日西南許多少數民族的粑粑、餌塊以及東北朝鮮族的打糕等蒸舂的稻穀粉食，是古時杵臼搗制餈餌的流風。蒙古族等草原文化帶上的一些少數民族的手扒肉，無疑是草原放牧生產與生活條件下最簡捷便易的方法，而今竟成草原情調的民族獨特食品。同樣，西南、華中、東南地區許多少數民族習尚的熏臘食品、酸酵食品等，也主要是由於貯存、保藏的需要而形成的風味食品。這也與東北地區人們冬天用雪埋、冰覆，或潑水掛臘（在肉等食料外潑水結成一層冰衣保護）的道理一樣。以至北方冬天吃的凍豆腐，也竟成為一種風味獨特的食料。因為歷史上人們沒有更好的保藏食品的方法。因此可以說，飲食文化的民族性，既是地域自然生態環境因素決定的，也是文化生態因素決定的，因此也是一定生產力水平所決定的。

又次，端正研究心態，在當前中華飲食文化中具有特別重要的意義。冷靜公正、實事求是，是任何學科學術研究的絕對原則。學術與科學研究不同於男女談戀愛和市場交易，它否定研究者個人好惡的感情傾向和局部利益原則，要熱情更要冷靜和理智；反對偏私，堅持公正；「實事求是」是唯一可行的方法論原則。

多年前北京釣魚台國賓館的一次全國性飲食文化會議上，筆者曾強調食學研究應當基於「十三億人口，五千年文明」的「大眾餐桌」基本理念與原則。我們將《中國飲食文化史》（十卷本）的付梓理解為「飲食文化圈」理論的認知與嘗試，不是初步總結，也不是什麼了不起的成就。

儘管飲食文化研究的「圈論」早已經為海內外食學界熟知並逐漸認同，十年前《中國國家地理雜誌》以我提出的「舌尖上的秧歌」為封面標題出了「圈論」專號，次年CCTV-10頻道同樣以我建議的「味蕾的故鄉」為題拍攝了十集區域飲食文化節目，不久前一位歐洲的博士學位論文還在引用和研究。這一切也還都是嘗試。

《中國飲食文化史》（十卷本）工程迄今，出版過程歷經周折，與事同道幾易其人，作古者凡幾，思之唏噓。期間出於出版費用的考慮，作為主編決定撤下叢書核心卷的本人《中國飲食文化》一冊，儘管這是當時本人所在的杭州商學院與旅遊學院出資支持出版的前提。雖然，現在「杭州商學院」與「旅遊學院」這兩個名稱都已經不復存在了，但《中國飲食文化史》（十卷本）畢竟得以付梓。是為記。

趙榮光

夏曆癸巳年初春，西元二〇一三年三月
杭州西湖誠公齋書寓

第四章 秦漢江淮 **063**

第五章 六朝金粉 **083**

第一章　概述

第一節　區域地理及人口構成

在中國飲食文化區域概念中的長江下游地區，是指西起鄂皖贛三省交界處的湖口，東迄上海浦江入海口，北起淮河，南至太湖流域和杭州灣的廣大地區，它覆蓋了蘇浙皖滬三省一市，以及江西省的北部地區。長江、錢塘江及淮河是這一地區的主要水系，太湖、洪澤湖、巢湖、鄱陽湖是這一地區的主要湖泊。我國五大淡水湖中的四個與這一地區的生態有著密切關係，從而形成了這一地區的水鄉特色。

長江下游地區的地貌較為複雜，平原、山地、丘陵、湖泊和河流一應俱全，其中皖、浙兩省的山地丘陵面積較大，而蘇滬及浙北、皖中、皖北一帶平原遼闊，河流縱橫，湖泊集結其間，特別是長江三角洲，海拔多在10米以下，系由長江及錢塘江的沖積平原所構成，故而水網密佈，向稱「魚米之鄉」。

從氣候看，橫貫鄂豫皖蘇的淮河是我國河流冰凍的最南界線。因此長江下游地區的氣候，自北向南漸趨溫和，從溫帶、暖溫帶向亞熱帶過渡。蘇南、皖南和浙江全省，除少數山地較溫和涼爽外，大部分地區氣溫較高，從北向南，最熱月的平均氣溫由26℃遞增到28℃多，全年無霜期為8個月。年平均降水量由西北往東南，從800毫米遞增到1200毫米，雨水量基本適中，為農業生產帶來非常有利的條件。

長江下游地區是我國人口密度最高的地區之一，人口近2億。人口的民族組成以漢族為主，少數民族有畬、苗、回、蒙、滿等。畬族人主要聚居在浙江的麗水、溫州、金華及建德、桐廬等市、縣山區，是漢時山越的苗裔。苗族聚居於浙西皖南，人數不多，但經世久遠，據傳：「苗民逆命，堯征而克之於丹水之南，則又驅諸江漢之間。舜竄三苗於三危（今甘肅敦煌一帶），即喀木衛藏也，然其遺種保守江南。」[1]※至於回民，大抵均為唐宋元時來華經商的西亞的阿拉伯人、波斯人以及中亞各族人的後裔，如元朝時的色目人。而蒙、滿等民族均為外遷來此的移民。多民族共存共榮，豐富了本地區的飲食文化。

1　徐珂：《清稗類鈔·種族類》，中華書局，1984年。

一般來說長江下游的區域文化被稱為「吳越文化」，實源自春秋戰國時的吳國和越國。吳越文化亦系因該地區的地形地貌、氣候物產等自然條件與歷史上各種人文因素綜合演變而形成的，這種區域文化特色同樣蘊涵在其飲食文化體系之中。

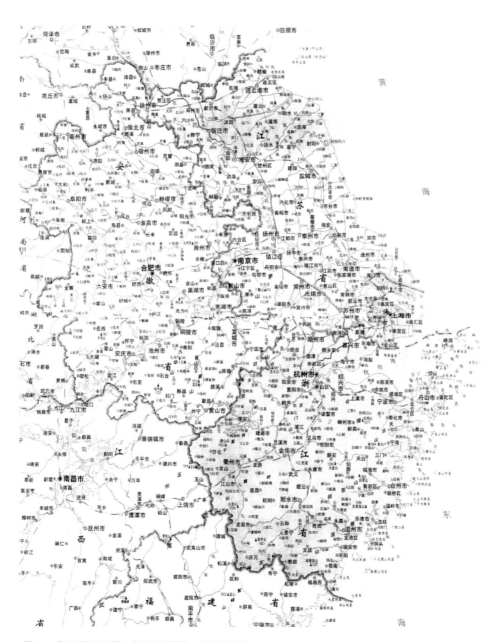

▲圖1-1　長江下游地區圖（《中國地圖冊》，地圖出版社）

第二節　歷史沿革

列寧說：「地理環境的特性決定著生產力的發展，而生產力的發展又決定著經濟關係的以及隨在經濟關係後面的所有其他的社會關係的發展。」[1]這就是說，不同地域的人群，其文明的風格類型與創造個性亦不盡相同。這不僅取決於生態系統（即地理環境等自然因素）的內循環與外循環的作用，在更大程度上則取決於歷史進程（即生產力的發展）的獨立性，這就是社會文化的民族性、區域性和時代性原則，其中包括飲食文化在內的長江下游地區的社會文化也遵從這個原則。為此，我們有必要簡單介紹一下長江下游地區的歷史沿革。

❶ · 史前文明

長江下游地區石器時代人類遺址已發現許多，遍及浙蘇皖滬，其中以新石器時代的河姆渡文化最為著名。它主要分布在杭州灣南岸的寧紹平原，東達舟山群島，年代約為西元前5000-前3300年。研究表明，河姆渡文化與「百越」中的「於越」[2]祖先關係密切。與河姆渡文化年代相近的還有太湖流域的馬家濱文化、草鞋山文化、崧澤文化和良渚（zhǔ）文化（新石器時代晚期），這些都是「於越」先民的原始文化。

考古界和史學界歸結的古越族文化的基本特性為：在工具方面使用有段石錛和雙肩石斧；在掌握金屬冶煉技術之後，善於鑄劍；在陶器方面，主要特徵是製造幾何印紋陶和幾何印紋硬陶，陶器組合通常以鼎、豆、壺為組合形式；習水便舟；種

※　編者註：為方便讀者閱讀，本書將連續占有三行及以上的引文改變了字體。對於在同一個自然段（或同一個內容小板塊）裡的引文，雖不足三行但斷續密集引用的也改變了字體。

1　中央編譯局編譯：《列寧全集》第38卷，人民出版社，1986年。

2　於越：古族名。亦作于越。古代越人的一支。分布在今浙江省境內。生產以農業為主，很早就種植水稻。擅長冶煉，鑄劍有名。春秋時，常與吳人作戰。周元王四年（西元前472年）越王勾踐滅吳，稱霸中原。顯王三十五年（西元前334年）為楚所並。其後人即秦漢時的東甌和閩越。——編輯引自《辭海》，上海辭書出版社，1979年版縮印本。

植水稻；以鳥為圖騰；有斷髮文身和鑿齒的習慣。這些特徵中又以幾何印紋陶為第一位特徵。[1]視此，稻作文化和印紋陶文化當為史前長江下游飲食文化的物質基礎。

❷ · 吳越春秋

歷代史家對吳文化的起源，均主「太伯奔吳」之說。在《史記》的《吳太伯世家》和《吳越春秋》的《吳太伯傳》中都有記載，說的是周文王姬昌的祖父周太王有三個兒子，長太伯，次仲雍，又次季歷，季歷即姬昌的父親，乃祖周太王即史書的古公亶父。太王喜歡季歷和孫子姬昌，《史記‧吳太伯世家》載，「欲立季歷以及昌，於是太伯、仲雍二人乃奔荊蠻，文身斷髮，示不可用，以避季歷」，《吳越春秋‧吳太伯傳》亦載：「古公卒，太伯、仲雍歸，赴喪畢，還荊蠻。國民君而事之，自號勾吳」。其事當發生在西元前一一〇〇年前後，時值商周時期。當時太伯奔吳不是被「荊蠻」武力征服，而是太伯、仲雍自願入鄉隨俗，首先接受斷髮文身，而後建立國家，而後逐漸開始產生了吳文化，這是中原文化和於越文化碰撞融合的結果。

《史記‧吳太伯世家》載：「周武王克殷，求太伯、仲雍之後，得周章[2]。周章已君吳，因而封之。」這一段史料是說，周章作吳王時，周武王已經滅了殷商，建立了周王朝，周王即位後尋找仲雍、太伯的後裔封侯，此時周人之後代周章已經作了吳王，於是周天子正式封其為吳國國君。自此「吳」得到了周王的正式承認，宣布吳國的建立。這代表了吳文化的產生，開創了江南古文明的源頭。直至戰國初期的西元前四七三年，吳被越王勾踐所滅，吳越文化逐漸融合，共同構成了長江下游地區的文化主體。

越文化植根於於越土著，然而，正統史家都要為他們找出一個中原的正宗出身。例如，《史記‧越王勾踐世家》開頭便說：「越王勾踐，其先禹之苗裔，而夏

---

1   呂振羽：《史前期中國社會研究》，三聯書店，1961年。
2   周章：周代諸侯國吳國的第五代國君，自仲雍下傳四代之後的吳王。他不忘自己是周人的後裔，故名為周章。

後帝少康之子也。封於會稽，以奉守禹之祀。文身斷髮，披草萊而邑焉。後二十餘世，至於允常。允常之時，與吳王闔廬戰而相怨伐。允常卒，子勾踐立，是為越王。」《史記‧夏本紀》中記載：「帝禹東巡狩，至於會稽而崩。」以後，世人多說今浙江紹興之禹陵就是禹的墳墓，而且陵後有「姒」姓數千人，成為少康之後裔，即為守陵者。按現今漢族姓氏中有「佀」姓，自稱乃啟[1]之後裔，他們與紹興姒姓相互認同。姒改佀，乃殷商滅夏時避禍之舉。但從這些古史資料中可見，越文明的形成似在吳文明之後，而勾踐之興，實得益於范蠡（lí）、文種等外來人才，這又說明了於越土著若不受其他地域文化的影響，可能還是「斷髮文身」的「蠻夷」。

越王勾踐為吳王夫差所敗，處境困窘，但他能臥薪嘗膽，立志圖強，在范蠡、文種等人的協助下，終於滅了吳國，使越國的國土和財富增加了一倍，竟成了春秋時期強大的諸侯國。到了勾踐六世孫無疆時，越國竟能北上伐齊，南下侵楚，窮兵黷武。西元前三五五年，越為楚所滅，至此吳越盡歸於楚；直到西元前二二三年，秦將王翦滅楚，長江下游地區併入秦國。

長江下游地區在夏商周時期的民族大融合中，無論是吳太伯所奔的「荊蠻」，還是越國先民的「於越」，最終都融為一體，在生活習俗方面相互融合。《越絕書》卷七中記范蠡言：「吳越二邦，同氣共俗。」《呂氏春秋‧直諫》中記伍子胥言：「夫吳之與越也，接土鄰境，壤交通屬，習俗同，言語通。」而伍子胥、范蠡和文種，均來自楚國。隨著這一時期各國間的文化交流，江南地區的文化形態已經定型，就飲食而言，都是「飯稻羹魚」。

❸‧秦歸一統

從秦始皇於西元前二二一年滅齊統一中國到秦三世子嬰投降的西元前二○七年，一共只有15年，但卻是天翻地覆的15年。他採用中央集權的政治組織形式推行封建專制，對長江下游地區的百越採取強制移民的政策，這在《越絕書》中有明確的記載。在「車同軌，書同文」、統一度量衡等一系列標準化法令的指導下，原來

1　啟：夏朝君王之一，史稱夏啟，禹之子，姓姒氏。

在長江中下游地區的楚國貨幣「郢爰」和形若海貝的「蟻鼻錢」均不准流通，而使用秦朝的統一貨幣。春秋戰國時期流行於吳越地區的魚蟲文字，也為法定的秦小篆體所替代。秦始皇還下令修建以首都咸陽為中心通往全國的馳道，其主要幹線有九條，其中之一為出今商洛達東南的武關道，直通吳楚。馳道對於促進長江下游地區同各地經濟和文化的交流起著重要作用。所有這些都深刻地影響著長江下游地區移風易俗的進程。

秦始皇廢封建，立郡縣，「分天下為卅六郡」，當時長江下游分為四郡，即：

泗水郡，郡治在沛（今江蘇沛縣東）；

九江郡，郡治在壽春（今安徽壽縣）；

會稽郡，郡治在吳（今江蘇蘇州）；

鄣郡，郡治在宣城（今安徽宣城縣）。

秦始皇以武功統一天下，他也懂得六國舊文化的威力，為完成大一統的宏願，他力主移風易俗，並先後於西元前二一九年、前二一八年、前二一五年、前二一〇年五次出巡。最後一次路線最長，據《史記・秦始皇本紀》載：他從咸陽南下，經荊湘，沿江東下「過丹陽，至錢塘。臨浙江，……上會稽。」「過吳，從江乘渡。並海上，北至琅邪」。他對於吳越民風相當不滿，要強行改革，故「宣省習俗」，最終完成大一統的功績。

蘇北民間有句格言：「箍緊必炸。」秦的暴政超越了人民的承受能力，西元前二〇九年，陳勝、吳廣在今安徽淮北地區揭竿而起，各地農民紛紛響應，六國遺裔乘機復出，僅在長江下游地區，於史有據的就有沛縣（今江蘇沛縣）劉邦、凌縣（今江蘇泗洪縣西北）鄭布、東陽（今江蘇盱眙）陳嬰、徐縣（今江蘇泗洪南大徐檯子）丁疾等人，而楚國貴族後裔的項梁、項羽則在吳縣（今江蘇蘇州）起兵響應。前後不足四年，秦朝就退出了歷史的舞台。在此後的楚漢之爭中，劉邦戰勝了項羽，建立了西漢王朝。

7

劉邦實行分封加集權的二元制統治，提出「非劉氏不王」的規定。於是在西元前二〇六年，漢高祖劉邦封其弟劉交為楚王；西元前一九六年，封其子劉長為淮南王；西元前一九五年封兄子劉濞（bì）為吳王，這就是西漢初年在長江下游地區的劉姓封國。《漢書・地理志》載「江南地廣，或火耕水耨，民食魚稻，以漁獵山伐為業，果蓏（luǒ）蠃（luǒ）蛤，食物常足。」氣候良好而又地廣人稀，雖耕作技術落後，只要稍加改進，經濟就會得到發展。於是，這些劉姓封國的羽翼日見其豐，終成尾大不掉之勢。到了漢文帝時，先是淮南王劉長謀反，繼而是吳王劉濞、楚王劉戊等發動「吳楚七國之變」，後來又是淮南王劉安謀反。所有這些事變，都說明此時的長江下游地區已日趨富庶。諸侯頻發叛亂，西漢王朝只得加強中央集權，而外戚、宦官又乘機弄權，從而導致大權旁落、貪污腐敗，西漢王朝在外戚王莽的操縱下終於滅亡。

王莽也曾進行改革，但經濟改革措施失當，反而導致民不聊生，再次引發農民起義。西元二十五年，打著劉姓漢家旗號的劉秀重新統一天下，建立了東漢王朝。

東漢初年，長江下游農業仍處於「火耕水耨」的落後狀態，當時一些有作為的地方官，如廣陵太守張綱，在誘降農民起義軍張嬰之後，便興修農田水利，引大石湖水灌溉農田，從而在當地實現了民安食足。至今江蘇江都市仍有以其名命名的張綱鎮。

東漢末年，再次出現外戚弄權、宦官干政、軍閥割據、民不聊生的局面。以太平道為中心的黃巾起義為東漢王朝掘開了墳墓，而各方豪強的割據兼併，把中國推向了魏晉南北朝分裂的局面。長江下游地區漸成全國重要的政治、經濟中心之一。

❺・孫吳立國

東漢末年，當曹操竭力經營中原時，孫堅、孫策和孫權父子兄弟乘中原群雄割據的空隙，占據了江東六郡（會稽、丹陽、豫章、廬陵、吳、廬江），以武力壓服山越遺裔充當兵員，實行民屯和兵屯，勸課農桑，使得江南農業經濟呈現前所未有的繁榮景象，這為後世全國經濟、文化重心的南移奠定了物質基礎。與此同時，江

南的工商業亦比中原地區活躍，左思的《吳都賦》對此曾有生動的描寫。孫吳利用三國鼎立的機會向南部擴張，其統治所及，到達今天的越南，而且還造訪過臺灣。

孫吳的滅亡起因於內部的腐敗，而江南尚奢之風亦起因於此。

❻·兩晉富奢

曹魏後期，大權旁落於司馬懿父子之手，最後司馬昭之子司馬炎稱帝，國號晉。南方的孫吳政權於西元二八〇年為西晉所滅，天下復歸一統。統一後的西晉分天下為15州，長江下游地區被定為揚州，全國政權中心仍集中於中原地區，他們視吳楚百姓為「化外之民」。一方面西晉統治集團崇尚奢華，政治腐敗，內爭不斷，爆發了「八王之亂」，國力耗竭；一方面是民族矛盾尖銳，官僚地主殘酷壓迫內遷的少數民族，激發了北方少數民族酋帥的兵變，史稱「五胡亂華」。西元三一六年晉愍（mǐn）帝投降，西晉亡，統一的西晉王朝只存在了50年。永嘉年間（西元310年前後），西晉豪門和知識分子避亂逃往江南。西元三一七年，晉元帝司馬睿在建業（今南京）稱帝，史稱東晉。

東晉統治者對西晉的滅亡進行了反思，採取了一些發展生產、提倡節約、發展教育等積極措施。因此，農業、手工業都有了較大的發展，從而促進了江南商業的繁榮。然而，東晉政治集團內部的勾心鬥角一直很激烈，庶族地主和執政大士族之間，以及南渡士族和南方原住士族之間，都存在著深刻的矛盾。加之隨著上層生活的腐化，對平民的剝削加重，使得原本富庶的江南出現了民不聊生的慘景，於是再度引發了農民起義，後被劉裕平定。在大將劉裕的攻伐下南方得以統一，實現了東晉南朝史上的大一統。劉宋永初元年（西元420年），晉恭帝被迫禪讓，劉裕在建康（今南京）稱帝，改國號宋，是中國南朝史的開端。

❼·南朝風雲

中國歷史上的南北朝時期是指西元四二〇年（南朝宋武帝劉裕永初元年，北朝魏明帝拓跋嗣泰常五年）到西元五八九年（南朝陳後主陳叔寶禎明三年，隋文帝楊堅開皇九年），其間在南方經歷了宋、齊、梁、陳四個朝代，北方則為北魏（後分

為東魏、西魏）、北齊、北周三個北方少數民族政權，歷史上將這一時期合稱為「南北朝」。其中南方的四個朝代存在時間都較短，最長的劉宋不過59年，最短的蕭齊只有23年，更迭之快在中國歷史上較為少見。但他們作為漢族政權在南方的統治，為南方農業的發展和經濟的繁榮，以及中原先進文化的傳播作出了重要貢獻，是中國歷史上開發南方地區的重要歷史時期。期間也帶動了南方城市的進一步發展，在長江下游地區出現了諸如建康、揚州等大城市，快速帶動了該地區農業水利建設、耕作技術的推廣，為飲食文化的發展奠定了基礎，促進了長江下游地區飲食文化特色的形成。

❽ · 隋朝興亡

隋朝是我國歷史上短命王朝之一，一共只存在了38年（西元581-618年）。隋朝兩代皇帝，共同完成了全國政治上的統一，重新建立了大一統王朝，結束了長期的分裂局面。隋文帝楊堅主要推行漢化，為唐宋漢文化的大發展奠定了基礎。隋煬帝楊廣的主要建樹是修建南北大運河，這對於後世中國經濟和文化的交流發展起到了重大的作用，既鞏固了政權，又在客觀上促進了江南地區的穩定發展。

雖然隋朝歷史短暫，但這一時期制定的制度和倡導的文化為後世留下了寶貴的財富，影響深遠，如三省六部制的開創，大運河的開通，科舉制的開創等等。其歷史地位同秦朝相似，起到繼往開來、承前啟後的重要作用。

隨著大運河的開通，長江下游地區在全國經濟重心的地位日益顯露，尤其是揚州、杭州已成為繁華的經濟重心，飲食文化進一步發展。西元六一八年，李淵在長安建唐，隋朝滅亡。

❾ · 大唐風采

東晉以降，長江下游地區已得到全面地開發，其面積之大、條件之優、物產之饒，是關中地區無法比擬的。漢時富冠天下的關中地區，到了唐代竟不得不依靠長江下游特別是江左一帶的供應，隋朝開鑿的大運河又為此提供了交通上的便利。所以唐朝建立後不久，唐太宗李世民和他的大臣們常以隋亡為鑑，進行了一系列政

治、經濟方面的改革，強化了封建的國家機器，取得了前所未有的成功，史稱「貞觀之治」。唐太宗死後，其子高宗李治雖然懦弱，但女皇帝武則天卻能鞏固國本，所以社會經濟仍然非常繁榮。這種局面延續到唐玄宗開元年間，以後就每況愈下了。唐玄宗天寶年間，出現了「安史之亂」，北方經濟遭到嚴重破壞。但長江下游地區仍然相對穩定，北方人口流向南方，使南方經濟與文化得以迅速發展。長江下游地區的農業、手工業和商業發展迅猛，絲綢、茶葉、食鹽、銅器等天下馳名。經濟繁榮帶動了文化繁榮，許多著名詩人都在長江下游地區留下了寶貴的詩篇。

唐朝後期政治腐敗、宮廷鬥爭、閹豎亂政、外戚專權、藩鎮割據，此外，地主階級與農民階級的根本矛盾激化，使強盛一時的唐帝國因黃巢農民起義轟然倒塌。西元九○七年黃巢起義軍叛將朱溫滅唐，後在今河南開封稱帝，國號梁，我國歷史便進入了五代十國時期。

所謂「五代」，指在唐滅亡後先後建立的五個短命王朝，一共只有53年（西元907-960年），史稱後梁、後唐、後晉、後漢、後周，除了後唐以洛陽為都外，余皆建都於汴梁（今河南開封市），但它們都未能對全國實行有效統治。還有不少割據政權存在於全國各地，史稱「十國」。此時長江下游的浙江和蘇南東部為杭州人錢鏐（liú）建立的吳越國所控制，而安徽、蘇北和蘇南西北部為合肥人楊行密建立的吳國控制。吳越以杭州（當時稱錢塘）為都，吳國以揚州為都，兩者的邊界在今常州以東。吳國三傳至楊溥時，權臣徐知誥奪其帝位，在金陵建立了南唐政權，並恢復其本名李昇（biàn）。最後都統一於北宋。

⑩ · 兩宋華奢

北宋（西元960-1126年）從立國起，就與北方的遼國摩擦不斷，後為金國所滅；但此時的江南卻相對平靜，特別是在北宋統一江南的過程中，原吳越國錢氏政權採取了和平歸降的辦法，使江南經濟生產免受戰爭破壞，最大限度地保護了生產力。

北宋時期，江南土地早已開盡，於是圩田（圍湖造田）、梯田和淤田逐漸得到開發。江南開始種麥，江北引種水稻，糧食產量大幅度提升。陶瓷、造紙等手工業

同步發展，商業繁榮。但是由於北宋在與遼、金的較量中，始終處於劣勢，戰爭賠償消耗了大部分國力。

西元一一二七年趙構在臨安（今浙江杭州）稱帝，是為南宋。從此苟安於江南半壁江山，不思北伐，以維持江南為基本國策。而此時的江南，再度成為中原士人逃避戰亂的避風港，使臨安、江寧、京口、常州、嘉興、紹興、溫州等地成為當時著名的商業都會。西元一二七九年南宋滅亡。

整個南宋時期，北方文人不斷南下，經過中原飲食和江南飲食互相融合而形成的飲食文化，便成為了至今人稱高雅的中國文人飲食文化。它出現於東晉以後，形成於南宋，是中國漢族文化整體南移促進長江下游地區政治、經濟高度發達的結晶，形成了今日長江下游各省市「菜系」「精細柔和」的基本風格。

⓫ · 蒙元悍治

元朝是第一個由北方少數民族建立的統一全國的封建王朝，這是游牧民族文化與農耕文化的碰撞與交匯。自始至終，民族矛盾一直占據社會矛盾的重要地位。元世祖忽必烈開國之初，將國民分為蒙古人、色目人、漢人和南人四等，其中蒙古人地位最高，擔任高級官吏；色目人指中亞、西亞乃至歐洲等地來華人員，也可以擔任官吏；漢人是江淮以北早被蒙古人征服的漢人和其他少數民族，只能擔任下層官吏；南人指南宋遺民，是為社會的最底層。蒙古族統治者所定的這項國策，阻礙了各民族之間的文化交流，加之他們窮兵黷武，鐵騎縱橫，越過中亞、西亞，達於東歐，建立了四個大汗國，卻不能進行有效的統治，最後在漢族人民一片喊殺聲中，再次流落於漠北，前後僅98年（西元1271-1368年）。

元朝統治下的長江下游地區，在政策措施上基本沿用南宋舊制，屯田開荒，甚至以減稅鼓勵農耕，意在更多的攫取。據《元史·食貨志》記載，元代每年入糧總數為12104780石，而江浙省（包括今蘇南、浙江等地）一省就達到4494783石，占三分之一強。在這種情況下，南北運河的作用就顯得尤為重要。江南運河和蘇北運河沿線形成了規模龐大的經濟帶，沿途的楚州（今江蘇淮安）、揚州、鎮江、常州、

蘇州、嘉興、杭州等城市都非常繁華。以鎮江為例，據《至順鎮江志‧戶口》，南宋嘉定年間（西元1208-1224年）有108400戶，644410人；而元文宗至順年間（西元1330-1333年）有114000戶，650000人。這說明它一直處於繁榮狀態。當時這些城市的手工業也非常發達，馬可‧波羅在其《遊記》中曾做過生動的描寫。然而，在這種繁榮的背後，深藏著尖銳的民族矛盾和階級矛盾，也就是在這一富庶的地區，前後共爆發了十幾次大規模的農民起義，直至將元朝統治徹底摧毀。

⑫‧朱明興衰

明朝（西元1368-1644年）開國皇帝朱元璋是中國歷史上唯一真正出身於社會最底層的皇帝，他取得成功的根據地就在長江下游地區，他十分注意節儉和興農，特別是他在建國之前就接受了儒生朱升的建議：「高築牆，廣積糧，緩稱王。」終於在南京稱帝。他死後不久，他的兒子燕王朱棣便起兵南下，奪取了侄兒的皇位，並把首都遷到北京。

朱明王朝的主要政治中心是北京，但江南始終是它的經濟命脈，所以興修水利、獎勵農桑的政策在這裡一直沒有放鬆。不僅傳統農作物稻、麥、蠶桑受到重視，還廣泛栽種了從國外傳入的甘藷、菸草和棉花，從而帶動了絲綢、棉紡、印染等行業的發展，城市規模也有所擴展。

明朝時期的長江下游地區經濟繁榮，是當時南北商貿往來的彙集地，帶動了飲食文化的成熟和發展，逐漸形成具有濃郁地方特色的淮揚菜（亦稱維揚菜），較其他地區更為講究奢侈的飲食之風。明朝末年李自成、張獻忠的農民起義，把明王朝送入墳墓，而在東北崛起的滿族乘機入關，建立了清朝。

⑬‧清朝滄桑

清朝（西元1644-1911年）是中國歷史上第二個由少數民族建立的統一全國的封建王朝，它接受了元朝失敗的教訓，特別注意文化控制。滿族早在入關之前，就注意吸收漢族的知識分子為官。入關後採取鎮壓和拉攏的兩手策略，強迫漢人剃髮，提出「留頭不留髮，留髮不留頭」，在長江下游地區實行了殘酷的鎮壓行動，製造

了「揚州十日」「江陰屠城」「嘉定三屠」等暴行。另一方面,又注意籠絡知識分子,如:徵召隱逸、開科取士、滿漢大臣同堂議事等,以達到「以漢治漢」的目的。康、雍、乾三代,通過官修《康熙字典》、編《四庫全書》等舉措吸引了大量的漢族知識分子。從皇帝到滿人高官也積極主動學習漢語言文字、漢傳統典籍詩文歌賦、飲食習俗等。

有清一代,長江下游地區從來都是國家的經濟命脈所在,鹽茶漕運、絲綢紡織都是朝廷的錢罐子,因此帶動了本地區的經濟繁榮。漢滿的文化交流,促進了長江下游地區飲食文化風格的成熟,飲食品種愈加豐富,飲食風俗愈加定型,影響到現代飲食風格類型的形成。

西元一八四〇年鴉片戰爭以後,中國漸淪為半封建半殖民地社會,外國勢力進入中國,使長江中下游地區成了中國近代工業發展的中心,特別是上海得到了巨大的發展,一躍成為中國近代著名的世界都市。在文化的構成中,西方近代科學首先在上海登陸,使中國幾千年來形成的傳統文化受到了衝擊,而且也影響到了飲食文化,長江下游地區成了中國近代食品工業和近代食品科學教育的搖籃。

❹·民國時期

民國是從一九一一年辛亥革命推翻清朝統治,一九一二年一月一日「中華民國」成立起,到一九四九年十月一日中華人民共和國成立止,共38年。這個時期是國無寧日的戰爭時期,封建帝制先後三次迴光返照,先是竊國大盜袁世凱稱帝,繼而是張勳復辟,擁立廢帝溥儀再次臨朝,但都是曇花一現;最後一次是日本扶持溥儀做偽滿洲國皇帝,因抗日戰爭勝利而失敗。

民國時期的戰爭分4個階段:先是一九二五年以前的北洋軍閥混戰時期;繼而是一九二五至一九二七年的北伐戰爭,以及一九二七至一九三七年第二次國內革命戰爭;再就是一九三七至一九四五年的抗日戰爭時期;最後是一九四五至一九四九年的解放戰爭時期。幾乎是天天打仗,所以民不聊生。然而,長江下游地區是帝國主義列強經營的要害地區,因而總能開風氣之先,也總能利用戰爭的空隙求得一時的

發展。究其原因有四：一為近代教育在本地區相對發達，江浙滬地區對全國而言，具有較強的人才優勢；二是長江下游地區是各帝國主義國家爭奪的焦點，為求得利益均霑，難免互相牽制；三是受資本主義工商文明的影響，本地區的工商企業數量較大。據統計，一九一一年，上海、江蘇、浙江的企業數和資本總數已分別占這一時期全國近代企業數和資本總額的百分之三十點三、百分之三十八點二；[1]四是本地區的自然條件優越。

　　儘管戰爭頻繁，但一九二五年以後全國政治中心南移，加之滬寧杭地區首屈一指的經濟地位，使長江下游地區的飲食文化百花齊放。這一時期長江下游地區的飲食文化的基本特徵是：多元（世界各國）飲食文化並存，使中外飲食文化在該地區得到空前交流，並相互影響，促進了長江下游地區飲食文化的進一步發展。

❶❺ · 當代巨變

　　一九四九年十月一日中華人民共和國成立以來，主要可以分成計劃經濟時代和建設有中國特色社會主義市場經濟時代兩個階段。前者屬於探索、過渡、動盪時期；後者屬於發展、成熟、穩定時期，可以一九七八年中共十一屆三中全會為分界線。就飲食狀況而言，中國人民經歷了從吃不飽到吃得飽，再到吃得好、吃得健康的發展過程。但飲食文化的發展也存在著挑戰，如過度飲食及資源的過度開發引發的生態環境問題，經濟的快速發展與飲食文化發展相對緩慢的矛盾等，共同構成了今日飲食文化發展的現狀。

第三節　飲食文化特色

　　自然地理條件和歷史人文背景造就了長江下游地區鮮明的飲食文化特色。

1　苑書義：《中國近代史新編》下冊，人民出版社，1988年。

一、「飯稻羹魚」的膳食結構

魚稻文化是長江下游地區飲食文化最基本的特徵,「飯稻羹魚」可以說是這一地區亙古不變的膳食結構。合理的膳食結構,使當地人民得以繁衍生息。魚稻文化的形成,首先取決於這一地區的自然條件,長江下游地區位於我國地勢三大階梯中的最低一級,平均海拔400米左右。在南北丘陵山地之間,則有東西橫貫的平原地帶,海拔多在50米以下。其氣候屬亞熱帶,具有冬溫夏熱、四季分明、降水豐沛的特點,年平均氣溫介於20℃-40℃之間,無霜期多在8個月以上。這種氣候條件,極宜於稻作經濟的生成與發展。加之這裡襟江帶湖,東臨大海,又給漁業發展帶來了極大的便利,構成該地區「飯稻羹魚」的物質基礎。早在石器時代,稻米就是這裡先民的主食。河姆渡遺址的第4層,炭化稻穀堆積厚度就達到了70-80釐米,而且已經有秈稻和粳稻兩個品種。此後的崧澤文化、良渚文化都有類似的考古發現。夏代,長江下游的稻作文化可能已向北擴散,甚至傳入中原。商周秦漢以後,稻作文化已大量見諸文字材料之中。日本學者經研究表明,日本、朝鮮和東南亞地區的稻作文化源自中國。[1]

「飯稻羹魚」的「魚」,實乃泛指一切水生動物,從現有的考古發掘結果來看,長江下游地區有多處貝丘遺址,說明這裡的先民最早以蚌蛤螺貝為食,並且以貝殼原料製作工具和裝飾品,繼而進入捕撈魚蝦蟹鱉的階段。這種現像在河姆渡甚至早於河姆渡文化遺址中多有發現。到了夏商周時期,長江下游地區已有相當完善的養魚技術,越國名臣范蠡便是於史有據的養魚專家。不僅如此,春秋時期的吳國和越國都已有海洋漁業的記錄。

1　高島中平著,鄭若葵譯:《日本稻作農業的起源》,《農業考古》,1991年1期;林華東:《河姆渡文化初探》,浙江人民出版社,1992年。

二、消閒雅逸的茶酒文化

　　長江下游地區自古以來就是中國茶葉生產和技術發展的著名地區之一，這裡的名山、名水孕育出極具地方特色的名茶、名勝，形成內涵豐富的茶文化。

　　茶樹原產地在西南的雲南、四川，但飲茶歷史最長的地區在何地，目前尚有爭論。而長江下游地區飲茶的可靠記錄見於《三國志・吳書・韋曜（yào）傳》，說的是韋曜不勝酒量，因此吳主孫皓照顧他，在宴會上以茶代酒。這說明魏晉時期飲茶已經有相當規模。有人說這種風氣與名士清談有關，也有人說與佛教徒打禪有關。不過這兩者都以長江下游地區為盛。北魏楊衒之《洛陽伽藍記》卷二《景寧寺》載：吳地「菰（gū）稗為飯，茗飲作漿」仍視飲茶為奇聞，該書卷三《正覺寺》條中，仍視飲茶為「水厄」，帶有譏笑的意思，可見飲茶之風確實起於長江下游。正因為如此，茶聖陸羽的成就主要得益於江南的飲茶之風。自唐以後，長江下游地區已經成為茶的重要產地，至今如斯。

　　與茶並美者當為酒。關於酒的發明史籍說法很多，流行最廣的一種說法叫「禹臣儀狄作酒醪（láo）」，或曰「酒之所興，肇自上皇，成於儀狄」。《戰國策・魏二》：「昔者，帝女令儀狄作酒而美，進之禹，禹飲而甘之，遂疏儀狄，絕旨酒，曰：『後世必有以酒亡其國者。』」這段史料是說自上古三皇五帝的時候，就有各種各樣的造酒方法流行於民間，是儀狄將這些造酒的方法歸納總結出來，使之流傳於後世的。另一種說法是「杜康作秫（高粱）酒」，說是遠古時期，儲藏的糧食發了酵，黃帝的糧食部長杜康據此於無意中發明了酒。《說文解字》：「帚」字曰：「古者少康初作箕、帚、秫酒。少康，杜康也。」又「酒」字曰：「古者儀狄作酒醪，禹嘗之而美，遂疏儀狄。杜康作秫酒。」即儀狄作汁滓酒，杜康作秫酒，但都是傳說。實際上，世界各地都有釀酒發明，因為糧食發酵成為酒，是個必然的規律。凡此種種，說明糖類物質天然發酵成酒精溶液傳說各地都有，而且與科學原理並不相悖。但人工釀酒始於何時，頗難論斷，但凡陶器發明以後，各地先民應該都有可能造酒，長江下游地區也不會例外。而先秦古籍往往以黃河流域為中心，而河姆渡遺址中的大

量酒器說明長江下游地區的釀酒歷史不比黃河流域晚。再者說，從中國黃酒的歷史和現狀推斷，長江下游地區的氣溫條件比北方更有利於釀酒。

飲酒作為一種文化現象乃至進入美學境界，主要得益於文人的渲染，當他們似醉非醉之時，最容易激發其創作靈感，於是有「李白鬥酒詩百篇」的豪情，而長江下游地區在魏晉之後，從來都是人文薈萃之地，所以這裡的酒文化同樣燦爛輝煌。

三、精細柔和的飲食風格

長江下游地區具有獨特風格的飲食文化當形成於魏晉南北朝時期，當地「飯稻羹魚」的飲食習俗融合了由中原南下的飲食精粹。例如，北方的糧食作物大量向江南引種，但只有小麥得到普及，因為精米白麵符合江南人的飲食習慣。這其間文人的取向起了一定的作用。長江下游精細柔和的飲食風格經歷了盛唐的經濟繁榮，在宋室南遷以後，長江下游地區的飲食文化達到了歷史的新高，追求精細成為風尚。

長江下游地區的菜餚、麵點，在形態上追求精巧、在刀功上講究精細、在分量上注意小少，以不使食者生厭；在火候上重視控制溫度，喜用燉煨燜煮等文火緩慢致熟的方法，追求滋味鮮美和便於咀嚼；在調味技術上講究多種調味料搭配使用，追求柔和而不尚濃烈。這些特色和風格一直流傳至今。

四、異彩紛呈的食器食具

清代詩人、美食家袁枚就很推崇「美食不如美器」這句古諺。然而，長江下游地區的飲食器具帶有濃郁的文人風格，有較強的欣賞功能。

❶‧陶器

陶器是人類進入新石器時代的定居生活以後發明的，是所有古人類文明史上的

共同現象。我國已發現最早的陶器殘片，出土於江蘇溧水神仙洞遺址中，為泥質紅陶，已分辨不出形狀，碳14測定的年代為距今10000-9000年左右；江西萬年仙人洞遺址出土的直壁陶罐，無足無耳，紋飾簡單，也在萬年左右。著名的河姆渡遺址（西元前5000-前3300年）出土了豐富的陶器，加上馬家濱文化遺存（西元前5000-前4000年）、良渚文化遺存（西元前5300-前4200年），已經形成了一個完整的古文化鏈條。在這些陶器中，準確反映了古代先民已普遍知曉三點決定一個平面的幾何原理，鼎鬲的製造便是這一原理的具體運用，而鼎鬲（lì）等陶器又將古人類的飲食文明準確地記錄在案，人們已經擺脫了原始熟食狀態。逮至吳、越建國以後，製陶已是長江下游地區的重要產業。到了漢代，釉陶製作技術已經普及，浙江寧波、上虞和永嘉，江蘇宜興等地的東漢窯場遺址，多有炊具、餐具堆積。而江蘇宜興鼎山一帶的紫砂陶，至今仍然馳名海內外。

❷ · 瓷器

學術界認為：長江下游地區在春秋戰國時期才出現原始瓷器。其實，根據考古發掘資料可知，早在商周之際，長江下游地區就已出現了原始瓷，且出土量居全國之首，特別是浙江省，在紹興、蕭山、諸暨、德清、吳興等有多處遺址。其中，蕭山窯和富昌窯是我國目前已發現最早的燒造原始瓷器的窯址。入周以後，瓷器遺跡遍及長江下游各地，特別是一九七六年在浙江上虞發現的東漢晚期的青瓷窯址，中國科學院硅酸鹽研究所對出土瓷片進行分析表明，這些瓷片已達到了成熟瓷器的各種條件，說明由陶器到瓷器過渡最終完成於東漢。[1]

自東漢至南朝，浙江的瓷器在數量和質量兩方面均為全國之冠。到唐代乃有「越窯」的稱謂，這在陸羽《茶經》中有明確評價。與越窯齊名的遠有壽州窯，位於今天安徽的淮南市。宋元以後浙江的龍泉窯和江西昌南窯（今江西景德鎮）都是全國著名的瓷窯。瓷器生產不僅滿足人們日常飲食生活的需要，而且早已成了藝術珍品。

1　郭演義、王壽英、陳堯成：《中國歷代南北方青瓷的研究》，《硅酸鹽學報》，1980年3期。

❸・漆器

迄今為止，河姆渡文化遺址出土的漆器是我國出土漆器中最為古老的，距今約6500年。在此之後的馬家濱遺址、良渚文化遺址均有漆器出現。《史記・夏本紀》有豫州貢獻漆器的記載，豫州包括今天的皖北；《史記・老子韓非列傳》中記有莊子曾為蒙邑（今安徽蒙城）漆園吏，說明我國古代漆器生長的北界線當在今天的隴海路一線，而不只是今天的江西和福建。從出土文物和史籍記載看，周代已經能對漆器著色，說明漆器加工工藝已有相當水平。這其間，長江下游地區是漆器生產的重要區域。

漆在這裡指生漆，又稱中國漆，是漆樹流出的液汁，其主要成分漆酚在空氣中易於氧化聚合成膜。漆膜有良好的防水、防腐蝕性能，對竹、木、金屬等材料都具有優良的黏著能力，涂於器物表面形成的漆膜不易脫落，而且有一定的機械強度和耐熱性能，並且無毒。所有這些都構成以漆器作為餐具的優越條件，所以長江下游地區的漆器作為飲食器具為古人所青睞。

從生漆加工成漆膜，需要摻入一定比例的熟制桐油，而中國桐油這一世界馳名的防水膜材料，也出產於我國南方。漆膜形成時需要較大的相對濕度，南方梅雨季節又是加工漆器最適宜的季節。所有這些都是長江下游地區成為中國漆器主要產地的自然因素。所以在考古發掘中，南方出土的漆器比北方普遍。

❹・其他材質的飲食器

古代飲食器中的青銅是一個時代的象徵，既體現了貴族鐘鳴鼎食的飲食生活，又彰顯了青銅時代穩固莊嚴的禮儀秩序。長江下游地區也不例外，但不如中原地區典型。

長江下游地區的文化遺址中，也多次發現骨質的飲食器，以及用竹木材料和蚌殼等製作的飲食器。河姆渡還發現七千年前的象牙匕，江蘇高郵龍虬莊遺址還出土了骨箸，這些都是主要的發現。

長江下游地區特別重視菜餚和器皿的配合，可能與古代飲食器皿的材質多樣性有關。材質多了，飲食器具形式自然會多樣，益發顯得豐富多彩。

第二章　河姆渡的原始曙光

第一節　舊石器時代的飲食文化

考古學家賈蘭坡先生認為，從猿到人的過渡時代大約是從一千四五百萬年前到三百多萬年前，這一時期的早期代表是臘瑪猿人。[1]張之恆等考古學家進一步認為，中國境內的早期人類是從長江上游的云貴高原逐步向長江下游地區和黃河流域擴散、遷徙的。[2]

從考古發掘情況看，長江下游地區早期人類文化遺址是一九八〇年至一九八一年發現於安徽省和縣陶店鎮汪家山北坡石灰岩洞穴中的和縣人頭蓋骨化石，其年代距今為20萬年，其形態與北京人相似，但又有某些比北京人進步的特徵，代表一種進步的直立人。[3]這就是說，至少在20萬年以前，長江下游地區就已有原始人類的生活足跡。

一、火的發現、發明與熟食的開始

早在170萬年前，元謀（雲南）猿人即已發現並利用了火。在考古發掘過程中，考古工作者發現有大量的炭屑，含炭層達三米之多。賈蘭坡根據元謀猿人遺址出現的炭屑，綜合近年來各地有關資料並加以比較分析後認為，這是人工用火的遺跡。[4]20萬年前的和縣（安徽）猿人在用火技術方面已相當熟練了，但人工取火的發明時間要晚於黃河流域的原始人。考古學界認為，和縣人的系統位置與晚期的北京人相當。可以說，長江下游地區舊石器時代早期文化以和縣為代表。

和縣人先後經歷了從採集植物性食物到捕食小動物、從對天然火的茫然無措到

1　賈蘭坡：《中國大陸上的遠古居民》，天津人民出版社，1978年。
2　張之恆、吳建民：《中國舊石器時代文化》，南京大學出版社，1991年。
3　黃萬坡、方篤生、葉永相：《安徽和縣人化石及有關問題的初步研究》，《古脊椎動物與古人類》，1982年3期。
4　賈蘭坡：《從工具和用火看早期人類對物質的認識和利用》，《自然雜誌》，1978年5期。

學會利用和控制天然火甚至於發展到人工取火、從「生吞活剝」到「火化腥臊」的過程，逐漸完成了早期智人、晚期智人的進化。火的發現與利用是人類飲食活動由野蠻向文明邁出的關鍵一步。考古研究表明，山林由於雷擊或自燃引起大火，許多野獸因未能逃脫而葬身火海。林火熄滅後，原始人在火燼中找到了被燒死的禽獸，食之便發現用火燒過的肉比生肉好吃。這種現象重複了不知多少次後，他們懂得了火能熟食、熟食味美的道理。從火的使用開始，人類的飲食生活出現了一次大的飛躍。由於熟食，食物的種類和範圍擴大了，食物經火烤炙後變熟變軟，縮短了咀嚼和消化過程，從而減輕了人體消化系統的負擔；熟食還在某些方面使食物更富有營養，減少了進食的時間和消耗的能量。因此熟食大大促進了人類體質的發展，所以恩格斯說：火的使用「第一次使人類支配了一種自然力，從而最終把人類同自然界分開」。[1]

但是，在掌握取火技術前，人類只能靠保存自然界的現成火種以化腥臊，一旦火種熄滅，便會導致嚴重的生存危機。於是人們開始探索取火技術，以期真正支配這種與人類生存息息相關的自然力。在中國神話傳說中，取火技術的發明權歸屬何人，說法不一。或曰燧人，《白虎通義》：「謂之燧人何？鑽木燧取火，教民熟食。」或曰伏羲，《繹史》卷三引《河圖挺輔佐》：「伏羲禪於伯牛，鑽木取火。」或曰黃帝，《太平御覽》卷七九引《管子》：「黃帝鑽燧取火，以熟葷臊，民食之無腸胃之病。」這種歧說並陳的現象，正是原始初民經過廣泛的、多渠道的實踐才得以尋求出取火之道的反映。華北平原的原始人類在距今四五十萬年發明了火；而長江下游地區的和縣猿人則是在對勞動工具進行磨光和鑽孔的過程當中，也同樣掌握了如《淮南子‧原道》中所說的「木與木相摩則然」的道理，人工取火的發明由此誕生，只是在時間上遲於北京人而已。可以這樣說，人工取火的發明並非始於一時一地，舊石器時代各地域原始人之間在彼此交流極為不便的條件下，人工取火只能是廣泛而多渠道的發明成果。

1　中央編譯局編譯：《馬克思恩格斯全集》第3卷，人民出版社，2002年。

二、三種重要的烤食方法

人工取火改善了人類的熟食條件，以往那種賴天然之火化腥臊之食的歷史就此告終，同時也拉開了原始烹飪的序幕。舊石器時代早期，原始人即已用多種烤法熟食；到了舊石器時代晚期，人們開始了石烹法，飲食器是經過研磨的石板、石塊，其法大致如《禮記‧禮運》所云：「釋米捭肉，加之燒石之上而食之耳。」

在我國的烹飪文化史上，先民用烤的方法開熟食之先河，在火已發明而陶器尚未出現之時，「烤」是先民最重要的熟食手段。先秦文獻對烤法記載很是多見，「炮」「炙」「燔」是周人常用的三種烤食方法。但先秦文獻中，沒有出現過「烤」字，「烤」是後人對「炮」「炙」「燔」三種烤法的概括。古今眾多的經學家對這三個字的詁釋訓解，或混為一談，或曲解本義，使這三種原始的烤食方法的異同在今人眼裡變得愈加模糊不清。

炮，《廣韻》薄交切，讀若「袍」。這是原始先民最常使用的烤食方法。對「炮」解釋得既準確又清楚者，當首推清人徐灝在《說文解字注箋》中說：「炮本連毛裹燒之名，故用『包』為聲。」「炮」在古時讀若「袍」，而袍字以包為聲，有衣之包體裹身之義，炮、袍通音通義。可見，「炮」是一種把帶毛的肉類用泥包裹住並置入火中燒烤的熟食方法。先民們把捕捉來的小動物，如雉雁犬兔之類用泥巴裹住，入火煨熟。長江下游地區的先民對這種方法的使用相當普遍。

炙，《廣韻》之石切。這也是先民們常用的烤食方法，就是一種把生肉用木棍或其他棍狀實物穿叉起來在火上燒烤的熟食方法。炙肉時，穿叉肉的木棍或其他棍狀工具在手中不停地轉動，炙物即可周身烤遍。

燔，《廣韻》附袁切，《廣韻‧元韻》：「燔，炙也。」段玉裁《說文解字注》：「炮，裹燒之也。燔，加於火上也。炙，貫之火上也。」「燔」與「翻」諧音通義，「燔」與「炮」的區別是非「連毛裹燒」，與「炙」的區別是不用木棍貫穿起來轉動著燒烤，而是置於火上的支撐架上翻來覆去地烤。

事實上，舊石器時代原始先民使用的這三種烤食方法，與今之烹飪工藝中的烤

之諸法有著對應的源流關係。在今天的熱菜工藝中，僅烤法就有泥烤、明爐烤、掛爐烤、燜爐烤之分，泥烤與原始先民的炮法如出一轍，明爐烤與原始先民的炙法極其相似，北京烤肉的方法與古之燔法相似。

三、食物及捕食活動

從原始人類創造社會文明所體現出的文化特徵及歷史發展規律看，整個舊石器時代可分為早期、中期和晚期三階段。

舊石器時代早期，也就是考古學界所稱的直立人時代，長江下游地區的先民所使用的工具曾有過從天然工具向粗製研磨工具過渡的過程。直立人時代的早期，石器製造比較原始，石器類型比較少，一器多用比較普遍。先民用這種簡單的石器作為獲食工具。由於這種工具十分簡陋，因而無法從事複雜的漁獵勞作，只能用這些簡單的工具從事採集活動，以獲取維持生命的野生瓜果。「肉食供應不可能是經常的，採集植物性食物仍是主要的食物來源，狩獵只是食物來源的一種補充方法」，而且這種以採集為謀食手段的勞動，「幾乎可以肯定是女性幹的活，這從明顯的兩性形體大小的差別上可以看出來」[1]。在勞動工具尚未達到類似箭、網等這樣的高水平時，人類也只能以採集為主要的謀食手段，漁獵的可能性極小。但長江下游水網密布，靠近海洋，螺蚌之屬軟體動物豐富，而且易於捕捉，形同採集。正如《韓非子·五蠹》所說：「民食果蓏蚌蛤」，這可能是早期人類重要的動物蛋白食品來源。據考古學家分析，長江下游地區在當時屬「亞熱帶氣候，溫暖濕潤，與今日當地氣候相近或比今日偏涼。」[2]這種氣候條件孕育了當時長江下游地區極其豐茂廣盛的陸地植物資源。早期直立人以採集為基本方式的飲食活動就是在這種極其有利的環境中展開的。

1　吳汝康：《古人類學》，文物出版社，1989年。
2　許春華、張銀遠、方篤生：《和縣和巢湖人類化石的關係》，《文物研究》第七輯，黃山出版社，1991年。

到了直立人中期，石器的打製方法和成品類型逐漸增多，一器多用正在發生變化，初始的狩獵方式正在直立人中開始，一些體型小、易捕獲的動物成為直立人的飲食原料，於是便出現了採集、漁獵兩種方法並存的飲食活動現象。史籍所謂「茹毛飲血」「生吞活剝」的一些記載，指的就是這個人類尚未學會利用火甚至還未發現火的中期直立人時期。

到了直立人晚期，在他們使用的石器中，主要有砍砸器、刮削器、大尖狀器、手斧、石球等，其中刮削器是用較小的石片製成，可用於肢解或刮割動物肉。這些勞動工具的改善，為晚期直立人的飲食生活提供了一個重要前提。特別是屬於這一文化時期的安徽省和縣文化遺址中，有不少火燃過的骨頭和灰燼等，說明處於直立人晚期的和縣猿人已經發現並學會利用和控制火的方法。狩獵成為當時人們飲食活動中主要的內容，一些體大力猛的動物也成了人類獵食對象。一系列烤食方法的創製，足可使這些動物成為人類重要的飲食原料。直立人晚期的飲食活動已呈現出如下幾個特徵：一是集體打獵已成為他們飲食生活中很重要的事情，他們中的青壯年組成一體，到較遠的地方圍攻獵物；婦女和老人則留在住地，從事採集和照顧孩子的事情。這是人類社會的早期分工，這種分工正是晚期直立人飲食活動的需要促成的。它還表明，在他們的飲食活動中，狩獵已成為主要的獲食手段，而採集已由原來主要的獲食手段降為補充性手段。其二，老人向青年人傳授採集、狩獵的經驗，這已成為覓食活動中一項重要內容，由此我們也可以這樣說，老人作用的體現應起源於晚期直立人的飲食活動。其三，晚期直立人已掌握了多種烤食方法和技巧，諸如炮、炙等，從而拉開了原始烹飪的序幕。

處於舊石器時代中、晚期階段的長江下游地區的原始人類，在長期的飲食生活中，其石器製作的技巧和種類，較之舊石器時代早期有了很大的發展，石器種類有所增加，功能進一步分工細化。因此，這一階段人類的飲食生活又出現了重大特徵：即捕魚的出現。長江下游地區水網縱橫，湖澤密佈，魚類及蚌貝等水產相當豐富，捕魚和吃魚已成為早期智人飲食生活中的重要內容之一，食源已不再僅限於陸

地上的飛禽走獸，而是擴大到水中。[1]這一飲食現象的形成，其意義十分重大，馬克思和恩格斯都把這種飲食現象看作與火之發明具有同樣意義的劃分原始社會階段的一個標誌，即從矇昧低段到中段的轉折點。我們理解，這其中包含著雙重涵義：一是相當進步的捕魚工具和捕魚能力，是食魚的必要前提，體現了原始社會生產力的進一步提高；二是從現代醫學觀點來看，魚的營養成分很豐富，而且在人體內的吸收率也很高。魚貝類含有大量的含硫氨基酸，它是促使嬰兒大腦發育的必不可少的養分，具有維持正常血壓、降低血液中的膽固醇、減少血液中的中性脂肪、增強肝功能、提高暗視野觀察能力等神奇作用。這些都是陸地動物所不能比的。可見，魚是營養平衡的最優食品。無論是從人類歷史的發展看，還是從人類飲食文化的角度看，捕魚的出現都是人類文明史上的一大進步。

舊石器時代中晚期，長江下游地區舊石器文化進入空前繁榮的階段，石器工藝有了很大進步，例如已經具備了修理和研磨檯面的技術。[2]石板的磨製為石烹法的誕生創造了物質條件。真正意義上的烹飪——技術、能源和炊具三大要素兼備——就此開始了。

第二節　新石器時代的飲食文化

二十世紀七〇年代以來，長江下游地區新石器時代的考古新發現很多，其主要的文化遺址有：河姆渡、草鞋山、圩墩、寺墩、張陵山、羅家角、馬橋、薛家崗、青墩、福泉山、反山、瑤山等。這些遺址的發掘，使新石器時代長江下游地區飲食文化的面貌展現在世人面前。在長江下游地區，許多飲食文化現象是黃河流域新石器時代文化遺址中所未見的，特別是新石器時代長江下游地區植稻、製陶業、釀酒

1　賈蘭坡：《中國大陸上的遠古居民》，天津人民出版社，1978年。
2　裴文中：《中國舊石器時代的文化》，《中國人類化石的發現與研究》，科學出版社，1955年。

業的發現，在中國飲食文化史上有著重大的意義。

一、河姆渡飲食文化

長江下游地區新石器文化以浙江餘姚河姆渡文化（西元前5000-前3300年）及同時期的嘉興馬家濱文化（西元前5000-前4000年）、餘杭良渚文化（西元前5300-前4200年）為代表。它們分布在杭州灣、舟山群島及太湖沿岸一帶。河姆渡文化因首先於1973年在浙江省餘姚縣河姆渡遺址被發現而得名。現已發現的河姆渡文化遺址有二十餘處，其中包括餘姚縣龍山鄉朱山、下莊、歷山茅湖、鄞縣辰蛟、寧波八字橋、妙山，以及舟山的白泉、大巨、慈溪縣龍南童家岙（ào）等。其主要的飲食文化特點有：

❶·稻作農業文化的產生

與黃河流域史前人類以種粟為主的旱作農業文化截然不同的是，長江下游地區的原始農業是以種植水稻為主的稻作農業文化。在河姆渡文化遺址中發現了距今7000多年的人工栽培水稻，其稻穀數量之多，保存之完好，在世界考古史上是絕無僅有的，有力地證明了中國是世界上最早栽培水稻的國家。而之後在浙江金華浦江縣的上山遺址（距今11000-9000年，早期新石器時代遺址）中發現了距今萬年的栽

◀圖2-1　雙鳥朝陽，7000年前河姆渡人的圖騰

培稻作文化遺址，進一步證實了長江下游地區是世界稻作農業最早的起源地之一。

❷ · 採集和漁獵猶占重要的輔助地位

據統計，河姆渡文化遺址第四層出土的工具多為骨質，多達600餘件，占生產工具的70%以上，[1]這說明野生動物仍是河姆渡人的捕食對象。考古發現遺址中有鹿、象、犀牛、四不像及魚類的骨骼等。此外還有野生植物遺存，如橡子、菱角、桃子、酸棗、葫蘆、薏仁米、菌米及藻類植物等。可見，採集和漁獵猶占重要地位。

❸ · 陶器的發明

在人類飲食文化史上，陶器的發明改善了人類的飲食生活質量，使人類真正告別了「污尊抔飲」時代，為烹飪技術的發展提供了物質條件。陶器的產生首先與先民對火的利用分不開，其次與人類對黏土的可塑性之認識分不開。筆者以為，先民對陶器的發明主要是受到炮食的啟發。炮法是先民常用的烤食方法，炮法引發了先民對黏土的認識。在炮食過程中，先民們發現，裹在動物肉上的黏土經火烤後會變得堅硬，倘若用火燒的時間長，火力足，黏土燒結的硬度將會更高，再遇水浸泡也不會散軟。尤其是食物被炮熟後，先民砸開硬土取食時發現，硬土隨著動物體型而定形，特別是動物的頭部呈球狀，如模坯一般，砸開後可用以盛食物或水。在長期的實踐中，先民從中受到啟發，開始了陶器的發明。

水煮法、汽蒸法的問世必須以陶器的發明為前提。從河姆渡文化遺址中出土的陶器主要有釜、罐、盆、盤、缽、豆、盉（hé）、甑（zèng）、鼎等，按其功用可分為炊煮器、飲食器、儲存器、汲水器，其中主要炊具有砂質陶釜、三足陶鼎和帶鏤孔陶甑。釜和鼎是出現於新石器時代早期的煮食器具，特別是陶釜，配有支架，從考古發掘的情況看，釜的形體、大小不同，而支架為實心體，器身上都有煙熏的痕跡。可以推斷，形體較大者，一般是用以煮食形體較大的動物肉的；而形體較小者，則用以煮食粥飯。甑是一種蒸食的炊具，其底部有許多透蒸汽的小孔，置於釜

1　浙江省博物館自然組：《河姆渡遺址動植物遺存的鑑定研究》，《考古學報》，1978年1期。

或鼎上，猶如今之蒸籠。與鼎（或鬲）相結合時，其名曰甗。甗的發明，恰恰是河姆渡人把陶器的造型與製作飲食的實際需要緊密結合的發明創造。

❹‧原始家畜飼養業的出現

考古發現，河姆渡人把豬、狗作為飼養的主要家畜。遺址中，破碎的豬、狗骨和牙齒隨處可見，遺址中還出土有體態肥胖的陶豬和刻有豬紋的方口陶缽。有一件陶盆上刻有稻穗和豬紋圖案，大體是家畜飼養依附於農業的反映。另外還有不少水牛和羊的骨頭出土，牛、羊也是當時的飼養對象。畜養業的出現，極大地保證了先民的肉食來源。

❺‧釀酒技術的出現

河姆渡文化遺址中所出土的盃、杯等飲酒陶器具，是我國迄今為止發現最早的酒具。該地區釀酒的出現主要是基於長江下游廣大地區氣候濕熱，稻作農業較為普遍，有穩定而豐富的稻穀糧食，稻米釀酒環境和條件相當齊備，釀酒技術應運而生。其實在自然界中，幾乎所有的野果成熟後，一旦條件適當，野果中所含的糖經過酵母菌的分解作用，都會生成酒精而變成天然的果酒。這種天然的果酒出現很早，甚至於當人類還未誕生，它就早已存在了。江蘇淮陰洪澤湖畔下草灣所發現的醉猿化石足可印證這一點。先民最初嘗到天然果酒的醇香，對那種神奇美好的感受

▲圖2-3　陶釜，河姆渡文化遺址出土　　　　　▲圖2-4　陶甗（yǎn），大汶口文化遺址出土

常作回味，揮之不去，神話傳說中常把酒說成是天露瓊漿，正是先民這種感受的生動折射。隨著原始農業的出現和糧食剩餘的出現，先民在受到含糖野果自然發酵的啟發下，逐漸學會並掌握了發酵技術。酒的發明，對中國飲食文化產生了很大影響，特別是後世出現的筵宴及飲食禮儀，正是由於人們對酒的鍾愛而不斷發展起來的。

❻・飲食活動觸動了先民審美意識的萌發

河姆渡遺址中有不少雕塑，以及玉製的璜、玦（jué）、管、珠等，形象生動，製作精美，還有塗著紅色的木碗。這表明，在遠古時期我國先民的審美觀念與美學思想正閃現出奪目的光華。而從人類審美意識的發展看，人類最初的美感與味、聲和色所引起的感官快適分不開。其中，味覺快感雖於後世不再被歸入嚴格意義上的美感之內，但在開始時就與人類審美意識的生成和發展密切相關。這從字源學上亦清楚可見。如德文「Geschmak」一詞，既有審美、鑑賞之意，又有口味、味道之意；英文「Taste」一詞亦如此。漢語的「美」字也同味覺的快感密切相關。許慎《說文》：「美，甘也，從羊從大，羊在六畜給主膳也。」味覺快感正包含有美感的萌芽，故而使人類最初的美感首先與「味」聯繫到一起。簡言之，美感是從味覺快

◀圖2-5　豬形陶罐，江蘇高郵龍虯
莊文化遺址出土

感開始的。那麼，哪種味道首先最能引起人們的美感呢？任何觀念與思想都是在諸事物相互作用的影響下產生的。早在舊石器時代，原始人飲食生活水平低下，食物中常有腥臊惡臭的味道。他們偶爾在其周圍找到一些味道較美的食物，便對食物美味有了好感，雖然這種好感還很模糊，但這是從食的角度開始產生美感的。在中國上古神話中，就保存了當時人們對食物美味的渴望。正如馬克思所說：「思想、觀念、意識的產生最初是直接與人們的物質活動、與人們的物質交往、與現實生活中的語言交織在一起的。觀念、思維、人們的精神交往在這裡還是人們物質關係的直接產物。」[1]先民想像著天神食物之美一定超出了人間的多少倍。先民雖生活於如《禮記・禮運》所說的「未有火化，食草木之實，鳥獸之肉，飲其血，茹其毛」的狀態中，卻把美的觀念和設想建立在高入雲天的神國裡。神話中對美味的描述有許多，如《神異經・南荒經》記：「大荒之中有樹焉，名曰柤（zhā）梬匱。柤者，柤梨也；梬者，株梬也；匱者，親匱也。三千歲作華，九千歲作實，實長九尺，圍如其長，而無瓤核。以竹刀剖之，味如凝蜜。得食者壽一萬二千歲」；《類說》卷十一引《幽怪錄》：「和神國……不種而實，所飲者，水泉也，其甘如蜜，飲多則醉」；《洞異記》：「種火之山有龍肝瓜，長一尺，花紅葉素，生於冰谷，所謂冰谷素葉之瓜。食之三千歲不渴。瓜上恆如冰雪，刮之如蜜滓」；《太平御覽》卷十一引《瑞應圖》：

1　中央編譯局編譯：《馬克思恩格斯選集》第1卷，人民出版社，1995年。

▲圖2-6　河姆渡人的飲食生活場景，河姆渡
　　　　遺址博物館模型

「甘露者，美露也。神靈之精，仁瑞之澤，其凝如脂，其甘如飴，一曰膏露，一曰天酒」。有關美味的描述，不勝其多。

　　從現存的神話資料看，我們可發現兩個問題：一是植物總是被作為美味的描寫對象；二是五味中的「甜」也是美味描寫對象。對甜味的描寫在神話中屢見不鮮，這絕非偶然。當先民的飲食生活處於採集階段時，他們的主要食物都是植物性食物；如遇食物短缺、在飢不擇食的情況下，先民廣采博摘以充飢，不得不去克服食物中的那些難言之苦，由此得知並不是改採之物都那麼好吃。但在採集過程中，他們也發現了一些甜美可口的野生瓜果，由於數量較少，就益發顯得珍貴。於是，這些甜美的瓜果就被先民們看作是世上最美的食物，從而獲得了美感，這正是味覺中的「甘」對先民美感的產生所起到的催生作用。古人認識「美」的一開始，就是以「甜」為起點的。在人類認識的初級階段，生產力的低下與實踐經驗的缺乏，使人類還不能非常客觀地認識整個自然界。如對「甜」的認識，古人只能說它是一種美味，而並沒有什麼高級而明確的概念；當人們抽象思維能力發展到一定高度時，他們對世界的認識就日趨準確、客觀，「甘」也就有了引申義。由「甘」引申到「甜」，是先民認識上的昇華，是哲學認識在飲食生活中的一個投影。而後先民們的審美意識又不斷煥發與昇華，體現在美食、美器等諸多方面。河姆渡遺址中的那些製作精細、造型精美的工藝品，表明它們的主人——河姆渡人的審美意識已從原始的味覺感官快適發展為對這種感官快適的超越，進而完成了從單純的「以甜為美」

◀圖2-7 河姆渡古井，中國最早的水井
遺址

的飲食審美，到對社會生活的方方面面都予以一定的審美思考的轉化過程。

❼·鑿井的發明與飲食衛生意識的萌發

有關鑿井技術的發明，古文獻多歸於伯益[1]。《呂氏春秋·審分》：「伯益作井。」
《經典釋文·周易音義》：「《世本》云：『化益作井。』宋衷云：『化益，伯益也，
堯臣。』」《淮南子·本經訓》：「伯益作井而龍登玄云，神棲崑崙。」另外，《孟子》
《史記》亦述及伯益作井之事。

從考古發現及研究成果看，在河姆渡遺址第二層發現一眼木構淺水井遺跡，它
是由「二百餘根木樁、長圓木組成。分內外兩部分，外圍是一圈近圓形的柵欄樁，
直徑約六米，面積約二十八平方米。裡面是一個方形豎井，邊長約二米，面積約四
平方米。井底距當時地表約一點三五米。」這口井的營造方式「是在原有的水井中
部，先排入四排樁木，組成一個方形的柱木牆，然後將排樁內的泥土挖去，為了防
止排樁向內傾倒，再在排樁之內頂套一個方木樁。排木之上的十六根長圓木，很可
能是構成井口井架或為了鞏固而設置的構件。」「從外圍的一圈柵欄，呈輻射狀的
小圓木，以及葦席殘片等出土情況看，其井上應蓋有簡單的井亭」。[2]這是中國目前
所知最早的水井遺跡，也是採用豎樁支護結構的最古老的遺存。掘井的目的無非是

1　伯益：相傳為黃帝長子少昊的後裔，嬴姓。秦之先祖。

2　浙江省文物管理委員會、浙江省博物館：《河姆渡遺址第一期發掘報告》，《考古學報》，1978年1期。

獲取飲用水，而河姆渡遺址的西部、南部緊臨姚江，飲食用水相當方便。河姆渡人為何要掘這口井呢？大概是河姆渡人通過姚江水和坑口所聚水進行比較，發現了井水比江河水更清潔。《釋名·釋宮室》：「井，清也，泉之清潔者也。」這表明，河姆渡人的飲食衛生概念已萌起，先民們首先從對飲水的認識和分析開始，萌發了最原始的飲食衛生意識。

二、馬家濱飲食文化

馬家濱文化（西元前5000-前4000年）因發現於浙江省嘉興縣馬家濱而得名，主要分布區域在浙江北部、上海和江蘇東南部太湖周圍一帶，可分為三個類型：早期羅家角類型、中期馬家濱類型和晚期崧澤類型。從馬家濱文化遺址所出土的文物看，馬家濱人的飲食生活較河姆渡人有不少變化。主要表現在：

❶·粳稻的出現

浙江崇德桐鄉羅家角、江蘇吳縣草鞋山與上海崧澤遺址中，發現了更多的稻草莖葉、稻穀、炭化穀粒與米粒等，經鑑定有秈稻和粳稻兩種。而羅家角第三、四層出土的粳稻年代在西元前五〇〇〇年左右，是目前中國發現最早的粳稻遺存。秈，又稱作「穇」（xián），早熟，無黏性；粳，又寫作「秔」（jīng），是一種黏性較小的稻類。馬家濱人所種的粳稻柔軟可口，較之秈米更易於消化吸收。

❷·炊具製作水平有了進一步提高

除釜鼎類炊具外，馬家濱文化遺址還出土了陶製爐、算和三足壺形器。這些器型均為其他文化遺址所罕見。[1]特別是崧澤文化遺址出土的陶製爐，是長江下游地區迄今為止考古發現的最早的炊用灶具，它是在改進灶坑的基礎上發明的，其上有加火的爐門，灶口邊緣上有三個用以支撐釜類炊具的乳突。小陶爐可隨意搬動，使

1　姚仲源：《二論馬家濱文化》，《中國考古學會第二次年會論文集》，文物出版社，1982年。

用方便。隨之出土的還有爐箄。甑器的出土較多，說明汽蒸熟食法普遍使用。三足壺形器是專用於燒開水的炊具，反映了馬家濱人已有了飲用開水的習慣，也說明馬家濱人的飲食衛生意識較之河姆渡人已有所提高。另外，鼎類明顯增多而釜類明顯減少，說明馬家濱人在飲食活動中愈加注重炊具使用的方便性。釜底無足，不易火炊，自然要鼎類炊具唱主角兒。

❸·漁獵技術進一步發達

漁獵在馬家濱人的飲食生活中仍處於較重要的地位，而漁獵工具的製作和種類皆優於河姆渡人。如考古發現了骨鏃，說明當時已出現了弓箭。從出土的許多大型動物的骨骼如野豬、梅花鹿、獐、四不像骨等，可見捕獵工具的發達。骨質魚漂、陶網墜的大量出土，表明馬家濱人的捕魚能力的提高，遺址中發現有大量的龜、鯽等水生動物的骨骼。

❹·養畜業的規模有所擴大

豬、狗、水牛是馬家濱人主要的飼養對象，也是重要的肉食來源。羅家角、草鞋山和圩墩等遺址都發現有數量較多的家畜骸骨，其範圍和積層厚度均大於河姆渡文化遺址的同類發現。

考古研究表明，馬家濱文化是河姆渡文化與良渚文化之間的過渡性文化。

三、龍虯莊飲食文化

一九九三年在江蘇高郵城東北十四里處的龍虯莊發現的龍虯莊文化遺址，可確認為一種分布於大運河以東江淮地區的新的古文化類型，其年代大約距今7000-5000年，其文化內涵有別於淮河以北的北辛文化和大汶口文化，又有別於長江以南的馬家濱文化和崧澤文化。龍虯莊文化有其自身的文化來源、特徵和發展過程。從飲食文化角度看，龍虯莊文化具有如下幾個特點：

▲圖2-8　炭化稻，江蘇高郵龍虬莊文化遺址出土　　　▲圖2-9　陶器，江蘇高郵龍虬莊文化遺址出土

❶ · 稻作文化

在龍虬莊文化遺址的第八層到第四層發現了炭化稻米4000餘粒，這是目前在我國緯度最高的地方發現的炭化稻。在我國發現的距今約7000至5000年的炭化稻遺存已近百處，而絕大多數是在長江中下游的江南一帶。在江淮一帶北緯35°50´發現乃是最北限。龍虬莊文化遺址從第八層到第四層可清晰地反映出稻作栽培循序漸進的發展過程，從第八層到第六層的炭化稻中，有些稻殼完好，穎尖無芒，且稻粒之長、之寬、之厚皆優於野生稻（野生稻都長有長芒），足見已不是野生稻。考古表明，這是第一次在長江以北、淮河以南發現的人工栽培粳稻。

❷ · 飲食器具

陶器中以夾蚌末黑陶為多，其次為泥質紅陶、灰陶和黑陶。陶釜和陶鼎器形的演變，反映了這一地區炊具的發展變化。早期的雙耳罐形釜和盆形釜，發展為雙耳罐形鼎，再演變為罐形鼎，由釜而鼎，一脈相承。高圈足器，有豆、罐、小壺等，在一個高大的圈足上放一隻小罐、小壺，這在當時龍虬莊人飲食生活中似乎形成了特有的時尚。陶器中飲器較多，其中帶「流」（即出口，嘴）的又居多。「流」的位置多變，或口部，或腰部，或肩部；形狀也多變，或管狀，或花瓣狀，數量亦不等，從一流到四流。而四流壺（即有四個壺嘴）尤為別緻，四人或更多人席地而坐，任何一個方向皆可倒出水，實為其他文化遺址所罕見。

▲圖2-10 新石器時代的骨箸——中國現存最古老的筷子，江蘇高郵龍虯莊遺址出土（南京博物院藏）　　▲圖2-11 陶器，江蘇高郵龍虯莊文化遺址出土

除了陶器，龍虯莊遺址發現了大量的骨器，其中尤以骨箸為突出。這些骨箸，過去都認為是骨笄（jī，髮簪）。但骨笄應出現在亡者遺骨的頭部，可這些骨箸卻放在了亡者的腰部，和碗盆等食具放在一起，這樣的放置位置說明了它是進食工具。這應該是我國目前已發現的最古老的筷子。

❸·漁獵仍是重要的謀食方式

龍虯莊文化遺址中出土了大量食用後丟棄的動物骨骼，如鹿、獐、牛、豬、狗、魚、鱉及鳥類和蚌類，再結合同出土的骨鏃、骨鏢聯繫起來看，說明漁獵在龍虯莊人飲食活動中同農業一樣重要。

❹·以食為要的宗教意識

從考古發掘看，龍虯莊人已將活動的區域劃分為生活居住區和墓葬區。墓葬區在遺址的中西部，墓葬深度為40㎝-150㎝，年代距今約6300-5000年，骨架絕大多數排列整齊，一律頭東腳西，隨葬品一般為兩件到四件，多的有十餘件。在上層墓葬中發現，死者頭枕著陶缽，下頦托著陶碗或高腳的豆，下托的器皿中間有個洞，令人匪夷所思。這在全國各新石器時代遺址中見所未見。在隨葬品中男女有別，男者身旁皆放置一把石斧和一支骨鏃，女的腰邊放著紡輪。這種葬禮表明，龍虯莊人

不僅已有了原始宗教信仰，而且對死後的生活相當重視。活著時男的靠耕作、狩獵為生，女的則以紡織為事，他們希望死後仍能從事在世時的勞動，免得沒有飯吃。他們大概相信人死後靈魂要離開軀體而升天，無論如何，吃是第一要事，所以缽、碗、豆之類的食器都要隨身下葬。[1]

有專家認為，長江下游以南地區的飲食文化正是路經龍虯莊文化遺址向北與黃河流域的飲食文化互為滲透的。龍虯莊、馬家濱、龍山遺址文化研究證明，此三地文化之間確有密切關係，從他們生產勞作、飲食生活既相似又相承中看到發展變化的軌跡。

四、良渚飲食文化

一九三六年在浙江省餘杭縣發現的良渚文化遺址，其分布的中心地區在太湖流域，但影響面很廣，北達蘇北甚至於魯南，西到安徽省的江淮地區，南抵贛北和粵北。根據放射性碳素斷代，良渚文化的年代早期為距今7000-5000年，中期為距今4500-4000年，晚期為距今4000-3700年。而晚期的良渚文化與黃河流域的二里頭文化幾近同時。

良渚文化時期的社會大致情況：社會生產力已有了很大發展，手工業發達，生活富裕；階級已經形成，戰爭和債務使大量人口淪為奴隸，財富高度集中於貴族階層手中；因為覬覦更多的財富，掠奪性戰爭便經常發生；因為需要對社會進行有效的統治，於是出現了植根於部落、凌駕於聯盟之上的社會組織形式和相應的管理機構；原始崇拜、神靈觀念產生，良渚人製作了大量的玉器作為禮器和法器，堆築眾多的祭壇以祭祀天地和祖先。為了使這種經濟基礎和上層建築得到進一步鞏固和發展，出現了如趙陵山、寺墩之類的文化古國（城）。總之，良渚文化時期，氏族社會已走向解體，良渚人的飲食生活也打上了這個時期的烙印。

1　張敏等：《龍虯莊》，科學出版社，1999年。

這一時期，農業、畜養業進一步發展，並出現了以食祭靈的食俗。

❶．農作物品種多樣

良渚人仍以種植水稻為主，如在杭州水田板、錢山漾和良渚等遺址的發掘中，曾發現成堆的稻穀和稻殼，經鑑定有秈稻和粳稻，而良渚農業經濟比馬家濱文化時期有著明顯進步的主要標誌之一，就是農業種植品種已有所擴大，如在錢山漾文化遺址中就發現有花生（通常認為花生是從國外引進的，故對此尚有爭論）、芝麻、蠶豆、兩角菱、甜瓜子、毛桃核、酸棗核、葫蘆等植物種子。[1]從這些考古發現可知，良渚人的食物來源已開始擺脫採集而逐漸轉向農業種植，良渚人通過擴大農業種植種類和範圍的方式，保證了瓜果的獲食來源，在一定程度上提高了飲食質量。

❷．畜養業進一步發展

從狩獵工具看，弓箭、投槍、石矛甚至於飛射的石球在獵食活動中普遍使用，使獵食體巨性猛的動物已非難事。而出土的船木槳和捕魚用的「倒梢」說明良渚人的捕魚能力大有提高，水產品的食用量也大大增加。而畜養業的進一步發展，使豬、狗、牛等牲畜的飼養量均有所增加，為良渚人的肉食來源提供了與日俱增的保障。二〇〇四年在上海青浦區趙巷鎮崧澤遺址的搶救性發掘中，出土了一隻紅彩的小陶豬，還有許多家豬的牙床和骨骼。這就將人類馴化野豬的歷史向前推進了6000年。上海市松江區廣富林遺址的兩座墓鄰近處，分別有豬、狗的骨骸，考古專家認為這可能是殉牲。殉牲現象既是原始宗教的產物，也是養畜業發達的象徵，因為只有在養畜業發達並能夠保證人類肉食來源的前提下才有殉牲的可能。

❸．原始宗教的發展，以食祭靈之禮的生成

大量的考古發現和研究成果說明，早在良渚文化以前，先民已有了萬物有靈的觀念，原始宗教已經產生。河姆渡、馬家濱文化遺址中均有不少墓葬，至良渚文化

1　張之恆：《中國考古學通論》，南京大學出版社，1991年。

時，不僅有大量的墓葬群以及玉製禮器如琮、璜等隨葬品，而且發現有祭壇遺跡。[1]
這說明，對天地、祖先的祭祀活動（禮儀）已經出現。在生產力極其低下的當時，
飲食果腹是先民最大的慾望，精神欲求從屬於物質欲求。他們根據自身對美食的渴
望來設定神靈的嗜好與慾望。為了乞求或報答神靈的恩典，先民們「投其所好」，
以豐盛的飲食來敬獻神靈。《墨子·法儀》曰：「天之所欲則為之，天所不欲則止。」
似乎更直接地表現出先民的祭祀心態。《詩經·小雅·楚茨》曰：「神嗜飲食，使君
壽考。」此雖周人之語，其觀點之形成則絕非始於周人。原始宗教產生後，萬物有
靈的觀念無所不在，左右著先民的一切活動，當然也包括飲食生活在內，人類已將
自身的嗜好、慾望和天神的嗜好、慾望都統一到飲食需求中去了。敬天祭祖活動中
引入飲食，將大自然人格化，這顯然是「天人合一」觀念的萌芽。此後，隨著生產
力的提高與人們飲食生活的改善，特別是良渚人進入階級社會以後，祭祀場面與活
動不僅日趨隆重，而且更加離不開敬獻神靈的飲食祭品了，因為這不僅是宗教活動
的需要，也是穩定社會秩序的需要。

1　沈德祥：《良渚文化祭壇與大墓共存的關係探索》，《東南文化》，1994年5期。

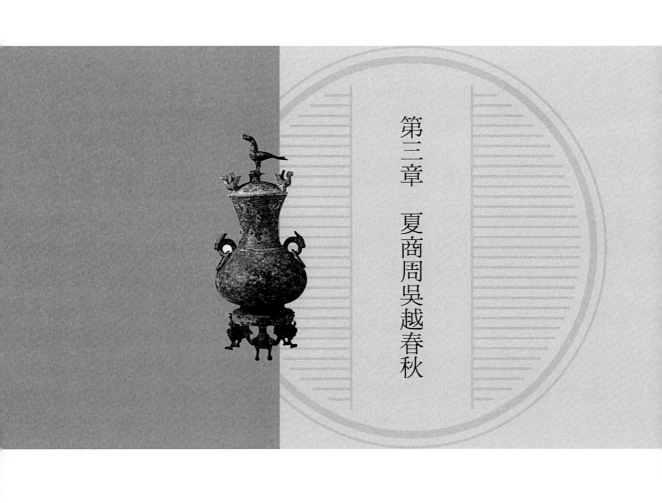

第三章 夏商周吳越春秋

第一節　江河飲食文化開始交流

　　根據夏商周斷代工程最新的研究結果，夏禹在舜死後即位的年代是西元前二〇七一年，而夏王朝的中心區域在今河南西部的嵩山一帶。夏文明在其形成和發展過程中，曾經西移、北遷和南征。其中的「南征」，即為江河文化的第一次交流，而交流的主要方式是戰爭，這就是古文獻上屢見的關於堯舜伐三苗的歷史事件。三苗早期地望在陝西秦嶺東南和河南嵩山西南一帶，因受到戰爭影響進入南陽盆地，到了禹的時代逐漸遷徙到長江中游。[1]但是相關的文明因素並沒有在長江下游找到印證，考古界清楚地意識到，中原文明以青銅器、城市和文字為特徵，而長江下游的文明因素是玉器、大型祭壇和文字，這在良渚文化中表現得非常突出。

　　當黃河流域進入殷商時期後，長江下游的飲食文化已明顯受到中原文化的影響，如安徽江淮地區出土的青銅飲食器，皆為典型的商代青銅器，而陶器如鬲、豆、簋、罐、大口尊等，亦與中原同期同類器物類似。考古學界通常認為，良渚文化即相當於中原地區的夏代，大約到了商代，在原先的良渚文化區域內，出現了越文化前身的馬橋文化和吳文化前身的湖熟文化。有趣的是湖熟文化具有顯著的商文化特徵，例如以鬲、甗等商文化特徵的炊具取代了以鼎為主的傳統炊具。出土的魚鈎、箭鏃等青銅器物，其形制與中原商器完全一致，這些都說明中原文明經江淮傳到了太湖西北一帶。然而奇怪的是，這種傳播不再向太湖流域地區擴散，湖熟文化變成了中原文化和馬橋文化之間的一道屏障。例如，中原文化的「鬲」在太湖流域遺址中尚未發現，而幾何印紋硬陶和原始青瓷似乎也未在長江以北地區普及。[2]

　　這一時期促進中原文化和長江下游文化交流的重要事件史稱「太伯奔吳」，在本書第一章中已有述及。來自中原地區的太伯、仲雍到吳地後的落腳點在今無錫和蘇州之間的梅裡，舊稱太伯城，現今這裡仍有太伯廟和太伯墓，是無錫市著名的旅

1　江林昌：《夏商周文明新探》，浙江人民出版社，2001年。
2　劉建國：《淺論寧鎮地區古文化的幾個問題》，《考古》，1986年8期。

遊景點。在太伯、仲雍到來以後，他們一方面傳播中原文化，另一方面又「入鄉隨俗」「文身斷髮」，示與荊蠻土著一體，取得了他們信任，逐漸建立了吳國。據《史記‧吳太伯世家》載，太伯無子，死後傳弟仲雍，子孫相襲共18代19君到諸樊，始遷吳。諸樊便是赫赫有名的闔廬（也作闔閭，即公子光）的父親。諸樊死後，傳位其弟余祭，余祭復傳位弟余眛，余眛原打算再傳弟季札，但季札不受，於是傳余眛子僚，即《吳越春秋》等古史中所記的被刺客廚師專諸刺殺的吳王僚。公子光稱吳王闔廬的年代是西元前五一四年（東周敬王六年），已到了春秋晚期。這時候的吳國飲食習俗已與中原飲食習俗有不少相似或相通的地方，只是「飯稻羹魚」的飲食結構依然。

西元前五一〇年，越王允常即位，至西元前四九六年去世，其子勾踐即位。吳王闔廬趁越王允常喪亡興兵攻越。勾踐力敵，闔廬病傷而死，其子夫差即位，從此吳越之間結下深仇大恨。越國認識到吸收中原文化乃是強國之路，於是引進人才（如范蠡、文種），勵精圖治，終於在西元前四七三年滅了吳國。一百多年後（西元前355年），越國為楚國所滅。西元前二二三年，楚國亦為秦所滅。西元前二二一年，秦始皇統一中國。我們在這裡較為詳細地介紹吳越興亡，是為了說明長江下游地區的古越族（荊蠻），因接受中原文化而日趨融合的過程。可以說，春秋以後的長江下游地區，在飲食方式、禮儀、思想觀念等方面，與黃河流域的中原已沒有什麼太大的差異。這個漸變的過程是先由淮河以北，再到江淮之間，進而達於皖南、蘇南，最後達於浙江，真正是西沐楚風，北浴周韻。從吳國來說，自諸樊以後，從越國來說，自勾踐以後，是這種變化的突變時期。

第二節　飲食原料和烹飪技術

一、食物原料

傳世的儒家經典中所說的「六牲」或「六畜」指的是馬、牛、羊、雞、犬、豕（豬），其中的馬屬役畜，一般不食用。

牛。自河姆渡文化起，南方的牛主要是水牛，而水牛的毛色只有灰黑色一種。長江下游地區似乎沒有《三禮》中所述的「牲」（純色牛）、「物」（雜色牛）等，因此中原那種祭禮未必行於長江下游地區。但《越絕書》卷二中，曾記越王勾踐有專門畜牛的園子。

馬。北人乘車，南人乘船，馬的役使作用在南方顯然低於北方。《吳越春秋》卷七記，勾踐夫妻入吳以後，居於石室為夫差養馬，看來馬主要用於駕車（包括戰車）。

羊。是吳越兩國上層的主要肉食和祭祀犧牲，《越絕書》卷二曾記述勾踐有專門養羊的地方。

犬。夏商周時期長江下游地區養犬可能比較普遍。越王勾踐有「犬山」，《越絕書·卷八》曰：「犬山者，勾踐罷吳，畜犬獵南山白鹿，欲得獻吳。」勾踐為了擴大兵源，準備報仇，採取了獎勵生育的政策，獎品除酒之外，尚有犬和豚。

豕。即豬。豬一直是江南地區的主要肉食來源，在河姆渡文化遺址中已發現確鑿的養豬遺跡。上述獎勵生育的獎品中，犬和豬都很多，《國語·越語上》記載：「生丈夫，二壺酒，一犬；生女子，二壺酒，一豚。」這裡的「丈夫」指男孩，「女子」指女孩，「豚」是小豬（也泛指豬）。《越絕書》卷二說勾踐也有專門養豬的地方，卷八還說越有「雞山、豕山」，「雞山、豕山者，句（勾）踐以畜雞豕，將伐吳，以食士也。」專門畜養雞豕，準備伐吳時犒賞將士。

雞。是夏商周時期長江下游地區的主要家禽。《太平御覽·羽族部》中有一則《吳越春秋》佚文：「婁門外雞陂墟者，吳王牧雞處。」《越絕書》有類似文字：「婁

門外雞陂墟，故吳王所牧雞。」越國也有專門養雞的地方，《越絕書》卷二、卷八都有記載。

野生肉食中鹿類是江南地區常見的。《越絕書》卷八記有白鹿山，是勾踐獵鹿進貢給吳王夫差的鹿園。而《越絕書》卷二則有：「麋湖城者，闔廬所置麋也。」麋，即四不像，是古代長江下游地區常見的鹿科動物，後因捕殺過度而絕跡，到近代僅見於動物園，現在江蘇鹽城海邊灘塗，設立保護區重新訓練野化。

水產自古以來就是長江下游地區的主要食物資源，淡水和海水品種都很豐富，魚、蝦、蛤、螺、蚌、鱉等品種繁多。其中蟹在長江下游地區，至今仍是名特產品。有學者認為，人類食蟹的歷史至少已有3000年，並說「周天子的宴席上有一種名叫『蟹胥』的食品，其實是一種蟹醬。由此可以推斷人類食蟹的歷史」。[1]這是說用蟹做醬。的確，古人吃肉，多用水煮和汽蒸，調味料不如今天豐富，所以，孔子在《論語‧鄉黨》中說：「不得其醬不食。」把蟹砸爛了做醬確有可能。但近代民俗學家尚秉和在《歷史風俗事物考》一書中說：「今只遺蝦醬一法。」顯然沒有注意到今天東南沿海仍然存在的蟹醬和魚醬。

糧食品種，水稻自然是第一位的，但其他作物也很豐富。《越絕書》卷四中，有一段計倪向勾踐進言指導物價的記述：他把農作物的價錢分為八個等級：甲曰「粢（zī）」（即稷）；乙曰黍；丙曰赤豆；丁曰稻粟（即稻穀）；戊曰麥；己曰大豆；庚曰穬（kuàng）（有芒的麥，大麥之類），價比「疏食」（蔬菜）；辛曰「果」（水果）。價格雖然有高低，但糧種也有登記，其中甲丁為上物，顯然是主要品種；乙戊為中物；丙己為下物；庚辛「無賈」，意為隨行就市，無需定價。由此可見，到了春秋戰國時期，中原地區「五穀」或「六穀」的概念同樣適用於長江下游地區。

長江下游地區氣候溫和，雨量充沛，適宜於蔬菜的生長，所以該地區的蔬菜品種自古以來就比較豐富。除了全國各地普遍種植栽培的葵、韭、藿、蔥、薹（油菜）、薑等之外，還有許多特產，諸如：

1　俞松年等：《生活名物史話》，上海人民出版社，1988年。

　　蕪菁。在夏商周時期，蕪菁是葑、蔓菁、芥菜、蘿蔔、茭白、白菜之類蔬菜的統稱，後來才各自分而命名。至遲在東周，蕪菁已成為美味佳餚，所以《呂氏春秋・本味》云：「菜之美者……具區之菁。」高誘《注》云：「具區，澤名，吳越之間。菁，菜名。」可見，太湖流域一帶是當時蕪菁的著名產地。蘇州城東有葑門，初名封門，以封禺山得名；又以周圍多水塘，盛產葑，遂改為葑門。

　　筍。《詩經・大雅・韓奕》：「其蔌（sù）維何？維筍及蒲。」毛傳：「蔌，菜餚也。」說明筍和蒲在西周時就已經是人們喜愛的蔬菜了。筍為竹芽，江南地區自古盛產竹，所以筍為江南名產。同樣，作為水草的蒲，在長江下游地區也是隨處可見，而江蘇淮安的蒲菜，至今仍為名產。

　　茭白。茭白是長江下游地區的特產蔬菜，成書於戰國時期的《爾雅》即已收錄，西元三世紀的西晉時期已是太湖地區的名貴蔬菜，至今如是。

　　菱。原產中國，江浙一帶新石器時代遺址中多次出土菱，春秋戰國時期被視為珍貴食品。《國語・楚語上》說楚令尹「屈到嗜芰（jì）」。韋昭《注》曰：「芰，菱也。」《楚辭・招魂》中提到的「采菱」曲是農家女子采菱時所唱的歌。至今，采菱時唱歌也是長江下游地區常見的農村小景。

　　芡。芡即芡實，俗稱「雞頭米」。原產中國，江浙一帶新石器時代遺址中多次出土。太湖流域至今盛產芡實。雞頭米色白，上有一層紅褐色的衣膜，膜外又有一層青白色的軟殼。多粒籽實共存一帶刺的雞頭形球包中，故名「雞頭」。因為有多層外衣，所以手工剝雞頭米是一件麻煩事。除籽實外，蘇州一帶還把芡的水下莖梗當蔬菜吃，用長柄鐮刀割取莖梗，撕去梗表面帶刺的莖外皮，切碎後可炮拌，可炒食，至今依然。

　　長江下游地區為水網地帶，因此許多種水生蔬菜如水芹、蓮藕、芋等都是自古就有栽培，不過這些品種於其他地區也常見，故不一一介紹了。

　　至於水果，柑橘是長江以南地區的特產，《呂氏春秋・孝行》提到：「江浦之橘，雲夢之柚。」古揚州產橘，古荊州產柚。《晏子春秋・雜下》云：「橘生淮南則為橘，生於淮北則為枳，葉徒相似，其實味不同，所以然者何？水土異也。」說明

北方不產橘。

二、飲食器具

在今蘇浙皖三省之內，相當於夏商的湖熟文化存在於今常州以西，而太湖流域及以南地區的馬橋文化與湖熟文化有很大區別。如果說湖熟文化還有中原文化的影響，而馬橋文化則好像是地方獨立的，這種現象在飲食器具方面表現得非常顯著。

夏商時代的長江下游地區，青銅文化不是很典型，主要出現在今皖北一帶。例如一九七四年安徽舒城出土的犧首鼎，高27.3釐米，口徑19.8釐米。器作小獸形，雙角高聳，二目圓睜。背上有蓋，蓋中置環鈕。兩耳位於兩側，三足略似蹄形。獸角飾雲雷紋，頸下飾蟠虺（huī）紋和二龍蟠繞的浮雕。蓋面飾波紋，耳外側飾圓點紋。此鼎及有關成組器物目前多發現在江淮南部，研究者認為與春秋中葉時「徐人取舒」[1]有關。又如，江蘇漣水三里墩出土的錯金銀立鳥壺，現藏南京博物院，製作精美，鈕上立鳥展翅欲飛，目前國內僅發現一件，但它是戰國以後的文物。再如，一九五七年江蘇武進淹城出土的三輪盤，盤下設有三個可以轉動的輪子，盤邊設有把手可以推動。器上幾何紋飾與長江下游的幾何印紋陶器上的紋飾相類似，說明它有地方特色。同時還出土了一隻犧首簋，此器造型獨特，目前所發現的僅此一件。可見長江下游地區的青銅文化形成時間晚於春秋。

長江下游地區有多處遺址出土過夏商周時期的漆器，這些漆器的實用性極強，但其藝術性明顯不如長江中游地區，這也從一個側面反映出黃河文明向南推進時，首先到達的是長江中游地區，然後再向下游推進，說明中游的荊楚文化的開發早於下游的吳越文化。由於漆器不耐燒灼，所以它們只能用作餐具而不能用作炊具。

陶器和原始瓷器是長江下游地區最常用的飲食器具，河姆渡文化、馬家濱文

1　徐人取舒：「徐」和「舒」是居於淮水中下游地區的兩族。二者族類相似，文化相似，以精良的青銅器鑄造技術聞名於世。徐欲成為大國，於西元前657年，征伐兼併了舒。

▲圖3-1　犧首鼎，安徽舒城出土　　　　　　　　　　▲圖3-2　錯金銀立鳥壺，江蘇漣水三里墩出土

化、崧澤文化、龍虯莊文化和良渚文化，都有大量的陶器出土。相當於中原夏商時代的湖熟文化和馬橋文化，也是以陶器為主，西周亦復如此。到了春秋戰國時期，因吳越立國並且已相當強大，不僅有青銅器，而且陶器也日益精美。由於燃燒和造窯技術的進步，原始青瓷也在多處遺址中發現，其中最典型的精品是一九八七年在江蘇武進淹城千家墩春秋遺址中出土的原始青瓷鼎，器高10釐米，敞口、束頸、扁腹，下承三個錐形柱足；胎為灰色，釉色青碧。腹外部遍刻「Z」形幾何紋，共三排；底心無釉；肩部貼絞索狀橫系，兩端貼S紋，前後出戟，上飾橫S形堆紋；器內滿釉，有弦紋，這件瓷鼎是春秋時代原始青瓷中的傑作。

　　當代學者吳仁敬、辛安潮認為：夏商周時期，中國陶業興旺，盛況空前，是得益於夏桀商紂這兩個千古昏君。由於他們窮奢極欲，修築宮殿，因此需要很多磚瓦等建築材料，而且日常飲食器具亦因此而增加，達到畸形發展的地步。商代將土工列於六工之首，所謂土工即製陶燒磚瓦之工匠，另外五工依次為金工、石工、木工、獸工和草工。周代已設有陶正[1]，發明了陶輪製坯，工藝大為改進。吳、辛二氏

1　陶正：周代官名，掌製造陶器之事。

還考定：「製陶之人，在周代可考者，為有虞遏父。《左傳》疏《陳國侯爵譜》：『當週之興，有虞遏父者為周初陶正，武王賴其利器用，與其先聖之後，以元女大姬妃遏父之子滿封於陳，賜姓曰媯。』一陶工之官，至妻帝室之女，且封為諸侯。」說明古代製陶人的社會地位相當高。他們還認為今宜興的製陶業為范蠡所始創。「今蜀山（今江蘇宜興丁蜀鎮）之西，尚有地名蠡墅者，蓋即其別墅之故址也。相傳范蠡居此，見近旁有土，黏力甚強，且耐火燒，可製陶器，乃製為器皿，築窯以燒之，今蠡墅附近有地名蠡丘圍者，尚有古窯十餘座，蓋當時之遺跡也。」[1]

　　除了銅、漆、陶三類材料之外，竹、骨、角和其他金屬也是飲食器具製造的常用材質。不過全國各地此類餐具的形制大同小異，其中值得一提的是箸。先秦古籍中，「紂為象箸」是一個常見的故事，人們據此推斷中國的筷子當發明於夏商時代。然而，我們在前文述及龍虬莊文化時，已提到江蘇高郵龍虬莊新石器時代遺址中發現了骨箸。目前已知的最早的青銅小筷，出土於安徽貴池徽家沖春秋晚期墓葬中，只有一雙，長二十點三釐米。[2]這種在世界上影響頗大的進食方式，是中國飲食文化的一大特徵，用筷子吃飯和方塊漢字一樣偉大，它既是中華民族維繫的紐帶，又是中華古文明的象徵。至於把箸說成筷子，更是長江下游地區勞動人民的創造。江南

1　吳仁敬、平安潮：《中國陶瓷史》，商務印書館，1937年。
2　盧茂村：《安徽貴池發現東周青銅器》，《文物》，1980年8期。

地區水網密佈，人們出行乘船，船民忌諱船停不動，因「箸」與「住」諧音，故稱箸為快子，演成筷子。[1]不過這已是宋代以後的事情了。

三、烹飪技術

中國的傳統烹飪技術，主要有刀工、火候和調味三大要素，西漢劉向在《新序》的《雜事》篇總結春秋戰國時期的技術術語分別叫「斷割」「煎熬」和「齊和」。其實，早在《韓非子‧難二》就有類似的說法。從先秦古籍和文字訓詁的角度研究，所謂「斷割」，首先是動物性原料牲體的分割，即所謂「解」，如「庖丁解牛」。「解」又稱「肆解」，是《三禮》中的常見術語，嚴格說來是周人的語言，在夏商時代如何說法已不可考，但當時已有刀具，雖然不如周人之得心應手，可也應該有了這項技術。即令是稱為「荊蠻」的南方亦應如此。

古人對經過刀工處理後不同形狀的料塊，也有不同的稱謂，諸如：胾（zì，大塊）、臠（luán，小塊）、膊（pò，塊狀乾肉）、脡（tǐng，條狀乾肉）、膚（泛指禽獸的肉或特指豬肉、脅革肉）等。這些詞義均已不見於現代漢語，即使在當時，各地方言的稱謂也不盡相同，但其炮製肉類食材的方法應該大同小異。

先秦文獻中有燔、炙、烤、炮、烙、蒸、煮、爆、燴、燒、熬、煎、溜（同「熘」）、煨、漬、脯、醢（hǎi）、臘、醓（tǎn）、齏（jī）、菹（zū）、羹等一系列有關烹飪的術語，其中涉及制熟技術的術語，主要分有炊具和無炊具兩個方面。無炊具的製熟技術源於原始熟食方法，如炙、烤等，是舊石器時代延續下來的；而有炊具的製熟技術源自陶器發明以後，如蒸、煮、煎等。蒸和煮的用水量較大，常壓溫度不超過100℃，所以普通陶器即可勝任。煎、熬則不同，加熱過程中用水量極少，甚至完全不用水，卻涉及古人叫作「脂膏」的油脂（夏商周時只能是動物油脂），其加熱溫度陶器不能勝任，需要金屬炊具，在夏商周時代的金屬炊具都是青

---

1   陸容：《菽園雜記》卷一，中華書局，2007年。

銅器。用陶器炊煮稻米，顯然是典型的「粒食」，那時候糧食粉碎技術幾乎沒有，容易脫殼的稻穀顯然比麥粒更受歡迎。《吳越春秋》卷三記述伍子胥從鄭國逃往吳國時，在過了昭關（今安徽含山境內）以後要渡江時，一位老漁夫給他吃了「麥飯、鮑魚羹、盎漿」。這裡的「鮑魚羹」是鹽漬魚羹，「盎漿」就是一壺米湯釀製的味道略微甜的飲料，可見這些是當時下層人民的粗糲（lì）之食，麥粒直接煮飯。

下游吳越飲食文化的全新時代，當在「太伯奔吳」之後，就飲食文化而言，「飯稻羹魚」的基本特徵沒有變，魚肴是古吳飲食文化主要特色。僅在《吳越春秋》中，就出現過四種魚肴：卷三中伍子胥過江吃的「鮑魚羹」已如前述；卷三中還記錄了刺客專諸刺吳王僚的道具——「炙魚」，大概就是今天的烤魚；卷四記吳王闔廬與夫人及女兒滕玉一起吃「蒸魚」，吳王吃了一半，因有事就把魚給了滕玉，女怒曰：「王食我殘魚辱我，不忍久生。」乃自殺。卷四還記述了吳王犒勞伍子胥伐越歸來，「治魚為膾」。足見長江下游烹製魚肴，由來已久。

中國烹飪向來重視調味，先秦古籍中的「和」，是調和、調治之義。《周禮·天官》：「食醫掌和王之六食，六飲、六膳、百羞、百醬、八珍之齊。……凡和，春多酸，夏多苦，秋多辛，冬多鹹，調以滑甘」。又云：「以五味、五穀、五藥養其病。」鄭玄《注》：「五味，醯酒飴蜜薑鹽之屬。」《尚書·說命》：「若作和羹，爾惟鹽梅。」意思是若要調和肉羹的味道，只有靠鹽和梅子。把烹和調放在一起考察的理論總結見於《呂氏春秋·本味》：「夫三群之蟲，水居者腥，肉玃（jué）者臊，草食者羶。臭惡猶美，皆有所以。凡味之本，水最為始，五味三材，九沸九變，火為之紀，時疾時徐，滅腥去臊除羶，必以其勝，無失其理。調和之事，必以甘、酸、苦、辛、鹹。先後多少，其齊甚微，皆有自起。鼎中之變，精妙微纖，口弗能言，志弗能喻。若射御之微，陰陽之化，四時之數。故久而不弊，熟而不爛，甘而不噥，酸而不酷，鹹而不減，辛而不烈，淡而不薄，肥而不膩（油膩之感）。」這一段記述於2300年前的結論，是中國歷史上最早的烹飪「理論」論述。

需要指出：中華民族自古就有崇尚「中和」的思想，這在中華飲食文化中有深刻的體現，上述的「和」以及所引《呂氏春秋·本味》的那些話，就充分說明了

這一點。「中和」早已被先秦儒家上升為哲學理念，「四書」之一的《中庸》（孔子之孫子思所作）對此有精闢的闡述。「致中和」不僅是中華飲食追求的完美境界，也是我們中國人處世哲學的準則。「中也者，天下之大本也；和也者，天下之達道也。」「致中和」就是追求和諧。

四、《楚辭》中的吳地飲食風貌

《史記・貨殖列傳》云：「楚越之地，地廣人稀，飯稻羹魚，或火耕而水耨，果隋臝蛤，不待賈而足，地勢（yì，種植）饒食，無饑饉之患。」戰國四公子之一的楚公子春申君封於申地（即今上海一帶），悉心經營，楚與吳越之間的文化滲透大大加快，到了西元前二二三年，秦滅楚之時，楚越飲食文化的融合已經有三四百年之久了，特別是楚滅吳以後，更是密不可分。因此，我們在研究長江下游地區戰國末期飲食文化時，有充分的理由引用楚國的文獻，其中有價值的古文獻當推《楚辭》。

《楚辭》是楚地的一本詩歌總集，其風格與中原和北方地區產生的《詩經》完全不同，其中涉及飲食文化的史料，不亞於《禮記・內則》，而且具有顯著的南方特色，我們這裡僅將明確標明為吳地飲食文化的史料摘引如下，並略加解釋。[1]

❶・《天問》

「彭鏗斟雉，帝何饗？」

彭鏗做了野雞羹，堯帝宴請誰？彭鏗即彭祖，帝指堯帝。

據王逸《楚辭章句》的宋代洪興祖補註可知：彭祖姓錢名鏗，懂烹飪，善於調製味道鮮美的雉羹（野雞湯），獻給帝堯食用，而被封於彭城（今江蘇、徐州）。

1　蕭兵：《楚辭全釋》，江蘇古籍出版社，1998年。（《楚辭》的註釋本很多，但東漢王逸的《楚辭章句》，宋洪興祖的《楚辭補註》和宋朱熹的《楚辭集注》是古代有權威性的注本。本書也做了參考。）

❷・《招魂》

「和酸若苦，陳吳羹些」。

「吳羹」「和酸若苦」，就是吳地的酸辣湯。

詩中還有「粔籹（jùnǔ）」「蜜餌」和「餦餭（zhānghuáng）」等三道點心。「粔籹」，朱熹說是環餅或寒具。《齊民要術》介紹了它的製法，類似今天的麻花或饊子。「蜜餌」是米粉和蜜蒸的糕，今蘇南一帶還有叫蜜糕的食品。「餦餭」是飴糖（麥芽糖）摻和飯餐、穀粉製成的食物。[1]

❸・《大招》

「吳酸蒿蔞，不沾薄只」。

王逸《注》：「蒿，蘩草也。蔞，香草也。」「言吳人善為羹，其菜若蔞，味無沾薄，言其調也。沾，多汁也。薄，無味也。言吳人工調醎酸，爚（yuè）蒿蔞以為齏，其味不濃不薄，適甘美也。」

「吳醴白蘗，和楚瀝只」。

王逸《注》：「再宿為醴。蘗，米麴也。瀝，清酒也。言使吳人釀醴，和以白米之　，以作楚瀝，其清酒尤釀美也。」

《招魂》《大招》都是文學作品，是否都出自屈原之手，學術界有不同觀點，但認為是戰國時期的作品，則沒有異議。因此，就本書而言，可以用它們來管窺當時的飲食風貌。

1　沈德祥：《良渚文化祭壇與大墓共存的關係探索》，《東南文化》，1994年5期。

第三節　食禮制度的形成及其文化氣質

一、食禮的形成

　　早在良渚文化中晚期，長江下游地區先民關於萬物有靈的觀念已經成熟，對天地、祖先的祭祀活動已經具有了一定的規模。一九七二年，上海博物館對7.5米高、面積為7000餘平方米的福泉山良渚文化遺址進行了3次發掘，揭示了祭壇和大墓的複合形式。浙江省文物考古研究所於一九八七年和一九九〇年相繼在餘杭縣安溪瑤山和瓶窯匯觀山發掘時，也發現了祭壇和大墓複合遺址。[1]這些考古發現說明，當時長江下游地區的先民對天地神靈、祖先的崇拜和敬仰都是用同一個模式來表達的。人們已經認識到天道至高無上，人如果不敬神靈，不順天道，則災禍降臨；禮敬上天，順應天道，人生或國家才能長治久安。這種把敬畏自然和尊敬祖先同等看待的作法，正是「天人合一」觀念的具體體現。隨後的馬橋文化和湖熟文化，都有一定的祭祀模式，自成一套原始的、以食祭祀的食禮活動。「太伯奔吳」以後，西周的禮儀制度在該地區逐漸傳播，吳、越立國以後，他們經常派使者到中原觀禮學儀，特別是吳國，對中原禮儀制度尤感興趣。吳公子季札先後幾次到中原的齊、魯、鄭、衛、晉諸國考察中原禮儀制度，回國後對本國的祭祀活動儀式和其他禮制進行「改革」。孔子還在吳國收了個弟子叫言子，他的墓至今還在常熟虞山上。孔子的弟子子貢也曾先後到過吳國和越國，分別會晤過吳王和越王。加之吳越兩國在互相爭鬥，都注意吸納來自楚國和中原地區的人才，諸如伍子胥、范蠡、文種等。這些人都曾經是兩國政權中的重要決策人，因此，他們會把較先進的中原文化帶到長江下游，而「文身斷髮」的土著文化在一定程度上受削弱甚至消失，並且建立起新的禮儀制度，其中也包括飲食禮儀。惜乎長江下游地區古文獻資料的缺失，相關的食禮文獻沒有中原地區《三禮》那樣豐富，但也有些許材料可資佐證。例如，《吳越春

1　沈德祥：《良渚文化祭壇與大墓共存的關係探索》，《東南文化》，1994年第5期。

秋》卷七《勾踐入臣外傳》說：

「吳王如越王期日疾愈，心念其忠，臨政之後，大縱酒於文台。吳王出令曰：
『今日為越王陳北面之坐，群臣以客禮事之。』伍子胥趨出，到舍上，不御坐。酒
酣，太宰嚭（pǐ）曰：『異乎！今日坐者各有其詞，不仁者逃，其仁者留。臣聞同
聲相和，同心相求。今國相剛勇之人，意者內慚？至仁之存，而不御坐，其亦是
乎？』吳王曰：『然』。於是范蠡與越王俱起為吳王壽，其辭曰：『下臣勾踐從小臣
范蠡，奉觴上千歲之壽。辭曰：皇在上令，昭下四時，並心察慈，仁者大王。躬親
鴻恩，立義行仁，九德四塞，咸服群臣。於乎休哉！傳德無極，上感太陽，降瑞翼
翼。大王延壽萬歲，長保吳國。四海咸承，諸侯賓服。觴酒既升，永受萬福。』於
是吳王大悅。」

　　這段說的是吳王夫差宴請越王勾踐的飲宴場面，吳王面南背北，而越王面北背
南，是最尊貴的客位。伍子胥看出勾踐心懷二志，見吳王如此禮遇勾踐，故憤然離
席。而太宰嚭早已收了勾踐的賄賂，便從中打圓場，使吳王不懷疑勾踐，便演了一
出勾踐、范蠡給吳王賀壽的把戲。其中的飲食禮儀與中原完全相同，說明到了戰國
時代，全國各地的食禮基本相同。

二、食禮制度的文化內涵

　　春秋以後，長江下游地區主動學習中原飲食禮儀和制度，逐步改變了過去中原
人對吳越之民風尚未開化的誤解。禮制對四夷之眾來說具有春風化雨的強力效果，
這種效果正是來自禮儀的文化氣質之美的向心力。在早期儒家思想和政權設計中，
禮儀制度使社會各階層有如《荀子‧禮論》中所說的「貴賤有等，長幼有差，貧富
輕重皆有稱也。」這是統治者治理天下的理念和手段。在各種禮儀制度中，飲食禮
儀制度同樣深深地影響和改變著長江下游地區。這種文化內涵可以從四個方面加以
分析：

❶‧敬德貴民的政治文化

郭沫若說：「禮是由德的客觀方面的節文所蛻化下來的，古者有德者的一切正當行為的方式，彙集下來便是後來的禮。德的客觀上的節文，《周書》上說得很少，但德的精神上的推動，是明白地注重在一個『敬』字上，敬者警也，本意是要人時常努力，不可有絲毫的放鬆。」[1]周人把殷商亡國的直接原因歸咎於紂王嗜酒的不德之風，所以發布過相當於禁酒令的《酒誥》。一方面是控制飲酒的數量，另一方面提倡儉食，立足於貴民。這種敬德貴民的政治文化同樣表現在吳越兩國的政治生活中。勾踐「臥薪嘗膽」發憤復國，即是尊「敬德貴民」之道才取得最後成功。

❷‧孝親尊老的倫理文化

孝親尊老是先秦儒家重要的倫理觀點。這種倫理觀點可以穩定民心，強化社會秩序，形成長幼有序、孝親尊老、層層隸屬、等級森嚴的社會體系，就是君君臣臣父父子子。這種倫理觀點反映在飲食上也是等級森嚴，春秋以後的吳國、越國在這一方面和中原沒有區別。

❸‧文質彬彬的禮樂文化

宴飲作樂與舞同樣要遵守一定的規則，這些規則的核心便是「禮」。禮可以防淫逸，節制奢靡；而樂可以移風易俗，起到教化人民的作用。《孝經》曰：「移風易俗，莫善於樂；安上治民，莫善於禮。」李隆基《注》曰：「風俗移易，先入樂聲。變隨人心，正由君德。正之與變，因樂而彰，故曰莫善於樂。」「禮所以正君臣、父子之別，明男女、長幼之序，故可以安上化下也。」在宴飲活動中，不僅要遵循尊卑長幼的繁文縟節，其語言交流也必須中規中矩。中原地區的人，在其宴飲活動中，不僅常常引用《詩經》中的詩句，而且還視宴飲的主題，以奏樂的形式演唱《詩經》的某些特定篇章。吳越人受中原人的影響，在重大國事活動中，也要吟誦詩句，以表達情意。例如，《吳越春秋》卷四載：吳國大夫被離承宴問伍子胥為什

1　郭沫若：《郭沫若全集‧歷史篇》第1卷，人民出版社，1982年。

麼相信前來投奔的楚大夫白喜，伍子胥吟誦《河上歌》，寓意同病相憐。又如，《吳越春秋》卷五載：吳王夫差在文台置酒表揚太宰嚭，並以「越王慈仁忠信，以孝事於寡人，吾將復增其國」，群臣吟詩作賀，而伍子胥則以詩哭諫。卷七記越王勾踐兵敗，與文種、范蠡入質於吳時，群臣送行，文種作詩表決心，勾踐也以詩的形式言復國之志；卷七又記勾踐在夫差病癒後，為了進一步掩蓋自己的「二志」，為夫差敬酒祝辭；而卷十則記越滅吳後，勾踐復置酒文台，命樂師作伐吳之曲以慶功。文種誦所作之詩希望君臣同心，而勾踐不悅，范蠡由此看出勾踐「敵國滅，謀臣亡」的心思。如此等等，都是吳、越傚法中原，在宴飲活動中，舉樂賦詩，盡顯尊卑秩序、文質彬彬。

❹‧尊天敬祖催發原始宗教的誕生

敬事上帝，禮敬上天，不僅是人們心中內在的信仰，也包括一系列祭祀儀式。這些儀式，在《禮記》中有不少記載。周朝的執政原則就是「敬天保民」。祭祀活動對任何一個民族都是神聖而又隆重的，是現實人群希望與鬼神溝通的規範行為，因「神嗜飲食」，故設置豐盛的祭品又是人們普遍認同的溝通途徑。這是人類嘗試認識自然界神祕現象的開始，從而產生神祕的感覺，原始的宗教也就應運而生。尊天敬祖，從來都是宗教活動的中心。對於這一點，在春秋戰國時期無論是中原人還是吳越人，在潛意識上沒有任何區別，所以我們不再詳談。

第四節　范蠡、計然的飲食思想

春秋中葉後，吳越得中原之風，人們對飲食活動中的一些問題也進行了理性思考。由於吳越連年爭戰，思考必然立足於戰爭這個角度，這些理性思考反映了當時特殊歷史條件下長江下游地區人們對飲食活動的觀念和心態。最具代表性的人物是范蠡和計然。

一、范蠡的飲食思想

《史記·越王勾踐世家》中記載，范蠡，春秋後期人，生於楚國，出身微賤，後來到越國。他和文種是越王勾踐的著名大夫。勾踐被吳國打敗後，他們輔佐勾踐，為之出謀劃策，促使勾踐臥薪嘗膽，發憤圖強，終於滅吳稱霸。范蠡被尊為上將軍，自知盛名之下，難以久居，於是急流勇退，棄越去齊，並致書於文種曰：「蜚鳥盡，良弓藏，狡兔死，走狗烹。越王為人長頸鳥喙，可與共患難，不可與共樂。子何不去？」文種沒有接受其勸，終遭殺戮。而范蠡隱姓埋名，在齊國海畔治產業，致富成名。齊人欲任之為相，范蠡堅辭不受，散家財，移居當時的商業中心定陶，自稱陶朱公，從事貿易，「候時移物，逐什一之利。」又致大富。從范蠡生平來看，他是個政治家和大商人，很有哲學頭腦。他的哲學思辨還滲透到他對飲食活動的觀察與思考之中。

《國語·越語下》記載，西元前四八三年，越王勾踐欲乘吳國「稻蟹不遺種」之機興兵伐吳，范蠡認為「天應至矣，人事未盡也，王姑待之。」越王不解，范蠡便作出如下論述：

> 「夫人事必將與天地相參，然後乃可以成功。今其禍新民恐，其君臣上下，皆知其資財之不足以支長久也，彼將同其力，致其死，猶尚殆。王其且馳騁弋獵，無至禽荒；宮中之樂，無至酒荒，肆與大夫觴飲，無忘國常。彼其上將薄其德，民將盡其力，又使之望而不得食，乃可以致天地之殛（jí，誅殺），王姑待之。」

在這裡，范蠡提出了一個很重要的飲食思想命題：「肆與大夫觴飲，無忘國常。」這句話有兩方面的內容。

一是君主沉迷於美食美飲，則易於荒蕪國政，這樣的歷史教訓於時不遠，中原江山幾度易主，對長江下游地區先民的飲食活動產生了深刻的影響。特別是商紂王時「以酒為池，懸肉為林」（《史記·殷本紀》），「惟荒腆於酒，不惟自息乃逸」（《書·酒誥》），商紂王對酒的狂嗜行為，嚴重地影響了朝政，最終導致國破身亡。鑒於這一歷史教訓，范蠡指出，必須將國政置於首位，不能在美味佳餚中喪失

理智。

二是飲食活動與飲食心理的關係要理順。范蠡不但不反對君主對飲食活動的追求，相反他還希望君主要吃好喝好，對美味要肆而不迷。這實際上是個飲食心理問題。在飲食活動中，飲食者的心理素質很重要，既要與群臣享用最好的美味，從而達到上下溝通、君臣共樂的效果，又要通過這種方式把朝政處理得井然有序。在美味面前，君主的心態要平定有持，恣肆而不迷戀，否則將復蹈紂王之轍。當然，范蠡提出這一問題是有其歷史背景的。當時，勾踐雪恥心切，而吳王夫差並沒有完全放鬆對勾踐的警惕，范蠡讓勾踐追求美味，一個重要的目的就是迷惑夫差，使之以為勾踐終日沉湎於酒肉，胸無大志，絕不會對吳國產生任何危害。范蠡對勾踐提出的這個問題，其內涵是飲食心理在飲食活動中對自身及敵國都將發生作用。對明君來說，美味好比是道具，筵席好比是舞台，君主享受美味，對內籠臣民之心，對外懈敵國之戒，這正是君主善於理順飲食活動與飲食心理之關係的表現。

二、計然的飲食思想

計然其人，見於《史記・貨殖列傳》：「昔者越王勾踐困於會稽之上，乃用范蠡、計然。」計然其名，於史料中記載不一，《越絕書》作計倪，《史記集解》引徐廣曰：「計然者，范蠡之師也，名研。」《史記索隱》引《范子》說，計然的祖先是「晉國之公子」。他同范蠡一樣，是個大商人，《越絕書・計倪內經》記「處於吳楚越之間，以魚三邦之利」。他又是一位幫助越王勾踐滅吳的功臣和經濟學家，不過計然其人不見於戰國以前的歷史文獻，因此有人認為《史記》所說的計然，是范蠡所著書之篇名，並非有計然其人。關於這個問題，可以存而勿論。

在飲食思想方面，計然提出的一個命題是：「飲之以酒，以觀其態。」這在《越絕書・外傳計然》中有記載。勾踐就任用賢能的問題與計然進行討論，計然便道出了用賢之法：

「賢君用臣，略責於絕施之職，而（成）其功；遠使以效其誠；內告以匿，以知

其信：與之講事，以觀其智；飲之以酒，以觀其態；選士以備，不肖者無所置。」

在計然看來，通過飲酒行為，觀察飲酒儀態，從而可以知道飲者的風度甚至是品行。由於酒精的作用，飲者飲酒一旦過量，則不易自持，其原本的心態和品行都可通過醉態表現出來。而自持力一向很高的人，很注意飲酒適度，唯恐醉酒失態斯文掃地。計然認為，這是賢者精神品德的一個表現，可視為任用條件之一。

這一觀點對後世人君用賢所定標準產生了一定的影響。計然是第一個直接提出「以酒觀態」的人。晉人葛洪《抱朴子·酒誡》曰：「予以之敗德。」宋人蘇轍《既醉備五福論》曰：「莫不以飲酒無度，沉湎荒亂，號呶倨肆，以敗亂其德為首，故曰百禍之所由生，百福之所由耗，而不享者，莫急於酒。」明人謝肇淛（zhè）《五雜俎·物部論酒》認為：「人不飲酒，便有數分地位，志識不昏，一也；不廢時失事，二也；不失言敗度，三也。余嘗見醇謹之士，酒後變為狂妄，勤渠力作，因醉失其職業者，眾矣。」清人顧炎武《日知錄·酒禁》曰：「『酒之禍烈於火，而其親人甚於水。有以夫，世盡然夭於酒而不覺也。』讀是言者，可以知保生之道。」如此之說，戰國以後的文獻中不勝枚舉。以酒觀態，旨在觀德。紂王因酒失德廢政，計然總結了這一教訓，所提出的命題自然易於為後人所接受。與計然幾乎處於同時代的孔子在《論語·鄉黨》中也提出了類似的問題：「惟酒無量，不及亂。」但孔子的提法，其角度與計然不同，計然直接把飲酒與用賢問題聯繫起來，是知人用人的方法問題，而孔子是從維護周禮的角度來談這個問題。

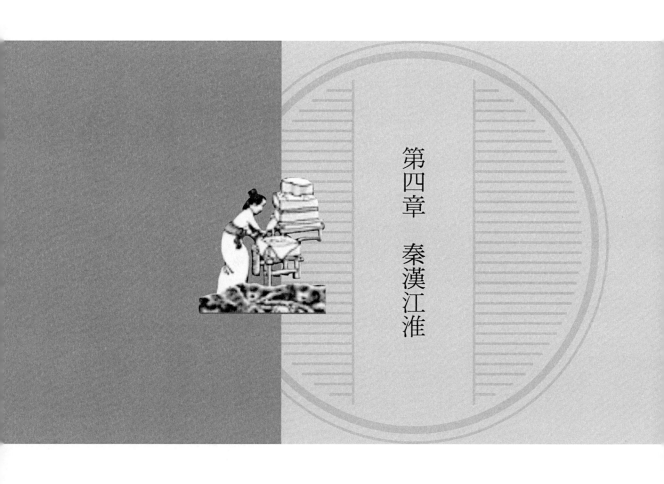

第四章　秦漢江淮

秦漢這段歷史，上承夏商周三代，下接魏晉，是中國歷史上社會經濟穩定發展的時期。這一時期長江下游地區飲食文化得到一定的發展，江淮兩岸尤為活躍，其之間產生的一些飲食文化思想影響深遠，惠及後世。

西元前二二一年，秦始皇建立了中國歷史上第一個統一的多民族的君主專制主義中央集權的封建國家。至西元前二〇七年，秦三世子嬰被殺，秦朝滅亡。秦朝一共只存在15年，在飲食文化方面不可能有什麼大的變化，但秦始皇大刀闊斧的政治措施，包括廢封建，立郡縣；車同軌，開馳道；書同文，統一度量衡；築長城等，促進了後世飲食文化的交流和發展。

劉邦興漢到「文景之治」，是國家休養生息的恢復和發展時期。到了漢武帝時國力強盛，《漢書・食貨志》記載：當時天下太平，國強民富，「京師餘錢巨萬，貫朽而不可校，太倉之粟陳陳相因，充溢露積於外，腐敗不可食。」國庫裡穿銅錢的繩子爛掉而無法核查錢的數量，國家糧倉的糧食年年堆積，溢流到倉外，霉爛到不能食用。而長江下游更是物阜民豐。

長江下游地區自古人傑地靈、物產豐饒，其綜合實力與當時的封建中央政權相當，故各期封王皆野心勃勃、不甘人後，存在很大的不安定因素。漢高祖劉邦時期內亂不斷，史稱「吳楚七國之亂」。其後，又因戰事形成移民，漢武帝將東越人全部遷於江淮之間。漢武帝時的長江下游，其主要繁華區域在江淮兩岸，而此時的浙江，卻因兩次大規模移民，變得地廣人稀，在政治、經濟方面顯不出重要地位。直到孫權父子兄弟經營江東，建立東吳政權後才日益繁華。

人口的流動，戰爭中的毀建，都是飲食文化交流的基本動力之一，其作用不可忽視。從整體來說，秦漢時期的長江下游地區，是移風易俗、日漸富庶的時期。

第一節　長江下游地區飲食結構

秦漢的統一，加速了全國的物資交流和人口流動，地方割據勢力的消失，使得

文化向趨同的目標前進，從而加速了漢民族的形成。這一時期農業穩步發展，主、副食品種不斷豐富，為飲食文化的發展奠定了堅實的物質基礎。

一、主糧品種

秦漢時期，長江下游地區的農作物依然以水稻為主。特別是江淮一帶，屬於水田和旱田作物的過渡地區。如江蘇連雲港秦漢墓中出土的栽培稷，連雲港海州區秦漢墓中出土的栽培黍等。秦漢以來，隨著大量北人南遷，鐵農具和牛耕技術開始進入江淮地區，也把北方旱田作物帶到江淮兩岸種植。另一方面，西漢武帝以後，東甌和東越的兩次北遷江淮地區，使得南方的水稻在長江以北的種植面積大為擴大，如此就形成了今天的蘇北、皖北水旱兩宜的種植結構。至於麥、豆的栽培歷史自當不晚於稻作的栽培。由於石磨的廣泛使用，人們對麥的粉碎加工技術取得了突破，使麥的食用更為方便，從而迅速成為長江下游地區人們的重要主食品種，並形成如下格局：淮河以北以旱田作物為主，江淮之間（今蘇中、皖中）便是水旱混作，長江以南向浙江推進，水稻種植的比例迅速加大。

秦漢時期，「飯」的概念進一步明確，王充在《論衡‧量知》中說：「穀之始熟曰粟，舂之於臼，簸其粃糠，蒸之於甑，爨之於火，成熟為飯，可以甘食。」在那個時代，幾乎所有的糧食都可以做飯，正如王充在《論衡‧藝增》中所說：「五穀之於人也，食之皆飽。稻粱之味，甘而多腴。豆麥雖糲，亦能愈飢。食豆麥者，皆謂糲而不甘，莫謂腹空無所食。」由此可見，稻和粱都是上等糧食，稻米至今仍為中國人稱為細糧。而「粱」的地位，則已經今非昔比了，「粱」即今人所說的粟米，在秦漢時應是北方的上等主食，在秦漢時的文獻上，「粱肉」一詞代表高等飲食。其實早在夏商周時期即已如此了，《禮記‧曲禮下》云：「歲凶，年穀不登，大夫不食粱。」《漢書‧食貨志》云，遇水旱之災，「商賈……操其奇贏，日遊都市，乘上之急，所賣必倍。故其男不耕耘，女不蠶織，衣必文采，食必粱肉。」至武帝時，天下富足了，「守閭閻者食粱肉」，連守裡巷門的人都吃粱肉了。

在長江下游地區，古籍上還常提到「苽（gū）」或「菰」，即雕胡米；雕胡米、菰米，即今天所說的茭白籽。菰，是長江下游池沼湖泊中到處可見的植物，張衡在《七辯》中就提到「會稽之菰」，曾被漢唐人列為六穀之一。菰在秋天結籽時，同一植株的種子成熟常有先後，而且成熟種子極易自然脫落，收集極不容易，且產量極低。其加工也不容易，古人說「曬乾磨洗」才能成米，洗米時把碎瓷片和菰籽放在一起，在水中淘洗而得。正因為如此折騰，才覺得用它「造飯香不可言」。《淮南子‧詮言訓》：「心有憂者，……菰飯犓（chú）牛弗能甘也。」說明「菰飯」是當時難得的美食。茭白籽外被黑衣，內裡的米是白色的。《本草綱目‧菰米》「古人以為美饌。今飢歲，人猶採以當糧。」

中國飲食文化中，向有「粒食」「粉食」之說，秦漢時期，石磨普遍採用，人們將糧食粉碎併除去麩皮，從而獲得粉狀的麵（麵、麨），用麵製成的食品叫做粉食。西漢史游《急就篇》有：「餅餌麥飯甘豆羹」，顏師古《注》曰：「溲麵而蒸熟之則為餅，……溲米而蒸熟之則為餌」。《說文》和《釋名》都對餅、餌有專門的解釋，「餅」是屑麥為粉，然後用水浸沃成麵糰，再行蒸熟；而「餌」則是屑米為粉，然後溲之再蒸熟。不管是餅，還是餌，漢代人尚不知道麵糰發酵技術，所以漢代的餅都是死麵餅。[1]

秦漢時期有一種常見的點心食品叫「粔籹」（即後文中「居女」，類似今天麻花、饊子之類的古代油炸食品），該食品在先秦即已有之，《楚辭‧招魂》中載有「粔籹蜜餌」，王逸《注》：「以蜜和米麵熬煎作粔籹」。東漢崔寔《四民月令》有「食粔籹」。

在長江下游地區也有這種食物，江蘇邗江漢墓出土的漢代食笥（sì，方形竹編盛器）上書有「居女一笥」。研究者認為「居女」即「粔籹」。按照《齊民要術》的解釋，粔籹是用蜜和秫（shú，高粱）米粉捏成環狀，而後用豬油煎熟的食物。而長江下游地區的「粔籹」，完全可能是用稻米做成的。因其呈環狀，故又稱環膏。

1　趙榮光：《中國飲食史論》，黑龍江科學技術出版社，1990年。

二、副食種類

秦漢時期長江下游地區的肉類及果蔬等原料品種已日漸豐富，肉類品種有：魚、鱉、龜、蛇、犬、豬、羊、牛、雞、鴨、雉、野鴨等；蔬菜類有：藕、韭、蔥、薑、芥、葵、蕹菜、筍、蕨、黃瓜、芹菜等；瓜果類則有：梅、楊梅、甘蔗、橘、橙、柚、枇杷、菱、李、棗、栗、柿等。[1]其中魚類食物占有很大比例，這一點在漢代墓葬畫像石中有可靠的證據，諸如在江蘇睢寧、銅山，浙江海寧等地發現的漢代畫像石上，都有捕魚或以魚為食物的場面。豬、雞、牛、羊的遺骸也在該地區考古發掘中經常發現。江蘇豐縣沛縣一帶喜食狗肉，在秦漢時即已成風俗。劉邦的開國元勛沛縣人樊噲原本就是「以屠狗為事」的。

在秦漢時代的墓葬中，多次出現蔬菜瓜果的種子。例如，在揚州出土的西漢晚期「妾莫書」木槨墓中發現有蕹菜的種子，江蘇海州西漢霍賀墓和安徽阜陽雙古堆西漢汝陰侯墓中發現瓠的種子，江蘇邗江胡場5號漢墓中出土了梅、棗和甜瓜籽，江蘇海州西漢墓中出土了栗、棗和杏。其中值得一提的是江蘇邗江胡場漢墓出土了好幾個食笥，分別書有「居女一笥」「鮑魚一笥」「梅一笥」「諸遮（蔗）一笥」等字樣，很能反映出當時的飲食狀況。「鮑」是指鹽漬魚、乾魚，這說明現代江浙皖一帶喜食鹹魚的歷史淵源。長期生活在會稽的王充，也在《論衡·四諱》中說：「肴食腐魚之肉，不以為諱。」可知，魚膾、魚炙和魚羹等早已成為人們喜食的菜餚了。

秦漢時代人們用的調味品已較先秦大為豐富了，在長江下游地區鹹味調料的食鹽當然是海鹽，吳王劉濞因經營海鹽而富有，遂有反叛之舉。有了鹽就可製作其他鹹味調料，如醬，特別是豆醬。王充《論衡·四諱》：「世諱作豆醬惡聞雷。」說來這是一種經驗的積累，因為做醬經發酵後需要曝曬成熟，而打雷則意味要下雨，曬醬不成，其味不香甜，這是任何一個在家中自己做醬的婦女都懂得的道理。漢代早

1　揚州博物館、邗江縣文化館：《揚州邗江縣胡場漢墓》，《文物》，1980年3期、11期。

▲圖4-1　《弋射圖》，漢代畫像石拓本

先用鹽梅作為酸味料使用，在江蘇邗江漢墓中有「梅一笥」的題記。至於甜味料，除蜜以外，漢代用餳（麥芽糖漿、飴糖）已相當普遍了，江蘇邗江漢墓中有「餳一笥」的題記。辛香調料如蔥、薑、椒、辛夷的使用也相當普遍。這些調味料的使用總結了經驗，是中餐調味技術體系形成的基礎。

三、酒及其他飲料

漢代用酒量很大，《漢書‧食貨志》中說：「有禮之會，無酒不行。」無論皇室、顯貴、富商都自設製酒作坊，以滿足用酒需求。到了西漢中期，社會上飲酒成為時尚風氣，從而激發釀酒業的興旺。有人統計過，漢代酒的品種達20多種。米酒是長江下游地區的主要品種，那時已經有了甜味的米酒，有時還要摻加飴糖和蜂蜜飲用。此時釀酒技術較之夏商周時期又有所提高，王充在《論衡‧幸偶》中說：「蒸穀為飯，釀飯為酒。酒之成也，甘苦異味。飯之熟也，剛柔殊和。非庖廚酒人有意異也，手指之調，有偶適也。」這裡的「手指之調」，實乃我國科學技術史上的一件大事。從糧食到飯，再由飯到酒，「甘苦異味」，古人不知所以然。但他們控制發酵的時間是靠用手指蘸取醪液以舌嘗之而定的，這便是「手指之調」。「調」什麼？用現代科學來說，就是調pH值，就是覺察發酵液酸鹼度的變化，在既沒有儀器，也沒有試紙的時代，用舌頭嘗是唯一可用的辦法。

酒在漢代有兩大社會功能：其一，酒是成禮的媒介，社會交往時所必備；其二，祭祀的功能，獻諛神靈和祭祀祖先。

中國人除酒以外的另一重要飲料是茶，一般認為中國飲茶習慣的出現不晚於西漢，開始時產茶的集中地在巴蜀，以後逐漸沿江東下，到東漢時已在江南地區得到普及。

漢代還有一種果汁飲料即甘蔗汁，早在戰國時的江南就已經有果汁飲料，《楚辭·招魂》之「胹（ér，煮）鱉炮羔，有柘漿些」，言以飴蜜烹製鱉炮羔，取蔗之汁為漿飲。漢時已知道甘蔗汁可以解酒，《漢書·禮樂志》收錄的《郊祀歌》第十二章云：「泰尊柘漿析朝酲（cháochéng，隔夜醉酒醒後仍困憊如病。）」。應劭《注》：「言柘漿可以解朝酲也。」

第二節　枚乘《七發》與淮揚菜之濫觴

枚乘，字叔，淮陰人，是吳王劉濞的郎中，有文采。今淮安市河下鎮有枚乘遺跡。枚乘的《七發》在文學史上的影響頗大，文章假托楚太子與吳客二人的對話，形象地論述了物質與精神的辯證關係和人生的哲理。吳客以七件事啟發楚王太子，這七件事便是食、住、行、樂、色、獵、游，從正面勸誡，使人奮進。如說「甘脆肥醲」的飲食，是「腐腸之藥」。其所列舉的食物為：

「犓牛之腴，菜以筍蒲。肥狗之和，冒以山膚。楚苗之食，安胡之飰（fan），搏之不解，一啜而散。於是使伊尹煎熬，易牙調和。熊蹯（fán）之臑（ér），芍藥之醬。薄耆之炙，鮮鯉之鱠（kuài）。秋黃之蘇，白露之茹。蘭英之酒，酌以滌口。山樑之餐，豢豹之胎。小飰大歠（chuò），如湯沃雪。」

這個食譜，有明顯的江淮風味特色，故有的研究者把這視為淮揚菜之濫觴是很有道理的，因為枚乘是淮陰（今江蘇省淮安市西南）人，熟悉江淮風物人情，作文時舉家鄉物例，這也是很自然的事。例如其中的主食為「安胡之飰」即菰米飯，菰

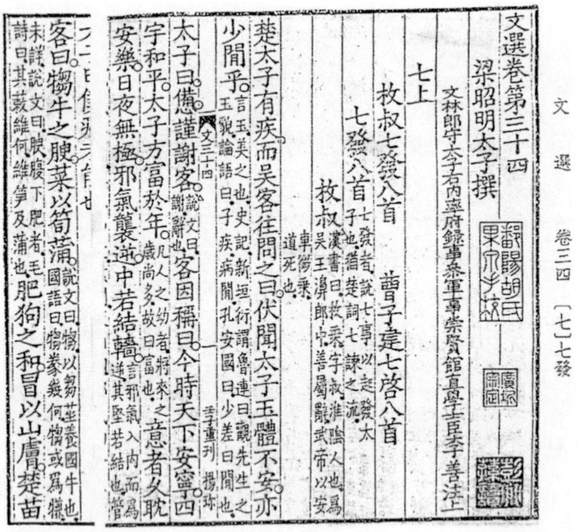

◀圖4-2　枚乘《七發》書影，取自《文選》

米即茭白籽，這在北方是不易得到的；又如用小牛腹部肥肉，配以竹筍和蒲菜，這也很具有地方特色，蒲菜即嫩蒲，至今仍以淮安勺湖和濟南大明湖的蒲菜為極品。「肥狗之和，冒（芼，古字通）以山膚」，可惜現在已不知「山膚」為何物，但吃狗肉則是蘇北、皖北一帶的古風。「熊蹯之臑」，配以「芍藥之醬」，足見熊掌歷來被視為美食。「薄耆之炙，鮮鯉之鱠。」當說明刀工之精細。刀工精細至今仍是長江下游地區廚師之特長。刀工需要用「俎」（砧板），多為木製，江蘇儀征就出土過西漢木俎實物。[1] 至於「秋黃之蘇，白露之茹。」是指時鮮蔬菜，這裡的「蘇」應指蘿蔔，古稱「土酥」（土蘇），至今蘇北一帶仍有「處暑蘿蔔，白露菜」的農諺，農諺本身說的是種植時間，但也表示了它們的鮮嫩。還有「山樑之餐」指的是雉（野雞），而「豢豹之胎」則指家養的豹胎，這也是古代與熊掌齊名的美食。從《七發》中我們可以清晰地看到當今淮揚菜的身影，幾千年來因因相襲，沿傳至今。

《七發》所反映的烹調技術和菜餚品種，除少數因資源枯竭已不見於現代外，其他品種至今仍為江淮地區的常食，而且還具有葷素搭配的特點。雖然其中有明顯的文學渲染成分，但較之桓寬《鹽鐵論‧散不足》，似乎更具有實用價值，而且也

1　揚州博物館：《江蘇儀征胥浦101號西漢墓》，《文物》，1987年1期。

從一個側面說明了西漢時期，刀工、火候和調味這三者已成為中國烹飪不可或缺的技術要素，中國烹飪的科學體系已見初成。

第三節　豆腐的發明

豆腐是深受我國及世界人民喜愛的食品，它富含植物蛋白及人體必須的多種微量元素，具有很高的食療價值，是老少皆宜、養生增健、延年益壽的美食佳品。關於其來源，主要有如下幾種說法：

一說：周人製造豆腐。清人汪汲在其《事物原會》中稱周時已有豆腐，並載孔子不食豆腐等。李喬蘋在其《中國化學史》中執信是說。[1]

二說：五代人發明豆腐。宋人寇宗奭在其《本草衍義》中認為五代時始有豆腐；而五代後期人陶穀在其《清異錄》中說：「日市豆腐數個，邑人呼豆腐為小宰羊。」這是現今已知的最早出現「豆腐」一詞的文獻資料，化學史家袁翰青執此而提出，豆腐是九世紀或是十世紀才出現的。[2]

三說：漢人發明豆腐。《鳳台縣志》卷二引南朝人謝綽《宋拾遺錄》說：「豆腐之術，三代前後未聞。此物至漢淮南王亦始傳其術於世。」明人李時珍在其《本草綱目·穀部第二十五卷》「豆腐」一條中說：「豆腐之法，始於漢淮南王劉安。」明人葉子奇在其《草木子·雜制篇》中說：「豆腐始於漢，淮南王之術也。」羅頎在其《物原》中說：「劉安始作豆腐。」而宋人朱熹有《豆腐》一詩，云：「種豆豆苗稀，力竭心已腐。早知淮南術，安坐獲泉布。」是說於史料中多有記載，故影響最大，後人多從之。[3]

1　李喬蘋：《中國化學史》，商務印書館，1940年。

2　袁翰青：《中國化學史論文集》，三聯書店，1956年。

3　洪光住：《中國豆腐文化起源發展史》，《中國烹飪》，1991年1期；趙榮光：《中國傳統膳食結構中的大豆與中國菽文化》，《中國飲食文化研究》，香港東方美食出版社，2003年。

▲圖4-3　漢代豆腐生產工藝流程圖

　　上述幾種說法，各有所據，然可信度最高者，當首推豆腐之發明始於漢代之說。其因有三：一是漢代已具備了發明豆腐的基本條件，從原料到設備到技術，莫不如是，如大豆（菽）最初為主食原料，後退居副食，它是製作豆腐最為理想的原料，而製作豆漿的石磨在當時的長江下游地區已普遍使用了，如江蘇江都鳳凰河西漢墓、揚州市區漢墓中均出土有石磨。二是後世許多文獻皆稱豆腐創於淮南王，其說並非空穴來風。據《漢書・淮南衡山濟北王傳第十四》載，劉安是個雜家，「為人好書，鼓琴，不喜弋獵狗馬馳騁，亦欲以行陰德拊（fǔ）循百姓，流名譽。招致賓客方術之士數千人，作為《內書》二十一篇，《外書》甚眾，又有《中篇》八卷，言神仙黃白之術，亦二十餘萬言」。應該說，劉安其人多藝敏思，對動植物和煉丹之術頗有研究，況且其門下賓客方士數千人，對豆腐之製法必有研究和把握。三是考古實物已為豆腐發明漢始說提供了令人信服的實證，圖為漢墓石畫像上所描繪出的豆腐生產工藝流程。

　　河南省密縣（今新密市）打虎亭1號東漢墓出土的畫像石上有一幅製作豆腐的流程圖，包括浸豆、磨豆、過濾、煮漿、點漿、榨壓等各環節。河南博物館的研究報導，認為此刻像可以證明中國豆腐的起源當不會晚於東漢末年。但是，由於畫面沒

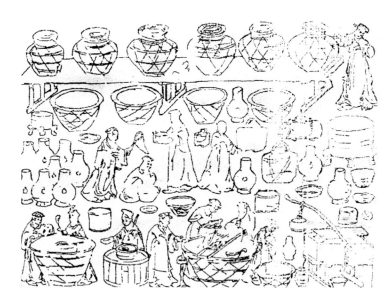

有相關文字說明，所以有人認為那是一幅釀酒圖。[1]科學史界和史學界爭議較大。

　　其實以往有關爭論的解決主要是要在古文獻上下工夫，當文獻不足時，可以通過科學實驗加以證明。如果我們從大豆蛋白本身的理化性質做些考察，也許會得出可信的結論。大豆蛋白是兩性物質，其等電點在pH4左右，因此要使蛋白質膠體絮凝沉澱，從化學的角度講有兩種方法：一是加金屬鹽作絮凝劑；二是加入酸性物質調節等電點。我國傳統的使大豆蛋白絮凝沉澱的方法有加石膏、鹽滷、酸乳、酸漿、醋等不同工藝，其中石膏的沉澱劑是Ca^{2+}、鹽滷的沉澱劑是Mg^{2+}，而酸乳、酸漿、醋等都是pH調節劑，即「等電點沉澱法」，包括近些年來從日本引進的葡萄糖酸內酯，也是用的等電點沉澱法。這兩種工藝的一個顯著區別就是用Ca^{2+}、Mg^{2+}沉澱所得豆腐含水分較少，即所謂老豆腐，而用等電點沉澱法所得的豆腐均為嫩豆腐。從發明的難易來說，等電點沉澱法比較容易。曾有實驗證明，將豆漿在25℃左右的室溫下自然存放6-8小時，大豆蛋白會自行絮凝，其時pH在4-4.3之間，這種豆腐略帶酸味。我們以為這該是原始豆腐，如果pH調節劑的成分調節得適宜，這種酸味是可以消失的。因此，本書作者認為豆腐的發明可能分兩個階段，即開始時是無

1　孫機：《尋常的精緻》，遼寧教育出版社，1996年。

意中發現的等電點調節法，但這種方法所得的豆腐質量難以保證，所以流傳不廣，也不容易被人們認知為美味。第二階段是魏晉神仙道教興起以後，特別是盛唐以後，中國煉丹法達到了頂峰，用石膏和鹽滷沉澱大豆蛋白的方法有了發明的基礎，所以到五代時才能成為號稱「小宰羊」的美味。因此，淮南王劉安發明豆腐有可能是道士們附會之說，但在漢代已有豆腐的可能性是存在的。

豆腐的發明是中國古人的一大貢獻，它所提供的優良蛋白質，為缺少動物性優質蛋白質食物的中國人帶來無可比擬的福祉。《黃帝內經·藏氣法時論》中的「五穀為養，五果為助，五畜為益，五菜為充」的歸納，是東方傳統膳食結構的準確描述。用現代營養學來評價這種膳食結構，大豆幾乎是必不可少的。在長江下游地區的飲食生活中，豆腐一直都占有十分重要的地位。

第四節　秦漢時期的飲食文化思想

一、《淮南子》中的飲食文化思想

《淮南子》是我國思想史上劃時代的學術巨著，是我國西漢道家思想的最高理論結晶。是書由淮南王劉安於建元二年（西元前137年）成書並獻於武帝的。劉安，沛人，漢高祖孫，武帝叔，好讀書，善鼓琴，才思敏捷，尤工詞賦。文帝時襲父封淮南王。他憑藉其雄厚的財力、人力，廣攬儒道及各家俊士，從容談古說今，究天論地，洋洋灑灑，無拘無束地從事寫作，遂使是書如劉知幾《史通》中所云：「牢籠天地，博極古今」，成為今人研究秦漢思想文化的重要文獻。

在飲食思想方面，《淮南子》從經濟、文化、民俗、道德、美學等多種角度入手研論，涉及飲食與人性的關係，使該書具有相當高的飲食文化史料價值。

❶·「五味調和」

《淮南子》對五味中之「甘」，有過明確的定位，《淮南子·地形訓》中說：「味

有五變，甘其主也」。這裡要說明的是：甘者，非甜也，泛指美味，也指入口的舒適感。如《禮記‧內則》所說「凡和，春多酸，夏多苦，秋多辛，冬多鹹，調以滑甘。」五味調和，追求甘美，這是《淮南子》提出的重要的美食標準。

美味之所得，主要在調，而調必生變。《淮南子‧地形訓》對此如是說：「煉甘生酸，煉酸生辛，煉辛生苦，煉苦生鹹，煉鹹反甘。」在《淮南子》作者看來，五味之間的調味之變，有個邏輯辯證的過程。

然而，對美味的追求當適可而止，不能過度，否則就會失去人之天性，這正是《淮南子》論味目的之所在。《淮南子‧精神訓》中云：「五味亂口，使口爽傷。」爽，敗也，壞也，也就是敗壞傷害了原本的口感。《淮南子‧精神訓》對今昔人們的飲食生活水平作了這樣的比較：「珍怪奇異，人之所美也：而堯糲粢之飯，藜藿之羹」《淮南子‧本經訓》中亦云；「煎熬焚炙，調齊和之適，以窮荊吳甘酸之變。」「夫聲色五味，遠國珍怪，瑰異奇物，足以變心異志，搖盪精神，感動血氣者，不可勝計也」。這正是《淮南子》針對時弊而提出的觀點：即反對對美味的過分追求。在《淮南子》看來，堯舜之時，飲食生活水平遠不如今，然那時人們對味的品評與理解卻遠勝於今人。《淮南子‧繆稱訓》中稱，今人對美食的貪慾遠勝於先民，「古人味而弗貪也，今人貪而弗味。」這正是過分追求美味而導致喪失人之理性，進而不及古人之智。在西漢初年，《淮南子》就有如此深刻的批判精神，其強調順應自然的觀點非常突出。

❷‧食為民之本

《淮南子‧主術訓》曰：「食者，民之本也；民者，國之本也；國者，君之本也。」百姓食足自安，這當是為帝王者所應知的道理，正如《淮南子‧齊俗訓》中所言：「衣食饒溢，奸邪不生，安樂無事，而天下均平」。何謂仁政？「肥醲甘脆，非不美也，然民有糟糠菽粟不接於口者，則明主弗甘也。……故古之君人者，其慘怛於民也。國有飢者，食不重味；民有寒者，而冬不被裘。」這是《淮南子》為帝王提出的仁政標準。《淮南子‧本經訓》還指出：「紂為肉圃、酒池，燎焚天下之

財，罷（pí，疲勞）苦萬民之力，刳（kū，殺）諫者，剔（剔挑）孕婦，攘（擾亂）天下，虐百姓。」這是說商紂王窮奢極欲，行為殘暴，這種君主不得民心，被周武王所滅也是順理成章；為帝王者，欲使國無飢民，以順天意，合民心，則必須首先使政體清明；而政體清明的首要問題在於官吏是否把民之飢苦放在心上，為此，《淮南子・氾論訓》舉例道：「齊威王設大鼎於庭中，而數無鹽令曰：『子之譽日聞吾耳，察子之事，田野蕪，倉廩（lǐn）虛，囹圄（líng yǔ）實。子以奸事我者也』乃烹之。齊以此三十二歲道路不拾遺」。

❸·「一方水土養一方人」

《淮南子・地形訓》：「汾水濛濁而宜麻，泲（jǐ）水通和而宜麥，河水中濁而宜菽，雒水輕利而宜禾，渭水多力而宜黍，漢水重安而宜竹，江水肥仁而宜稻，平土之人慧而宜五穀。」諺曰：「一方水土養一方人」，從這個意義上說，地方食俗的生成與其自然生態的關係相當密切，這一點，《淮南子》所見甚是，又於《淮南子・精神訓》中舉例以證之曰：「越人得髯蛇，以為上肴，中國得而棄之無用。」《淮南子》並沒有把食俗的生成與人的天性分割開，作者認為食俗與人之天性的生成是有關係的，如《淮南子・地形訓》中所說：「食水者善游能寒，食土者無心而慧，食木者多力而奰（bì，壯大），食草者善走而愚，食葉者有絲而蛾，食肉者勇敢而悍，食氣者神明而壽，食谷者知慧而夭，不食者不死而神。」《淮南子・原道訓》亦云：「北狄不穀食，賤長貴壯，俗尚氣力；人不馳弓，馬不解勒，便之也」。這些引文是說各地水土不同，適宜生長的穀物種類也不同，這也會影響人的習性。同樣，不同的動物，因為食物不同，而表現出不同的習性。可見，在《淮南子》看來，人性與食俗關係密切，這一觀點在今天看來猶有其科學性，這在兩千多年的漢代就已提出，是一種了不起的見解。

❹·「天人合一」、合乎自然的飲食思想

《淮南子》是一部智慧之書，記載了許多科學道理與思想，這其中就不乏烹飪方面的問題。如《淮南子・原道訓》中的「兩木相摩而然」，這是對遠古時期人工

取火之發明過程的記載，而人工取火的發明是烹飪熟食的前提條件；又如《淮南子·天文訓》：「毛羽者，飛行之類也，故屬於陽；介鱗者，蟄伏之類也，故屬於陰。日者，陽之主也，是故春夏則群獸除，日至而麋鹿解。月者，陰之宗也，是以月虛而魚腦減，月死而蠃蛖（bàng，蛖即蚌）膲（jiāo，肉不豐厚）。」指出了食物原料等生物與季節及環境生態之間是有關係的、其變化也是有規律的，體現了「天人合一」的飲食思想；這也是一種了不起的認識。再如《淮南子·齊俗論》：「今屠牛而烹其肉，或以為酸，或以為甘，煎熬燎炙，齊味萬方，其本一牛之體。」這是說同一種食物原料，可以通過調味做出多種菜餚來；又《淮南子·齊俗論》：「屠牛吐（齊之大屠）一朝解九牛，而刀可以剃毛；庖丁用刀十九年，而刀如新剖硎（xíng），何則？游乎眾虛之間。」這段文字，所論之旨是哲學問題，意在說明要順應自然規律，而所借之例乃為烹飪工藝之事。

❺·「尊先敬祖」的飲食禮儀

《淮南子·詮言訓》：「席之先藋（huán，同萑，草名，荻）蕈（xùn，菌類植物），樽之上玄樽（盛玄酒之樽。玄酒即清水），俎之先生魚，豆之先泰羹（俎、豆均為祭器）。此皆不快於耳目，不適於口腹，而先王貴之，先本而後末也。」文中所

列之物是祭祀祖先時進呈的食物、飲料，儘管「不快於耳目，不適於口腹」，但這是先王所貴之物，後人必須重視本根。這是對飲食禮儀的強調，因為禮儀的需要，即使那些不好看不好吃的東西也不能少，因為那是祖宗的規矩。

❻·「醫食同源」的飲食思想

《淮南子·人間訓》：「夫病濕而強之食，病喝（yē，中暑）而飲之寒，此眾人之所為養也，而良醫之所以為病也。」《淮南子·說山訓》：「病者寢席，醫之用針石，巫之用糈（xǔ，祭神用的精米）藉，所救鈞也。」《淮南子·說林訓》：「近敖倉者，不為之多飯；臨江河者，不為之多飲，期滿腹而已。」這些是論述醫與食的關係以及飲食保健方面的問題。

如此等等，充分體現了《淮南子》對人類飲食活動的深刻認識，提出了一些非常有價值的文化思想，客觀上也反映了當時長江下游地區人們飲食生活方面的一些情況，實不失為具有很高學術價值的飲食文化文獻。

二、《論衡》中的飲食文化思想

《論衡》，東漢會稽上虞（今浙江上虞）人王充著。

王充（西元27-97年），字仲任，東漢前期唯物主義者，進步思想家。王充少孤，鄉里稱孝，後至京師，受業太學，師事班彪。歷任郡功曹、揚州治中等職。後罷職居家，專心著書，歷時30年，著《論衡》八十五篇（今缺《招致》一篇）。在書中，王充總結了漢代自然科學的成果，繼承了荀況、韓非的唯物主義思想，對當時風行的「天人感應」的神學目的論和讖（chèn）緯迷信觀念，做了有力的批判。

從飲食文化的角度看，書中多處涉獵飲食觀念與飲食活動方面的問題，針對宗教飲食、儒士飲食以及飲食與政治、倫理、禮制等問題，做了廣泛而深入的研究，許多觀點頗有學術價值。

❶ · 飲食與政治

《論衡》把飲食活動與政治行為並論，以求真諦。如《論衡·譴告》：

「釀酒於甕，烹肉於鼎，皆欲其氣味調得也。時或鹹苦酸淡不應口者，猶人勻藥（勻藥，調料合劑；此用如動詞，調味、調和）失其和也。夫政治之有災異也，猶烹釀之有惡味也。苟謂災異為天譴告，是其烹釀之誤，得見譴告也。」

政治上的災難如同釀酒烹肉未出正味反出惡味一樣，定有其外在表象，亦即王充所云之「天譴告」；然而，「譴告之言」又往往可疑，因為國政之敗總是人所為之，正如「狄牙（即易牙，齊桓公大夫，善烹調）之調味也，酸則沃之以水，淡則加之以鹹。水火相變易，故膳無鹹淡之失也。今刑罰失實，不為異氣以變其過，而又為寒於寒，為溫於溫，此猶憎酸而沃之以鹹，惡淡而灌之以水也。由斯言之，譴告之言，疑乎？必信也？」這段論述，以調味失法比附刑罰失時，頗有辯證意味和說服力。

❷ · 食為禮義信之本

在儒家看來，「禮義信」是第一位的。《論語·顏淵》：「子貢問政於孔子，子曰：『足食、足兵、民信之也矣。』子貢曰：『必不得已而去，於斯三者何先？』子曰：『去兵。』子貢又問：『必不得已而去，於斯二者何先？』子曰：『去食。自古皆有死，民無信不立。』」在孔子看來，「信」在「食」「兵」之前，為首要者，這就是成語「去食存信」的來歷。對此，王充以為不然。《論衡·問孔》：「問：使治國無食，民餓，棄禮義；禮義棄，信安所立？傳曰：『倉廩實，知禮節：衣食足，知榮辱。』讓生於有餘，爭生於不足。今言去食，信安得成？」這是「民以食為天」的準確解釋，也是人的本性描述，對於絕大多數的人來說，「去食存信」只是一句豪言壯語，「足食存信」才是現實規律。接著，他引徵春秋之事，來說明食為禮義信之本的道理：「春秋之時，戰國飢餓，易子而食，析骸而炊，口飢不食，不暇顧恩義也。夫父子之恩，信矣。飢餓棄信，以子為食。孔子教子貢去食存信，如何？夫去信存食，雖不欲信，信自生

矣：去食存信，雖欲為信，信不立矣。」這是說到了「人相食」的地步，哪裡還有什麼信義可言。王充並非提倡盡棄禮義唯求飲食，他認為禮義可使社會有序，《論衡‧非韓》：「夫儒生，禮義也；耕戰，飲食也。貴耕戰而賤儒生，是棄禮義而求飲食也。使禮義廢，綱紀敗，上下亂而陰陽繆，水旱失時，五穀不登，萬民飢死，農不得耕，士不得戰也。」禮義與耕戰，偏向任何一方，社會都不得和諧。

在王充看來，禮義信必須以食之富足為基礎。

❸‧飲食與祭祀

祭祀，歷來為統治者所重視，《左傳》成公十三年：「國之大事在祀與戎」；《國語‧魯語》：「夫祀，國之大節也，而節，政之所成也。故慎制祀以為國典」，因此，統治者對祭祀中所獻的飲食祭品不能不予以重視。對此，王充則亦不以為然，發出異議，《論衡‧言間時》云：「食之者審誰也？如審歲月，歲月，天之從神，飲食與天同。天食不食人，故郊祭不以為牲。如非天神，亦不食人。天地之間，百神所食，聖人謂當與人等。推生事死，推人事鬼，故百神之祀皆用眾物，無用人者。物食人者，虎與狼也。歲月之神，豈虎狼之精哉？倉卒之世，穀食乏匱，人民飢餓，自相啖食。豈其啖食死者，其精為歲月之神哉？」這裡的「審」，作「細查詳究」解。王充說祭祀用的飲食，都是「聖人」用「推生事死，推人事鬼」的思維方式安排的，所以不用人來敬神，只用物來敬神。王充是唯物主義者，反對鬼神崇拜，這在兩千年前，是非常可貴的。所以王充進一步指出，祭祀之舉，無非報德，豈有鬼神？因此，薦獻飲食，只是想像著鬼神如活人一般享受而已。

❹‧論飲食衛生

夏商周之時，人們飲食遵時序，求潔淨，重視飲食衛生，這在《論衡‧三禮》中有很多論述。王充在《論衡》中對這些頗多承揚。諸如《論衡‧雷虛》：「天之大惡，飲食人不潔清」，強調飲食要清潔；《論衡‧理知》：「可食而食之，味生肌腋成也。粟未為米，米未成飯，氣腥未熟，食之傷人。」強調要吃可以吃的有營養的

東西，吃未熟之物是有害健康的；《論衡・累害》：「夫鼠涉飯中，捐而不食。」被老鼠污染過的食物不要吃，等等。在今人看來，都只是常識，但在兩千多年前的漢代，可都是學問。

第五章　六朝金粉

在這個歷史時期，長江下游地區的王朝更迭頻繁，經歷了孫吳、西晉、東晉、南朝劉宋、蕭齊、蕭梁、南陳等七個政權，其中除西晉（西元265-316年，共51年）的都城在洛陽外，其他六個朝廷的政治中心一直在建業（西元313年，避晉愍帝司馬業諱改稱建康，即今南京）。由此，隨著中原王朝的衰敗，以長江下游地區為中心的南方政權逐漸走向成熟。這也給長江下游地區的經濟文化帶來了前所未有的大發展。

第一節　「北人南遷」對長江下游地區飲食文化的影響

自東漢後期開始，朝綱紊亂，民族矛盾激化，中原大地經歷了漢末的黃巾起義、董卓之亂，魏蜀吳三國鼎立時的相互征伐，西晉初年的「八王之亂」，東晉時期的「五胡亂華」等戰爭，造成了極大的破壞。為躲避戰亂，北方漢族人民大量遷居南方，使經濟重心逐漸南移。據統計，從西晉永嘉南渡到劉宋初年，從北方遷往南方的人口達90萬，是當時全國人口總數540萬的六分之一。

南遷人口中，有相當部分是舉家甚至舉族遷徙，其中更有相當部分是享受特權的豪門望族，其中東晉政權為了安置這些人，不得已設置了「僑郡、僑縣」，甚至「僑州」。所謂「僑」就是在長江中下游和淮河流域劃出一定地域，冠以北方的行政區劃名稱，諸如前述的「南徐州」（今江蘇鎮江、常州一帶）和「南兗州」（今江蘇揚州、淮安一帶），還有位於今安徽的「南豫州」等。在這些僑州、僑郡、僑縣中，對中原南遷人口給以僑居資格，由於他們的戶口冊是用白紙寫的，故稱「白籍」；而原居此地的人口，他們的戶口冊是用黃紙寫的，故稱「黃籍」；白籍人口不服役、不納稅，結果造成東晉政權的稅收大量流失。而隨著時間的推移，白籍之戶也置有家業，但他們仍享受免稅免役的優待，這勢必引起黃籍人口之不滿，也加重了黃籍的負擔。為了緩和矛盾、增加財政收入，東晉後期實行了「土斷」政策，即僑居戶就地入籍，黃白無別，但僑居戶因反對取消優待而不願「土斷」，所以黃白之別，

直到南陳滅亡時，也沒有完全解決。[1]

占全國六分之一人口的遷移，帶來了南北生活習俗的大交流，其中包括了飲食文化的大交流。主要表現為以下幾個方面。

一、南北農作物種植的交流與推廣

北方富豪們的資金轉移到南方，北方旱地農業耕作技術南傳。同樣，南方的水田作物也在北方得到了一定程度的推廣。由於隨時備戰的需要，魏晉南北朝時期各個政權大多實行屯田制度。例如，《魏書·薛野腊（zhū）傳》記載：北魏孝文帝曾命令徐州刺史、彭城鎮將軍薛虎子帶領數萬士兵在此「興力公田，必當大獲粟稻。一歲之中，且給官食，半兵耘植，餘兵尚眾，且耕且守，不妨捍邊」。《宋書·孝義·何平子傳》載，南朝的劉宋政權也在屯田，所種糧食作物也是粟和稻，宋文帝元嘉年間，揚州從事何平子「月俸得白米，輒貨市粟麥」。這個孝子想到父母在家不可能常食白米，所以自己把白米換成粟和麥，以示與父母同甘共苦，這件事從側面說明了當時的長江沿岸，大米、粟米和麥子都已得到廣泛的種植。浙江也是如此，《宋書·謝靈運傳》中記述了劉宋時著名的文人謝靈運，在《山居賦》中說他自己在會稽始寧的莊園裡種粟。說明原居於北方的人士把粟和種粟技術帶到了南方。

至於麥，由於石轉磨等糧食加工工具的進步，從主要以整麥粒蒸煮食用轉變為麵食，食用價值大為提高，因此在糧食中的地位也大為改觀。在主要產麥區的北方人口南移之後，麥子的種植和食用在長江以南地區得到了推廣。到了南朝後期，在長江下游地區終於形成了稻麥一年兩熟的耕作格局。東晉政權為瞭解決糧食問題，曾用行政手段推廣種麥，《晉書·食貨志》說：晉元帝司馬睿於太興元年（西元318年）下詔：「徐、揚二州，土宜三麥，可督令熯（hàn，曝曬）地，投秋下種，至夏

1　高敏：《魏晉南北朝經濟史》，上海人民出版社，1996年。

而熟，繼新故之交，於以賙濟，所益甚大。」這時的揚州，係指長江南岸的皖南、蘇南、浙江以及福建和江西；徐州，則是指長江北岸的皖北、蘇北和魯南地區。這一時期可以說是長江下游地區稻麥兩熟耕作制度的最終形成時期，至今依然如故，與此相關的文字資料和地下文物發現非常之多。

這一時期，水稻在中國南方得以廣泛種植，但是在中國北方，直到魏晉時期，水稻種植依然不是很廣泛的。中國現存最完整、最早的古代農業科技著作是北魏高陽（今山東壽光）太守賈思勰的《齊民要術》，在其「水稻」一節中就已經列了13個品種，其中既有南方品種，也有北方品種，但主要是北方品種。《齊民要術》總結的主要是北方的農業技術，因此它只能說明水稻在北方已有了一定的種植規模。此外，黍、稷、大豆等，也陸續擴種到了長江下游地區。

在人口大遷徙過程中，對長江下游地區畜牧業的影響，主要表現為食狗之風氣從北方傳入南方。歷史文獻中有很多關於南方養狗的記載，甚至還發現了用青瓷質狗作明器的西晉墓葬。《南史・王敬則傳》中記載，南齊開國功臣王敬則，少時屠狗，商販遍於三吳。後為吳興太守，「入烏程，從市過，見屠肉枅（jī，掛大秤的橫木），嘆曰：『吳興昔無此枅，是我少時在此作也。』召故人飲酒，說平生，不以屑也。」

二、食品加工技術的進步和炊具餐具的創新

自大規模的北人南遷之後，長江下游地區的農作物種植不斷擴大，稻麥兼有、糧食增收，從而促使了相應的加工技術和烹飪方法的不斷出新，因此這一時期出現了一系列的發展變化。

❶ · 糧食加工工具的進步

這一時期，杵臼、石磨這些去皮工具已經普及了，而且有了用畜力、水力驅動的機械碓臼，這些甚至成了豪富們聚斂財富的重要手段。豪富石崇和「竹林七賢」

中的王戎就曾壟斷過相當數量的水碓。此外，「絹羅」製的篩子也已經發明了，晉代束皙《餅賦》：「重羅之麵，坐飛雪白。」所以魏晉時代，精緻白米和精細的麵粉都已經出現了。

❷ · 植物油搾取技術的出現

魏晉時期糧食粉碎技術的進步產生了精米白麵。而這一時期植物油搾取技術的出現，又豐富了食品製作的加熱技術。根據《齊民要術》記載，我國最早使用的食用植物油應該是荏子油，「收子壓取油，可以煮餅。」《注》：「荏油色綠可愛，其氣香美。」在此之前烹飪所用油脂都是動物油，植物油脂的出現，是加工技術的一大進步。

❸ · 釀酒、製茶等技術的發展

在魏晉時期，釀酒技術比漢代有所進步，特別是製麴技術。《齊民要術》就記載了製麴要注意原料的配比和溫度的控制，而且不同品種的麴可以釀成不同風味的酒。在長江下游地區，釀酒的主要原料是稻米，所以這個地區至今仍是中國黃酒的主要產地。

《齊民要術》中同樣記載了製醋、製醬、製豆豉和製飴糖的技術，雖然這些都可能只是前代技術的傳承，而且不限於長江下游地區，但說明了中國整體的時代水平。另外，果脯、蜜餞也已經成為「小食」，這方面的記述見於《世說新語》。

這一時期，也有了製茶技術，茶已經成了人們日常待客的飲品。

❹ · 炊具、餐具的創新

自秦漢以後，青銅製的炊事用具幾乎成了貴重的禮器，代之而起的是鐵製工具，特別是鐵質炊具鐵鍋的普遍使用，不僅使平民百姓用得起金屬炊具，而且因鐵器的傳熱性能優於青銅器，客觀上促進了炒法的發明。

這一時期，瓷器的發明逐漸代替了原來質地粗糙的陶器，從而使人們的飲食格調更為高雅。晉代可考的瓷窯是甌越窯（在今浙江永嘉），而南朝時的昌南鎮（今

景德鎮）窯業已相當發達，陳後主陳叔寶在至德元年（西元583年），詔令昌南窯燒製陶礎（大型雕塑品）建新的宮殿。二十世紀五〇年代，在浙江上虞龍泉塘西晉墓葬中出土的青釉瓷殘片，說明了中國製瓷的歷史至遲在西元二九七年（因該墓墓磚說明下葬於西晉元康七年，即西元297年）。瓷器的發明促使烹製的菜點在美感上與盛器的協調一致，這便是中國烹飪很早就注重美化的重要物質條件。

三、烹調技術的發展和創新

❶·「炒」法的發明

這一時期，在烹飪技術方面最突出的成績是炒法的發明，這項發明在《齊民要術》中有記述。炒法是中國烹飪中比較獨特的加熱技法，中國菜餚豐富多彩，很多情況下是得益於這個「炒」法，而且這種方法的特點是高溫疾速加熱使食物成熟，可以避免許多營養素的分解，這也是符合近代營養科學原理的，炒法與鐵鍋的配合，相得益彰。

❷·調味技術的發展

魏晉南北朝時期，調味技術也有了很大的發展，中國烹飪常用的特色調味料如：醬油、料酒、醬、豉、醋等，都已經廣泛使用；蔥、薑、蒜等香辛調料也已經普遍使用，真正做到了「五味調和」。許多種菜餚因調味高超，品質上乘故聞名遐邇，其中「子鵝炙」便是一道非常有名的菜餚。在南朝歷史上，還曾經出現過兩個大官因「子鵝炙」（即烤鵝）這一道名菜而相互殘殺的故事。此事見於《南史》，事情發生於京口（今鎮江），故烤鵝至今仍是鎮江的一道名菜。另外，還出現了許多新的食物製品。例如，用酒糟糟製的糟肉，見於《晉書·孔群傳》；用蟬肉乾製作的蟬脯等，見於《齊民要術》「蟬脯菹法」。

❸．麵點製作技術長足發展

因為糧食加工技術的進步，米麥都可以粉碎為粉，從而促使了麵點製作技術的大大發展，現代流行的「四大麵糰」（水調麵糰、發酵麵糰、油酥麵糰、米粉麵糰）在魏晉時期都已出現。秦漢以降，以「餅」為一切麵食的總稱，未發酵的麵食，如今日的麵條、麵片之類，名稱很多。諸如：《南齊書・何戢（jí）傳》中的水引餅、《齊民要術》中的餺飥、《世說新語》中的湯餅；用煎烤方法製作的胡餅因後趙石勒諱胡，而改稱燒餅、熬餅；甚至還有餛飩。而以發酵麵糰蒸製的麵食則稱為蒸餅，《釋名》《四民月令》和《晉書・何曾傳》都有記載。南北朝時把發麵蒸餅稱為「餢飳（bùyú）」，已是普通食品了。油酥麵糰的製品也已經出現，《齊民要術・餅法》載：「髓餅法：以髓脂、蜜、合和麵，厚四五分，廣六七寸。便著胡餅爐中，令熟，勿令反覆。餅肥美，可經久。」上所述的「髓餅」，應該就是油酥製品。

我國北方喜食麵食，南方喜食稻米，自古已然，在糧食粉碎技術普及之後，米粉製品也就大量出現了，但「餻」（糕）字首見於漢代楊雄《方言》，曰：「餌謂之餻。」在《北史・慕連猛傳》、南朝梁顧野王的《玉篇》中都有此字。那時粽子已經出現，它又叫「角黍」「筒粽」，是由竹筒米發展而來的。最早的記載見於西晉周處的《岳陽風土記》和南朝梁吳均的《續齊諧記》中。晉代顧微的《廣州記》中載有用益智子和糯米拌和而做的「益智粽」；《南齊書・虞悰傳》中載有「䉽」；《南齊書・明帝紀》中載有「裹蒸」等，麵點食品名稱的多樣及變化，說明當時麵點食品的豐富及製作技術的發達。

四、飲食風尚的變化

魏晉南北朝時長江下游地區的飲食風尚，與秦漢相比有了很大的變化。因為得益於南北交流，「飯稻羹魚」的膳食結構發生改變，長江以北是大米白麵加雜糧，長江以南則為大米白麵，至今仍是如此。而傳統的「飯稻羹魚」時崇尚清淡的食味習慣則得以保持，從北方南遷的豪門貴冑又帶來了奢華之風，於是在清淡之上又加

精細，長江下游地區食風於斯逐漸形成。

魏晉時期飲茶之風盛行，可是北方並不產茶，故飲茶是由南向北傳播的。中國人何時開始飲茶，至遲在漢代已有可靠記載，並且已經擴展到長江下游地區。據說，著名的陽羨（今江蘇宜興）茶在東漢時即已種植。三國時吳主孫皓常與大臣飲宴，對不勝酒力者允許以茶代酒。魏晉以後，玄學盛行，名士們崇尚清談，以飲茶助談。另外，魏晉時佛、道兩教都有了發展，打禪修練時睏乏，飲茶可以提神。不過，茶文化的正式形成，學界一般以唐代陸羽的《茶經》為其標誌。

總而言之，魏晉南北朝是我國歷史上人口空前大規模流動的時期，北方的草原游牧民族向中原地區流動，中原人民避難而向南方流動。這種流動的結果促進了中華民族的進一步融合，最終結果是發源於中原的漢族文化在更廣泛的範圍內傳播，北方草原民族進入中原後，放棄了他們的游牧生活，被動或主動地接受了漢文化，如北魏孝文帝拓跋宏為維護統治，主動放棄本民族習俗而學習漢制，甚至改變原來的姓氏。而從中原地區流向江南的人士，經過「白籍」「土斷」以後，也融入了江南社會。在飲食文化方面這種融合進行得非常之自然，它促進了江南地區的進一步開發，繁榮了江南的經濟。

第二節　上層社會的飲食文化生活

一、皇室貴族奢華的飲食生活

中國歷史上的封建王朝，其開國君主多數都知道創業之艱辛，所以提倡節儉。在魏晉南北朝時期，曹操（實為三國魏的奠基人和主要締造者）、南朝宋武帝劉裕、南齊高帝蕭道成及其子武帝蕭賾（zé）、南梁武帝蕭衍、南陳武帝陳霸先等都提倡儉樸生活，而他們的後代則大多驕奢淫逸。如，曹丕稱帝不久就遣使至東吳「求雀頭香、大貝、明珠、象牙、犀角、玳瑁、孔雀、翡翠、斗鴨、長鳴雞」。東吳群臣

認為，「魏所求珍玩之物非禮也，……宜勿與。」而具有政治遠見的孫權卻說：「彼所求者於我瓦石耳，孤何惜焉！……皆具與之。」東吳嘉禾四年（西元235年），魏使以馬匹換珠璣、玳瑁、翡翠，孫權很樂意地給了他。皇帝如此，權臣豪門更是有過之而無不及。《世說新語》有「汰侈」一章共12條，主要記石崇與王愷競奢斗富之事。晉武帝司馬炎已是窮奢極欲，大肆揮霍，還支持其舅父王愷與石崇斗富。等到他那個智障兒子司馬衷（晉惠帝）做了皇帝就更荒唐了，《晉書·惠帝本紀》載：「及天下荒亂，百姓餓死，帝曰：『何不食肉糜？』」西晉時期，官僚、地主、豪商三位一體的豪強勢力越來越大，就連皇帝和皇室成員也競相經商聚斂錢財，達到了醉生夢死的地步。西晉亡國以後，這些豪門弟子把奢華之風帶到了江南，儘管亡國，但奢侈之風不減。至於南方六朝，則是昏君接踵的時代，如東吳的孫亮、孫皓；劉宋的劉義符、劉劭、劉駿、劉子業、劉彧（yù）、劉昱；南齊的蕭寶卷；南梁的臨賀王蕭正德；南陳的陳伯宗、陳叔寶等，不僅荒淫無道，窮奢極欲，而且還殘忍好殺。

南朝皇帝中頗有政績的梁武帝蕭衍清醒地認識到「在上化下，草偃風從」，「上慢下暴，淫侈競馳」，「愚民因之，浸以成俗。驕豔競爽，奢麗相高。乃至市井之家，貂狐在御；工商之子，緹繡是襲」的危機。下令「移風易俗，庶期月有成」。蕭衍是出了名的節儉皇帝，《梁書·武帝本紀》記載他「日止一食，膳無鮮腴，惟

◀圖5-1 文徵明《蘭亭修禊圖》中表現的「曲水流觴」

▲圖5-2 《流觴圖》，反映的是王羲之等在今紹興蘭亭春日雅集的情形（原圖為蘭亭紀念館的石刻畫）

豆羹糯食而已。……衣布衣，木綿皂帳，一冠三載，一被二年」。遺憾的是，他初期政績顯著，後期篤信佛教，卻成了出家皇帝，朝政昏暗。梁亡陳繼，奢靡之風愈演愈烈。

日常生活的奢靡腐化，使這一時期的飲食生活也受到極大的影響。東晉末年會稽王司馬道子、劉宋少帝劉義符、後廢帝劉昱、南齊東昏侯蕭寶卷等，竟然在王府或皇宮中開設飯店，以為樂事。如《南齊書·東昏侯傳》載，齊東昏侯蕭寶卷「於苑中立市，太官每旦進酒肉雜肴，使宮人屠酤，潘氏（其愛妃潘玉兒）為市令，帝為市魁，執罰，爭者就潘氏決判。」皇帝如此，臣子自然傚倣。《宋書·恩倖·阮佃夫傳》記，劉宋景和至泰豫年間，得寵的權臣阮佃夫，每餐「就席，便命施設，一時珍饈，莫不畢備，凡諸火劑，並皆始熟，如此者數十種。佃夫嘗作數十人饌，以待賓客，故造次便辦，類皆如此。雖晉世王（愷）、石（崇），不能過也。」

二、九品中正制導致社會的腐化

魏晉時期，一些名門望族把持了社會生活的各個方面。這些名門大多起始於東漢時的士大夫階層，門第高貴者可以世代為官，東漢末年就出現了「四世三公」的楊震家族和「四世五公」的袁紹、袁術兄弟。到了魏晉時期，更將這種門第制度絕

對化，定立了「九品中正」制度，即將官人分為上上、上中、上下、中上、中中、中下、下上、下中、下下九等，不論「才能」和「道德」，只講門第。由於評審大權都控制在「世家」手中，結果出現了「上品無寒門，下品無世家」的局面。

九品中正制保證了豪門望族對國家政權的控制和對社會財富的聚斂和掠奪，從而保證了他們奢華的生活，即使逃難到了南方，依然狂吃豪飲，以顯示自己家族的尊貴。《世說新語・言語》對此多有記述。例如：「過江諸人，每至美日，輒相邀新亭，藉卉飲宴。」這裡的「過江諸人」，即指那些因避戰亂逃到長江以南的貴族和名士。他們不思收復失地，卻醉生夢死，清談游宴。當時文士的文會，如王羲之等在蘭亭舉辦的「曲水流觴」之類，也是這些名門望族子弟的聚會。

《世說新語・輕詆》載：「褚太傅〔褚裒（póu），字季野〕初渡江，嘗入東，至金昌亭（即金閶亭，故址在蘇州閶門內，其西為金門，故名）。吳中豪右，燕集亭中。褚公雖素有重名，於時造次不相識別。敕左右多與茗汁，少著粽，汁盡輒益，使終不得食。褚公飲訖，徐舉手共語云：『褚季野。』於是四座驚散，無不狼狽。」

這個褚季野，因為「吳中豪右」不認識他，便只給他茶水，不給他點心吃，他便抬出名諱，於是「四座驚散」，可見當時等級觀念何等之重。由此可見，名門望族和九品中正，雖然是政治制度和用人標準，但同時也是劃分飲食活動等級的依據。上品之人，處處受人尊重，這也是中國飲食文化傳統中的一大特色。

三、名士清談和茶酒文化

❶・名士清談

顧名思義，名士就是著名的士大夫，多指已出名而未出仕者，就是有名的但沒官位的知識分子。他們的形成，可以追溯到東漢時遊學京師的儒生，他們因反對宦官、外戚、權臣弄權，又反對朝廷對下層官吏過於刻薄，於是經常發表與這些事情相關的「公」議，因而被稱為清議派。

黃巾起義之後，社會動盪不安，人們有朝不保夕之感，於是便想逃避現實，「三玄」（《周易》《老子》《莊子》）和從印度傳入的佛教思想成了人們的精神支柱，清議派人士主張改變董仲舒和漢武帝建立的儒學一尊的地位，他們整天手持「玉柄塵（zhǔ）尾」，引人注目。他們不遵禮教、逍遙自在、縱慾無度、厭世不厭生，在學術上提倡自由思想，雜儒道佛三家而糅合之，使經學兼容玄學理論，史稱魏晉玄學。他們口無遮攔，縱論天下是非，臧否古今人物，用以表示對現實的無奈和對正統社會秩序的反叛。有些名士借酒澆愁，或借酒裝瘋賣傻，或放浪形骸，或不循常理，親人故去不哭反笑，只滿足於整日清談。這種清談之風促進了這一時期文化的發展，但也帶來了不重視實物、不重視有所作為等負面影響，如行政官員不過問行政實務，地方官員不過問人民疾苦，法官不過問訴訟，甚至將領不過問軍事，結果導致全國性的空前腐敗。[1]

可以說，「清談」也是一種社交活動，聚合了當時的貴族知識分子，形成了一個文化群體。他們高談闊論，借茶酒助興，這種名士風度對當時飲食文化產生了重要影響。

❷·飲酒之風盛行

晉代清談派的代表人物是「竹林七賢」。「竹林七賢」中的阮籍、嵇康、劉伶、阮咸、向秀都嗜酒如命。「竹林七賢」的怪誕行為，對那個時代影響很大。那個因思念故鄉「蓴羹鱸膾」而辭官不幹的張翰便說過：「使我有身後名，不如即時一杯酒。」東晉世家子弟周顗（yǐ），「過江積年，恆大飲酒，嘗經三日不醒，時人謂之三日僕射。」還有個畢卓，是銅陽（今河南新蔡附近）人，流落到了南方，已經是國破家亡，但仍嗜酒放蕩。魏晉時期，酒成為許多身處亂世的人們逃避現實、甚至應付世事的一種方式，曹操的詩句「何以解憂，唯有杜康」則很好地表現了酒在當時人們心目中的精神作用和地位。酒，成為名士們宣洩情感的主要工具，無論是悲

1　柏楊：《中國人史綱》，時代文藝出版社，1987年。

是喜，是聚是離，飲酒成為名士們追求物我兩忘的自然之境和通往本真生活的一種途徑。

❸ · 飲茶之風盛行

在魏晉時期的長江下游，設茶待客已是人際交往的常禮了。其實，在《三國志·吳書·韋曜（yào）傳》即已記載了韋曜不善飲酒，他在吳主孫皓的宴會上以「茶」代酒的事情；在《世說新語·紕漏》中講了一位北朝著名文士任瞻參加南方豪族宴會時，因不識茶而被恥笑的故事，這說明飲茶的習慣在中國南方由來已久。對飲茶知識的瞭解成為名士的必備條件，飲茶成為品評人物風度的重要參考之一。魏晉時期名士中的清談家們終日談論，需要以茶相伴，飲茶助興，甚至還要吃點小食，使他們的思維能在長時間的談論中保持清醒活躍，飲茶成為清談家們在進行精神活動時一項不可缺少的內容。而茶文化之「雅」，正是在這種文人聚會中產生的。

❹ · 南北風俗差異

西晉時期，北方人士看不起南方，這在《顏氏家訓》中多有反映，而楊炫之作《洛陽伽藍記》時，更是尖酸刻薄，其在該書《城東·景寧寺》中說：「（魏楊）元慎即口含水喙（xùn，噴）（南梁使沈）慶之曰：吳人之鬼，住居建康，小作冠帽，

◀圖5-3　南朝青瓷盤口罐，揚州王莊出土
　　　　（揚州博物館藏）

▲圖5-4　《劉伶醉酒圖》

短製衣裳，自呼阿儂，語則阿傍。菰稗為飯，茗飲作漿，呷啜蓴羹，唼嗍（shàsuō）蟹黃，手把荳蔻，口嚼檳榔。乍至中土，思憶本鄉，急手速去，還爾丹陽。若其寒門之鬼，口頭猶脩，網魚漉鱉，在河之洲，咀嚼菱藕，捃（jùn）拾雞頭，蛙羹蚌臛，以為膳羞。布袍芒履，倒騎水牛。沅湘江漢，鼓棹遨遊，隨波溯浪，噉喝沉浮。白紵起舞，揚波發謳。急手速去，還爾揚州。」楊元慎的祖、父皆是晉代名門，雖已經改仕元魏，卻仍以中原文化上邦自居。還有少數士大夫，專以教子弟學鮮卑語為能事。相形之下，南方人也看不起北方人，南人沈慶之初到洛陽時即說：「魏朝甚盛，猶曰五胡，正朔相承，當在江左。秦朝玉璽，今在梁朝。」可是這時的梁朝，早已不如元魏，所以沈慶之後來被楊元慎大大地奚落了一番。其實，早在劉宋和元魏劃淮而治時，南北之間即相互鄙視，南人稱北人為「索虜」，北人稱南人為「島夷」。「虜」是中國古代對北方外族的貶稱，「索虜」又稱索頭，是指那時的鮮卑人，他們「被髮左衽」，裝束與中原人不同；「夷」是中國古代對東方各族的泛稱，「島夷」即住在海島上的人，南北朝時中原人對南方人的貶稱。

四、佛教道教的飲食養生思想

西漢末年，印度佛教經絲綢之路傳入中國，到了東漢時期，已有禪宗等宗派之分。在魏晉時期，佛教與儒家、道家學說相互糅合，促成佛教的本土化。

本土化了的佛教思想體系深為許多帝王所賞識。就六朝而言，孫吳時期建立了許多佛寺佛塔，東晉明帝司馬紹、哀帝司馬丕、簡文帝司馬昱、孝武帝司馬曜和恭帝司馬德文；劉宋武帝劉裕、文帝劉義隆、明帝劉彧等都篤信佛教，但他們都不如梁武帝蕭衍。

梁武帝（西元464-549年）篤信佛教，企圖以佛治國。他軟硬兼施，大力推行戒絕中國佛教徒的肉，至今仍指導著中國漢傳佛教徒乃至信教者的飲食生活，給原已存在的素食文化留下極大的活動空間。蕭衍提倡素食，不僅為了強化佛教戒律，而且還弘揚佛家重視孝道的思想感情。《廣弘明集》卷二九中說：「及至南面，富有天下，遠方珍饈，貢獻相繼。海內異食，莫不必至。方丈滿前，百味盈俎。乃方食輟筋，對案流泣，恨不得以及溫清，朝夕供養，何心獨甘此膳。因爾蔬食，不噉

（dàn）魚肉。」梁武帝提倡「功德之事，亦無多費，變一瓜為數十種，食一菜為數十味」的素食，使得中國佛教徒從此與肉告別。

　　就飲食文化而言，道家和道教都與中國傳統的養生學說有著密切關係。因為早在先秦時期，老莊的清靜無為、順應自然的最高境界和極致追求，就已經深深地影響了中國的傳統醫學，《黃帝內經》等古典中醫典籍都不同程度受到道家的影響。到了漢代，仲長統的《昌言》等就已經有了明確的養生思想；逮至魏晉，嵇康（西元223-263年）的《養生論》就形成了系統的養生學說，而且在受到向秀的《難養生論》的質疑後，他又作《答難養生論》，講得似乎更全面了，形成了心理養生、飲食養生、運動養生、醫藥養生、性生活養生等一系列的基本觀點。就飲食養生而言，他贊同《黃帝內經》「識原味之害性」的觀點，認為「滋味煎其府藏，醴醪鬻（通『煮』）其腸胃，香芳腐其骨髓」。他認為善養生者「識厚味之害性，故棄而弗顧」。葛洪（西元284-363年）道士是身體力行者，為了追求長生不老，投入了繁重的煉丹勞作之中。葛洪認為確有神仙，而且修練可成。所以侯外廬等評論道家和道教的不同時說：「道家主無，而道教主有。故道家貴無生，而道教貴長生。」[1] 雖然追求長生是荒誕的反自然規律的空想，但煉丹家的實踐卻取得了意外的收穫，使人們獲得了不少化學知識（包括像發明火藥這樣一類的重大發現）和藥物學知識，葛洪等人都是煉丹家和醫生兼具的人物。

　　在葛洪之後的陶弘景（西元456-536年），則做了更進一步的系統整理和闡述，他所著的《養性延命錄》，其中《食誡》講了他的飲食養生觀點，他主張食後要略加活動，以幫助消化，主張「先飢乃食，先渴乃飲」，這些都是很有積極意義的。

　　魏晉南北朝時期，以嵇康、葛洪、陶弘景三人為代表的養生學說，在今天看來都已經屬於人們的生活常識了。人們傳統的食補思想，是中國傳統的保健思想。所謂「食補」，是傳統中醫「治未病」的重要手段，主要形成於唐代孫思邈以後，魏晉南北朝以前的養生思想，其精華在於提倡「順應自然」。

1　侯外廬：《中國思想通史》，人民出版社，1998年。

嵇康、葛洪和陶弘景的養生學說最終在唐代孫思邈那裡找到歸宿，而神仙道教也到了它的巔峰，自宋元以後就一直走下坡路了。佛、道兩教的共同影響，是長江下游地區飲食普遍崇尚清淡、不喜厚膩的文化淵源。

第三節　六朝的文學作品和食事文獻

在中國，飲食和文學從來有不解之緣。飲食是人們社會生活的重要內容，文學則是社會生活的客觀反映。六朝時期的長江下游地區，社會生活崇尚奢華，文學講究華麗的辭藻，工整的對仗，形式重於內容。因此，飲食和文學有異曲同工之妙。這一時期出現了一些有影響的文學作品，反映出了當時飲食文化的一些狀況。

一、三部有影響的文學作品

魏晉南北朝流傳下來的文學作品數量很多，但其作者、寫作背景與長江下游地區有關的、對後世文壇影響較大的當推《世說新語》《文選》和《搜神記》，這三部作品都不同程度地反映了當時的社會飲食風貌。現分述如下：

❶·《世說新語》中的飲食風貌

《世說新語》是南朝宋武帝劉裕之子、臨川王劉義慶（西元403-444年）撰著的一部筆記小說，一直是研究東漢末年和魏晉期間歷史、語言和文學的重要文獻，全書涉及重要歷史人物不下五六百人，上自帝王將相，下至士庶僧眾。從中可以看到當時人物的風貌、思想、言行和相關的社會風尚習俗，而且文詞簡美，樸素雋永，歷來為人們所稱道。

從表面上看，《世說新語》和飲食文化的關係不大，記述的飲宴場面也很簡單，其中除了前面已經介紹過的《汰侈》一節外，其他各篇好像都不能作為飲食文

化發展史的研究資料，但其實不然。因為人們的飲食活動是社會生活的一個重要方面，它和社會風氣、習俗的關係極大，而《世說新語》在這方面正有它獨到之處，那就是透過背景很容易找出當時飲食文化的歷史特徵。例如，從源頭上講，競奢斗富和名士清談雖然都發端於曹魏和西晉時的北方地區，但在永嘉南渡之後，由於執掌朝政的王導等人的提倡，這些風氣在江南地區迅速傳播，其中尤以長江下游地區更盛。北方的豪門望族和沒落的名士，為了逃命便集中到了江南，不僅重演了洛陽時期的生活風貌，而且利用江南地區豐富的物產資源和江海交通貿易的便利，促進了外來的和土生土長的飲食文化之間的交流和碰撞。隨著中原飲食文化和吳越飲食文化的不斷交流演化，遂形成了一種嶄新的飲食文化形態，這或許就是長江下游地區精細柔和的飲食特色風格的歷史源頭。這些在《世說新語》中都有較多的描述。

❷・《文選》中的飲食風情

《文選》又稱《昭明文選》，因選編者蕭統（西元501-531年）謚號昭明故名。這是中國歷史上第一部文學作品選集，共收錄了從周代起到六朝六七百年間的文學作品700餘篇。

《文選》中直接描寫飲食的作品，當推枚乘的《七發》。枚乘，西漢時的淮陰人，曾任淮南王劉濞的郎中。其所作《七發》仿《楚辭・七諫》，但今本《楚辭》並無《七諫》。蕭統編《文選》時，將這種文體就叫做「七」，它是由八段文字組成的特殊文體，第一段為總綱，說明該文的主題，其他七段各說一事。關於枚乘的《七發》我們在前文已有敘述，此不再重複。

東漢「建安七子」之一的曹植，是曹操的兒子，他的一篇《七啟》亦被收入《文選》。該文一開始便說：「昔枚乘作《七發》，傅毅作《七激》，張衡作《七辯》，崔駰（yīn）作《七依》，辭各美麗。余有慕之焉，遂作《七啟》，並命王粲作焉。」該文也有一段談美食的文字，文曰：「鏡機子曰：芳菰精粹，霜蓄露葵。玄熊素膚，肥豢膿肌。蟬翼之割，剖纖析微。累如疊縠（hú，縐紗），離若散雪。輕隨風飛，

刃不轉切。山鷸（duò）斥鷃（yàn），珠翠之珍。寒芳苓之巢龜，膾西海之飛鱗。江東之潛鼉（tuó），腨（juán）漢南之鳴鶉。糅以芳酸，甘和既醇。玄冥適咸，蓐收調辛。紫蘭丹椒，施和必節。滋味既殊，遺芳射越。乃有春清縹酒，康狄所營。應化則變，感氣而成。彈徵則若發，叩宮則甘生。於是盛以翠樽，酌以彤觴。浮蟻（指酒）鼎沸，酷烈馨香。可以和神，可以娛腸。此肴饌之妙也，子能從我而食之乎？玄微子曰：予甘藜藿，未暇此食也。」雖然這裡有文學的誇張、浪漫的想像，但也還是有物質為基礎的。食材似乎無甚特別，依然是南方常見的菰稗之飯、露葵之羹、熊掌犬豕、山禽蚌（bàng）肉、龜魚之類；儘管是煮魚煎肉卻十分講究刀工，講究五味調和，講究器皿餐具，且以美酒佐美食。這是文人筆下的「肴饌之妙」，也是上層社會的肴饌之妙。而玄微子的回答，足見平民百姓還是以藜藿充飢的。

西晉的張協（字景陽），也有一篇《七命》被收入《文選》，其中的飲食描寫為：「大梁之黍，瓊山之禾。唐稷播其根，農帝嘗其華。爾乃六禽殊珍，四膳異肴。窮海之錯（海產稱錯），極陸之毛（陸產稱毛）。伊公（伊尹，古之名廚、商湯之宰相）爨（cuàn）鼎，庖子（莊子筆下之庖丁）揮刀。味重就沸，和兼勺藥（調料的合劑）。晨鳧露鵠（魏文侯嗜晨鳧，霜露降，鵠鶵美），霜鵝黃雀。圓案星亂，方丈華錯。封熊之蹯，翰音之跖。燕髀猩唇，髦殘象白。靈淵之龜，萊黃之鮐。丹穴之鷚（liù），玄豹之胎。燀（chǎn，燒火）以秋橙，酟（tiān，調味）以春梅。接以商王之箸，帝辛之杯（商王、帝辛皆謂紂）。范公（范蠡）之鱗，出自九溪。頳（chēng）尾丹鰓，紫翼青鬐（qí）。爾乃命支離（《莊子》中善屠龍者支離益），飛霜鍔。紅肌綺散，素膚雪落。婁子（《孟子》中之離婁，古明目者，能視百步之外、秋毫之末）之豪，不能廁（通「側」）其細；秋蟬之翼，不足擬其薄。繁肴既闋，亦有寒鐉。商山（商山四皓）之果，漢皋（《韓詩外傳》中楚之漢皋台）之楱（còu，橘之類）。析龍眼之房，剖椰子之殼。芳旨萬選，承意代奏。乃有荊蠻鳥程，豫北竹葉。浮蟻星沸，飛華萍接。玄石（《博物志》中沽酒人）嘗其味，儀氏（帝女儀狄，發明釀酒，進之於禹）進其法。傾罍（léi）一朝，可以流湎千日。單醪投川，可使

三軍告捷。」這裡的詞藻更加駢麗，迻用之典故又多具神話傳說色彩，但依然是以現實生活為基礎的，與曹植《七啟》別無二致。

❸·《搜神記》中豐富的飲食文化信息

魏晉時期是中國小說類文學體裁的誕生期，當時就有志人和志怪兩類小說文字，其中現存並有較多飲食描寫的志怪小說是《搜神記》。該書原作者干寶是東晉時人，原書於宋代時散佚，今本系明朝人重新輯佚而成，卷數也從30卷變成現在的20卷，專門描寫神奇鬼怪，有美好的幻想和積極的浪漫主義精神，但也摻雜著大量的迷信色彩，受晉代佛教宣揚的因果報應觀念的影響較重，中國民間故事中許多傳統的內容都可以從中找到根據，如：嫦娥奔月、王祥臥冰、郭巨埋兒等等，是一部影響很大的古典文學作品。其中涉及飲食的描述較為豐富，主要有以下諸項：[1]

（1）記述某些節日食俗　《宮中之樂》條，記錄了「九月，佩茱萸，食蓬餌，飲菊花酒」的習俗，認為可以「令人長命」，並記載了製作菊花酒的方法：「菊花舒時，並採莖葉，雜黍米釀之，至來年九月九日始熟，就飲焉，故謂之『菊花酒』」。蓬餌，類似今之重陽糕。

（2）記述一些食物加工方法和烹飪技術　《一石穀搗得三斗米》條，說明到晉代，糧食脫殼的主要工具仍然是用石臼搗舂；《炊飯變蟲》條，說明「蒸炒」在當時已是常用的加熱方法。但《太平御覽》將「炒」改為「秒」，即「糔」，指炒米，恐不確。應該說東晉時已有「炒」法。

（3）記述食療方法　《華佗治咽病》條說，華佗用「蒜齏大酢」的食療方法治咽痛不能進食的病人，結果「吐蛇一枚」，這恐怕是一種驅蛔蟲的方法。

（4）記述西北部少數民族食俗　《翟族食器》條說，「胡床、貊槃，翟之器也；羌煮、貊（mò）炙，翟之食也。自太始以來，中國尚之。貴人富室，必蓄其器，吉享嘉賓，皆以為光。戎、翟侵中國之前兆也。」其實，有關胡床、貊槃、羌煮、

1　劉琦、梁國輔註譯：《搜神記搜神後記譯註》，吉林文史出版社，1997年。

貊炙的記載，東漢之後常見於史籍，故說太始（泰始，晉武帝司馬炎剛稱帝時的年號，西元265-274年）時就已成為時尚，這應該是可信的。

（5）記述達官貴人醉生夢死　西晉時期達官貴人醉生夢死的飲食生活，民間早已視為亡國之兆。《晉世寧之舞》條，說太康年間（西元280-289年），有一種耍弄酒器杯盤的舞蹈叫「晉世寧」，當時熱衷於此者甚眾，「而名曰『晉世寧』者，言時人苟且飲食之間，而其智不可及遠，如器在手也。」又如《裸身之飲》條，「元康中，貴遊子弟相與為散髮裸身之飲，對弄婢妾。逆之者傷好，非之者負譏。希世之士，恥不與焉。胡狄侵中國之萌也，其後遂有二胡之亂。」這裡的元康是晉惠帝司馬衷的年號，「二胡之亂」即「永嘉之亂」。這些都說明飲食風氣的墮落，就是亡國的徵兆。

（6）記述以「五行」解食物　以「五行」變化說明食物與人及生物的關係。《五行的變化》條說，「故食穀者智慧而文，食草者多力而愚，食桑者有絲而蛾，食肉者勇敢而悍，食土者無心而不息，食氣者神明而長壽，不食者不死而神。」這一段說教，是神仙道教思想在飲食生活中的影響，和前述的《淮南子》類似。

（7）記述魏晉時的飲茶風氣　《夏侯愷回家》條和《毛人》條，都說明魏晉時茶已是相當普遍的飲品，而且有人採集野茶葉為生。

（8）記述中國佛教徒的肉食戒律　在梁武帝之前，中國的佛教徒是可以吃肉的。《羊炙》條說，魏晉時，吳地有人送客至昇平亭，見有一人在宰羊，羊竄逃到一和尚的袈裟下，和尚未救，這頭羊還是被宰了。宰羊的主人請和尚吃了一塊烤羊肉，和尚吃了以後腹痛難忍，經大夫針灸，結果吐出一塊肉。從此和尚生病，學羊叫，吐沫，回到寺廟中就死了。這個故事講的主旨是佛教戒律和因果報應，但從另一個側面說明了在梁武帝之前，並不戒僧尼吃肉。

二、食經和食事文獻

把飲食技術和食事記於竹帛、寫成文字實始於先秦，漢代也有像枚乘《七發》

那樣的文學作品，其中有些食品名稱被藝術化了，馬王堆出土了食事文獻，但都不是專門的食學著作。專門的「食經」類古籍多見於南北朝，如北魏崔浩的《食經》、東漢末崔寔的《四民月令》，以及北魏賈思勰的《齊民要術》，但這些都是北方人的著作。而由南方人特別是長江下游地區人寫作的食經，早期的有《淮南王食經》，但已不傳於世，可稽考的當推南齊虞悰的《食珍錄》。

據《南齊書・虞悰傳》說，「悰善為滋味，和齊皆有法。豫章王（蕭）嶷盛饌享賓，謂悰曰：『今日肴羞，寧有所遺不？』悰曰：『恨無黃頷，何曾《食疏》所載也。』」「世祖幸芳林園，就悰求扁米粣。悰獻粣及雜肴數十輿，太官鼎味不及也。上就悰求諸飲食方，悰秘不肯出，上醉後體不快，悰乃獻醒酒鯖鮓一方而已。」蕭子顯為他作贊曰：「虞生富厚，侈不違度。」看來真是美食家。虞悰熟知當時的食譜，所以能夠指出豫章王豪華盛宴的不足。引文中的「粣」有兩音：讀「cè」即粽子，讀「sè」指將米麥粉等摻入羹或其他食物中，看來這裡指後者。「太官」指皇家御廚房。虞悰所著的《食珍錄》早已散佚，但在宛委山堂本《說郛（fú）》中，有如下一段佚文：

「劉孝儀曰：郫中鹿尾乃酒餚之最。

賀季白有青州蟹黃。

同昌公主傳有消靈炙、紅虯脯、宋龜樓子膾，仇士良赤明香脯。

韋巨源有單籠金乳酥、光明蝦炙。

衣冠家有蕭家餛飩、庾家粽子，韓約能作櫻桃饆饠，其色不變。

煬帝御廚用九釘（dìng）牙盤食。

金陵寒具嚼著驚動十里人。

謝諷《食略》有十樣卷、生龍鬚、炙千金、碎香餅子花、無憂臘、蓮珠起肉。

韋琳鱔表，詔答曰：省表具知，池沼揗（jìn）紳，陂池俊乂（yì），穿蒲入荇（xìng），肥滑有聞。

渾羊歿最為珍食，置鵝於羊中，內實粳肉五味，令熟之。

謝朓傳有鮀臛湯法。

賈（王將）以瓠匏接河源水，經宿，器中色赤如絳，以釀酒，芳味世中所絕。

宋明帝有蜜漬鱁鮧（zhúyí）。」

這段僅200餘字的佚文，記錄了六朝帝王名門家的烹飪名物，其中有些地方仍不知其所云，而且也並非全部可信。例如，「煬帝御廚用九飣牙盤食」，如指隋煬帝，那就是好事者的偽作，因為虞悰在100多年前就死了，當然荒唐。對於這些菜餚名稱，原本沒有具體說明，所以不必深究，更談不上什麼開發。

魏晉南北朝是一個動盪的年代，軍事上連年戰亂，政治上更迭頻繁，社會生產發展極不平衡。但在文化上卻因為南北遷徙而豐富多彩。這一時期儒學一尊的地位被衝擊，解放了人們的思想，因此魏晉南北朝的思想文化呈現出一派「百花齊放」的景象。長江下游地區以其獨特的地理位置和豐富的物產資源，融合了成熟的烹飪技術和江南人對事物細膩的生活感悟，在這種大動盪、大交流的歷史背景下，形成了長江下游地區精細柔和的飲食文化特色。

第六章　隋唐盛世

　　長江下游地區在隋唐以前，其地域稱謂跟揚州有密切關係。《尚書・禹貢》：「淮海惟揚州」，泛指淮河以南的沿海地區。《爾雅・釋地》曰：「江南曰揚州」，東漢時李巡《注》說；「江南其風踔勁，厥性輕揚」。這些文獻所指的揚州，包括了今天江蘇、上海、安徽、江西、浙江、福建在內的廣大地區，並不是行政區劃。漢、三國和南北朝時期，雖然有揚州這個行政區劃，但其治所多在今皖北地區或南京。隋唐以後，其治所才真正定於今天的揚州市區，先後被命名為江都、廣陵、南兗州、邗江等。唐朝貞觀年間設淮南道，其地東臨黃海，西抵漢水，南據長江，北達淮河，包括了今湖北漢水以東和蘇皖兩省江淮之間的地區，治所即今揚州市；又設江南道，東臨東海，西抵巴蜀，南極五嶺，北瀕長江，包括了今天浙、閩、湘、贛四省和黔東北、重慶市，以及蘇南、皖南和鄂東南，治所在今蘇州。唐開元年間，江南道分東西兩道，江南東道包括今皖南、蘇南和浙江、福建，治所在蘇州。至於今蘇

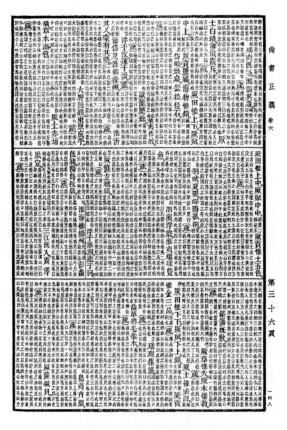

◀圖6-1　《尚書・禹貢》「淮海惟揚州」
　　　　書影，取自《十三經注疏》

皖兩省的淮北地區，向來是屬於徐州的。宋朝設揚州廣陵郡，元朝的揚州路，明清兩代的揚州府，都是指長江下游的江北地區。

第一節　隋朝的歷史性開創

隋文帝楊堅結束了魏晉南北朝時期持續300多年的戰亂，把黃河流域和長江流域又一次置於統一的中央政府之下。立國之初，隋文帝施行了一系列重民生、除弊政、懲污吏、興國力的措施，使隋初的社會出現了久已未見的繁榮。隋文帝和煬帝初年在政治、經濟、文化等方面建樹頗多，所創之制多為以後各朝所循例。大運河的開鑿則促進了南北經濟、文化的交流，對維護華夏的統一更是功被萬世。有隋一代短短37年，長江下游地區的飲食文化也許不會發生顯見的變化，但其在政治、經濟、文化方面的變革和進步勾勒出了今後的發展脈絡。

一、大運河與南北交流

開鑿大運河是隋代為後人所做的一件功德之事。從西元五八四年隋文帝命宇文愷鑿廣通渠，到西元六一〇年煬帝命開江南河，構築了以洛陽為中心，貫通黃河、長江，北達涿郡，南及餘杭，全長約2500公里的漕運大動脈。對長江下游地區經濟、文化的發展產生巨大影響的是隋煬帝時開鑿的通濟渠和江南河。通濟渠「廣四十步」，兩岸築有御道，並植柳護岸；江南河長800餘裡，寬十餘丈。在當時的生產條件下，如此浩大的工程對國力的消耗和對百姓的傷害是可想而知的。但修成後的漕運系統對後來沿途地區交通條件的改善，經濟的發展，南北的交流，以及國家統一的維護都產生了深遠的影響。對於長江下游地區的飲食文化而言有以下幾點重要影響。

其一，大運河貫通南北大地，實現中國歷史上第一次在地理上的大一統，加速

了中原文化與長江下游地區文化的交流及物品的流通，促進了該地區飲食文化的發展。

其二，大運河推動了運河周邊城市的發展，揚州、京口、宣城、毗陵、吳郡、會稽、餘杭、東陽先後成為長江下游地區的重要城市，揚州則更成為唐代的大都市。

其三，大運河的貫通，連接了其中大大小小的水網，促進了長江下游地區農業經濟的發展，為飲食文化的發展奠定了豐實的物質基礎。

二、科舉之制與習文之風

科舉之制始於隋代，是通過考試選拔官吏的一種制度。它取代了任人唯親的九品中正制，打破了壟斷特權，增加了人才來源，擴大了統治基礎，對中國社會產生了巨大影響。科舉給文人入仕打開了方便之門，在後世的唐太宗手中更成了網羅天下人才的法寶。科舉之開，對長江下游地區文化發展的影響非同一般。南北朝時期長江下游地區特定的社會和文化背景即已孕育了文化興發的土壤，對中原文化的吸收更豐富了它的內涵。經濟的發展一方面要求與之相應的文化發展，一方面也為文化發展提供了物質的保障。隋代的科舉一開則如甘霖入沃土，使長江下游地區的習文之風日盛，後人所謂「東南財賦地，江南人文藪。」是其真實的寫照，其中科舉制度的刺激作用是顯然的。依著於經濟基礎之上的文化繁榮必定會以一定的形式反映到社會生活的方方面面。對於區域飲食文化來說，沒有深厚的積澱，其文化內涵也就難以形成，江浙一帶飲食風俗中深厚的文化內涵與江浙地區的尚文之習有著密切的聯繫。魏晉以來江浙一帶文人士大夫與飲食的情緣，史籍多有記載，他們對飲食的眷戀常較其他地區為深，甚至身而試之，這種情結對長江下游地區飲食文化發展所產生的影響是不可低估的。在傳統中國文化中，「文人風範」是一個不可或缺的話題，從普遍意義上說，如果沒有「科舉」制度的推動，文人之「風」恐怕是難成其「范」的，所謂的「士文化」也難有如此豐富的內容。

三、酒政與食事文獻

　　酒利為歷代所重，在朝廷的收入中與鹽鐵具有同等重要的地位。酒的特殊性在於與關係民生的糧食聯繫在一起，故歷代酒政多有變化。一代酒政或多或少地反映出當時的糧食生產狀況和社會生活狀況，乃至於政治和文化的情形。歷代酒政主要集中於榷酒、稅酒、禁酒和弛禁的變化上。隋代至唐代初期（約西元180年間）酒政相對穩定，只收市稅，免除專稅，視酒如一般的流通物，這是自漢武帝天漢三年「初榷酒酤」後700年所未有之事。隋代的弛禁之策，加之長江下游地區農業發展和經濟水平的提高，造酒業在此期間有一定的發展。同時隨著土地及依附關係的改變，民間飲酒之風較以前為盛。

　　隋代食事文獻保留下來的很少，隋代人謝諷的《食經》、唐代餘姚人虞世南所編《北堂書鈔·酒食部》，以及唐代人歐陽詢所編《藝文類聚·食物部》等文獻提供了一些隋代及其前後的食事資料。

　　《食經》之類在秦漢時即已出現，但《漢書·藝文志》所列的農家九種，目前除《氾勝之》有一簡單的輯佚本外，其他均已散佚，我們無法知曉其中的食事資料。另外，在「經方十一家」中《神農黃帝食禁》七卷，也已經散佚。因此最早的此類文獻，見於《隋書·經籍志》，不過也只見書名。《齊民要術》當是最重要的古文獻，但它不產生於長江下游地區。其他現代能夠見到的僅在五代陶穀《清異錄》中摘錄的隋煬帝時期尚食直長謝諷的《食經》，其書已亡佚，記錄了南北朝和隋代的美食計53種，但只有菜點名稱，均無製法。

四、隋煬帝與揚州美食

　　揚州位於長江北岸，是大運河與長匯交匯之地，揚州垂名天下始於隋朝。隋煬帝楊廣在登基前曾鎮守揚州十年，在揚州謀劃並成功登上太子位，他對揚州地區的風土人情十分熟悉和喜愛。當了皇帝后，隋煬帝推行的許多政策，促進了揚州文化

事業的繁榮，尤其是開通大運河，使揚州的經濟得以飛躍發展。

隋煬帝對美食有特別的興趣，其三下揚州之時，令沿途五百里之內百姓給「貴人」獻食，州縣所獻奇珍異味有時達百台之多，「貴人」吃不掉的挖個坑一埋了之。後來發展成以獻食之優劣評價地方官員的好壞，此風一開，地方官吏挖空心思競相爭寵。隋煬帝第三次下揚州時，王世充獻銅鏡、銅屏風有功，立升江都通守，歷陽郡趙元楷獻異味得寵而擢江都郡丞。如此荒唐之君實在少有。唐人馮贄《雲仙雜記》云：「吳都獻松江鱸魚，煬帝曰：『所謂金虀（jī）玉膾，東南佳味也。』」不禁令人想起南北朝時有名的「蓴羹羊酪」之對，由此看來，煬帝對飲食之道是有些心得的。

謝諷，時任隋朝的尚食直長，他在所著的《食經》中記載有多款南味美食，如花折鵝糕、交加鵝脂、剪雲析魚羹、魚羊仙料、加料鹽花魚屑、金丸玉菜醢鱉、魚膾、成美公藏蟹等菜品，顯露出鮮明的南方地域特色。在其所記肴饌之中，有一款「越國公碎金飯」，與當今揚州炒飯有異曲同工之妙。越國公者楊素也，隋之重臣，他是一個極會享受生活的人。「越國公碎金飯」應是楊府之食，「碎金飯」者，當是飯如碎金，意在其色澤金黃。從技術角度看，要做碎金飯其法大致有三：一是在飯中加入色澤金黃的其他原料；二是用色素染色；三是有天然的金黃色米。金黃色的米似乎未見諸記載，而用色素染飯的可行性是存在的，長江下游地區的不少地方一直有做青團、「青精飯」的習俗。不過，似乎未見有將飯染成金黃色的記載。因此，碎金飯極有可能是在飯中加入色澤金黃的物料，加工後使其色如碎金。食物原料中色澤金黃者，大概莫過於蛋黃，而且蛋黃又便於加工處理，可塑性極大。故有專家據此推論，「越國公碎金飯」與揚州的蛋炒飯有淵源關係。揚州蛋炒飯，本是民間的家常便飯，素有清炒蛋飯、荷包蛋炒飯、金裹銀蛋炒飯等做法；其中，「清炒蛋飯」本又有「碎金飯」和「桂花蛋炒飯」之別稱。以此看來，專家的推論確實不無道理。以楊素的經歷論，他對江淮間的風物應是相當熟悉；以時代氛圍論，煬帝能以「金虀玉膾」為美，越國公亦何嘗不能以「碎金飯」為貴？

第二節　盛唐氣象

一、農業經濟的發展

　　唐代是長江下游尤其是江南地區經濟發展的重要時期，其表現主要是朝廷對本地區的稅賦依賴越來越大。戶部侍郎劉晏於寶應年間（西元762-763年）在全國設14個鹽場監，兩淮居其三。所以韓愈在《送陸歙（shè）州詩序》中曾說：「當今賦出於天下，江南居十九」。白居易在《蘇州刺史謝上表》中說：「當今國用多出江南。江南諸州，蘇最為大，兵數不少，稅額至多。」

　　唐代國家的統一，政治經濟制度的建立和改革，有力地促進了農業、手工業、商業（包括對外貿易）、交通運輸業的發展，為文化繁榮奠定了雄厚的物質基礎。這些是飲食文化發展、進步的前提，其中以農業的發展最為重要。唐代農業的發展主要是水田精耕細作技術體系的形成和不斷完善。首先是耕作上的耕、耙、耖相結合，以及對農具的改進。陸龜蒙《耒耜經》所記「江東犁」由十一個部件所構成，與近代犁已無多大差別。水稻插秧技術得到普遍推廣，並引起人們對秧田整治的重視。而隨南北朝時期北方人口的南移，北方的主要農作物麥、菽、粟漸漸傳入南方，隋唐時，江南地區出現了稻麥輪作。白居易離開蘇州時曾有：「去年到郡時，麥穗黃離離。今年去郡日，稻花白霏霏。」之詠。稻作上出現了雙季稻。《太平御覽》卷八三九引《新唐書》曰：「開元十九年，揚州奏，稆（lǔ）。生稻二百一十五頃，再熟稻一千八百頃，其粒與常稻無異」。農業發展的另一個方面是以修堤築塘和建造圩田等為主要內容的農田水利建設，長江下游特別是江南地區，隋唐以前由於農田水利滯後，豐富的水源得不到充分的利用，沼澤沮洳（jùrù）之地難以開發，耕作水平一直不高。隋唐以來，興建了大量的水利設施，水土資源得到較充分的開發，耕作水平也隨之提高。農業的發展為長江下游地區社會和經濟的發展奠定了堅實的基礎。

二、精美的越窯青瓷

唐代瓷器有「南青北白」之分，越窯的青瓷是南方瓷器的代表。唐代在浙江形成了龐大的越窯群，並成為由唐至北宋越窯瓷的生產基地。瓷器一直以來以生產生活日用瓷為主要內容，其中又以食用器、儲存器為主，不同時期瓷器的發展往往從一個側面反映出該時期飲食文化發展的狀況。

初唐時期，越瓷基本延續了南朝和隋代的風格，盛行折腹碗——口大腹淺，可作碗用，亦可當壺罐的蓋。中晚唐出現了一些按新的生活需要創製的器型。如撇口碗是中唐新出器型，晚唐時期則有荷葉式、海棠式、葵瓣式等變化，碗中常飾以飛鶴和反文「壽」字。

唐人寫詩作文常以「杜康」為題，視飲酒為「雅道」，自然酒具也成為「雅器」。酒具在唐代的發展以「注子」和酒杯最為顯眼。中唐時越窯燒製的酒器中出現了執壺，即「注子」，其腹多成瓜棱狀，嘴、頸、柄有所不同，嘴有長短之別，頸有高下之分，柄有彎直之異，幾經變化式樣越來越美，注酒倒酒越來越方便。有「注」就有杯，唐代的酒杯主要有高足杯、圈足直筒杯、帶柄小杯、曲腹圈足小杯等。唐代晚期越窯還燒製各種小壺，高約6-9釐米，多數有嘴，容量很小，一般認為是裝調味品用的飲食器，體現了江南精細一派的飲食風格。

「甌」是唐代的茶具，陸羽《茶經》云：「甌，越州上，口唇不卷，底卷而淺，受半升已下，越州瓷、岳瓷皆青，青則益茶，茶作白紅之色。邢州瓷白，茶色紅；壽州瓷黃，茶色紫；洪州瓷褐，茶色黑，悉不宜茶。」文人墨客對其多有讚譽。顧況《茶賦》：「舒鐵如金之鼎，越泥似玉之甌。」讚美越甌如金似玉的質地；孟郊《憑周況先輩於朝賢乞茶》則以「蒙茗玉花盡，越甌荷葉空」美譽其如荷的形制；皮日休《茶中雜詠・茶甌》形容越甌是「圓似月魂墮，輕如雲魄起」；徐夤（yín）《貢餘秘色茶盞》則用「捩翠融青瑞色新，陶成先得貢吾君。巧剜明月染春水，輕旋薄冰盛綠雲。古鏡破苔當席上，嫩荷涵露別江濆（fén）。」徐夤用「捩翠融青」描繪其釉色，又以「嫩荷涵露」來比喻茶和茶具的珠聯璧合，讚美秘色瓷之美輪美奐，這

◀圖6-2　唐代邢窯白釉盞，邗江雷塘村出土（揚州博物館藏）

是除皇室成員外一般人難以見到的。就茶具而言，越窯在注重實用的基礎上越來越講究其質地、造型、外觀的美化，表現出長江下游地區追求內容與形式的完美與富有詩意的「美食美器」之習。

五代時，錢氏吳越政權據有兩浙，此時的越窯瓷器有所謂「秘色瓷」者，據宋人解釋，錢氏命越窯燒供奉之器，百姓不得使用，故為「秘色」。清代論之「其色似越器，而明亮過之」。錢氏吳越以奢靡著稱，瓷器常飾以金銀，即所謂「金釦瓷器」「金銀飾陶器」「金棱秘色瓷器」者。

唐至五代越窯瓷器的風格日趨精巧優美，與北方瓷器的雍容華貴和三彩釉浪漫絢麗有所不同，從中不難看出長江下游地區飲食文化講究形色之美，以食寓情寄意的特色。

三、城市的繁榮與地主新貴的產生

歷史上，城市一直以防禦為其主要功能，這在邊陲和戰略要地表現得尤為突出。魏晉以來，由於長江下游地區戰亂較少，加之區域經濟的發展，城市的功能發生了轉化，其經濟、文化的色彩漸漸濃於軍事的色彩。隨著統一的中央政府的出現，長江下游地區漸漸成為中央政府財賦的主要來源。城市作為貨物的集散地，隨著貨物數量的增加，其規模的擴大應是自然的事情。隋唐時期長江下游地區的重要城市如揚州、蘇州、宣州、常州、洪州、明州等正是在這種背景下得到空前的發

展，加上六朝古都金陵，以及錢氏吳越時興起的餘杭，這一系列的群星城市在長江下游地區形成了氣度不凡、隔江呼應的都市群落。一般認為唐代前期的繁榮是以農業進步為基礎的，而中後期的發展則以商業為後盾。商業的發展必須有相應的生產力和交通的便利為前提，隋唐兩朝的商業政策相對較為開明，加之長江下游地區四通八達的水路交通、通貫南北的運河之便使該區域的發展占盡天下之利。

唐代的揚州是長江下游地區最為繁華的城市，地處江淮要沖，是隋唐時期重要的南北交通樞紐和東部沿海地區對外經濟、文化交流的大都會。《舊唐書·蘇瓌傳》卷八八云：「揚州地當衝要，多富商大賈，珠翠珍怪之產。」《太平廣記·揚溥》卷三三一引《紀聞》曰：「豫章諸縣，盡出良材。求利者採之，將至廣陵，利則數倍」。唐代以鹽、茶、胡商的珍寶，是當鋪、錢莊之外的三大商業支柱，以揚州一地而論，則盡而有之。據《舊唐書·地理志二》記載，唐高祖武德九年（西元626年）時，揚州地界的人口為94347人；到玄宗天寶元年（西元742年），人數已達467857之多。百年間增加近5倍。由於交通便利、經濟發展，官僚、文人、商人、富豪齊聚揚州，把各地飲食文化帶到揚州，促進了揚州烹飪技術的發展，刺激了淮揚菜品的增加和質量的提高，並開始有意識地形成自己獨特的風格。

唐代蘇州的繁華比之揚州亦毫不遜色。據《舊唐書·地理志三》載，唐初吳郡的人口為11859戶，開元時為68000餘戶，至天寶年間有76000餘戶，而在白居易任

▲圖6-3　《盛世滋生圖》（又稱《姑蘇繁華圖》，部分），清代徐揚繪

太守時已有100000餘戶。人口的迅速增長，從一個側面反映出區域經濟的發展。蘇州因得江南之地利，南北朝以來一直是「中原衣冠」南下的主要落腳之地，據《舊唐書·地理志》可知，其時南下之客占蘇州總戶數的三分之一。江南的秀美和富庶，加上「中原衣冠」的渲染，造就出其時蘇州特有的繁華景象。唐代詩人對姑蘇繁榮的生活多有描寫。杜荀鶴的《送人遊吳》堪稱此中上品，其詩云：「君到姑蘇見，人家盡枕河。古宮閒地少，水港小橋多。夜市賣菱藕，春船載綺羅。遙知未眠月，鄉思在漁歌。」此情此景，怎不令人嚮往！

　　唐代長江下游地區的城市生活，就其風格而言與東晉和南北朝時期的奢侈之風是一脈相承的。唐代經濟的發展，富商巨賈的增多和官商合流，更使得奢靡之風愈演愈烈。官商合流是唐代都市生活的新特點，期間，又以玄宗開元年間最為昭著。文武朝臣、諸鎮節度之中許多人在揚州開行設號經營買賣。權錢結合的官商貪利擾亂市場，問題嚴重到使朝廷不得不下令禁止「王公百官及天下長吏」與民爭利。

　　莊園，在東晉和南朝時期的江浙一帶很普遍，多為世家大族所有。隋唐時期長江下游地區的莊園格局發生了一些變化。科舉制使庶族入仕者的官階有了很大提高，甚至可以位至宰相。有了政治上的依靠，這些出身庶民的官員們在莊園經濟中所扮演的角色日益重要，已非南朝時可比，形成了庶族地主的新貴階層。家世久遠的世家地主的地位受到庶族地主的衝擊。這一時期，式微的世族地主、新興的品官地主、富商地主是唐代封建土地關係的代表者。唐中期以後，土地兼併嚴重，均田法難以為繼，莊園的規模較前更為發展。

　　地主階級內部結構的變化，給農村生活帶來些許新鮮空氣，與門閥地主不同，這些新貴階層作為一股新興的勢力多少帶有向上和發展的願望。他們沒有家世淵源可資依靠。唐太宗和武則天都曾編修《氏族志》以貶抑世閥，抬舉新貴。但世俗的眼光與習慣勢力不是朝廷的一紙公文可以改變的。在出身無法選擇的情況下，庶族地主在經濟和官場上奮力拚搏來增加自己的籌碼。他們的生活觀念、理想和生活方式對普通老百姓的影響和誘惑是與世族大家完全不同的兩種類型，對於尋常百姓來說，世族之家是可望而不可即，而庶族地主則是人力可為之事。從而為庶民階層帶

來了新的希望與追求。

四、江南文人詩文中的飲食生活

繁華的都市生活自然離不開飲食生活，這一時期城市飲食業的繁盛，引發了文人雅士以酒食為題互詡唱和的風氣。這些詩文大致分為幾類。

❶ · 抒發個人情懷，追求人格自尊

江南文人在經濟上大多比不得富商大賈，常以恬淡自然和超然物外的姿態出現於世人之前。比之李白一路的豪放，他們更多的是雅緻。其中有品性高逸者，有看破紅塵者，有失意落魄者，亦有沽名釣譽之徒。在飲食生活上，他們追求的往往是一種回歸自然，知足而樂的情懷，常有幾分安貧樂道的味道。《全唐文》卷七九七所載皮日休之《食箴》云：

> 「寧能我食，不食於人。
>
> 復食於人，是食其身。」

在《太平御覽》卷七九七《食箴·序》中則說得更加明白：「皮子曰：『一杯之食至鮮矣，苟專其味，必不能自抑。既不能自抑，日須豐其羞。既日須豐其羞，則貧也不能無不足。因是妄求苟欲之心生，窮貪極嗜之名生。且大夫不見前世之味禍乎？故羊斟不及，華元受其謀。黿羹不均，子家肆其禍。熊蹯不熟，殺宰夫而趙盾弒。雙雞易鶩，饋子雅而慶捨死。嗚乎！吾不二者乎，誠賴其用，所欲不可求，所嗜不可得，方自甘粢糲而已。……故食於天子者則死其天下，食於諸侯者則死其國，食於大夫者則死其邑，食於士者則死其家。……自惟食之性不能自節，亦猶酒之性也，復箴以自符。」文中列舉了歷史上因食引來殺身之禍的事例，說明他「寧能我食，不食於人」的原因。《食箴》所言，表現了追求自尊和人格的文人士大夫的飲食觀。

❷·追求自然之美，田園之樂

在唐代，江南文人的飲食情趣突出地表現於對回歸自然的嚮往。駱賓王在《冬日宴》中寫到：

> 「二三物外友，一百杖頭錢。
>
> 賞洽袁公地，情披樂令天。
>
> 促席鶯鶬滿，當爐獸炭燃。
>
> 何須攀桂樹，逢此自留連。」

對悠然自得生活的嚮往溢於言表。

> 「當畫暑氣盛，鳥雀靜不飛。
>
> 念君高梧陰，復解山中衣。
>
> 數片遠雲度，曾不蔽炎暉。
>
> 淹留膳茗粥，共我飯蕨薇。
>
> 敝廬既不遠，日暮徐徐歸。」

這是山水田園詩人儲光羲的《吃茗粥作》，隱逸之人的閒情逸致躍然紙上。

❸·主張樸素平淡的蔬食生活

中國素有蔬食之傳統。百姓之蔬食，多出於經濟等原因，為了填飽肚子，「瓜菜代」是不得已而為之的選擇。但是文人士大夫之蔬食，則常有道德與信仰之追求。白居易在《食筍》中云：

> 「此州乃竹鄉，春筍滿山谷。
>
> 山夫折盈抱，抱來早市鬻。
>
> 物以多為賤，雙錢易一束。
>
> 置之炊甑中，與飯同時熟。
>
> 紫籜坼故錦，素肌擘新玉。
>
> 每日遂加餐，經時不思肉。
>
> 久為京洛客，此味常不足。

且食物跙躏，南風吹作竹。」

在其《烹葵》詩中，白居易則把他的人生哲學說得明明白白，

「昨臥不夕食，今起乃朝飢。

貧廚何所有，炊稻烹秋葵。

紅粒香復軟，綠英滑且肥。

飢來止於飽，飽後復何思。

憶昔榮遇日，迫今窮退時。

今亦不凍餒，昔亦無餘資。

口既不減食，身又不減衣。

撫心私自問，何者是榮衰。

勿學常人意，其間分是非。」

白居易早年家貧，對社會底層多有接觸，寫下了不少感嘆時世，反映民間疾苦的詩篇。他在飲食生活方面反對奢華浪費，安貧樂道，《食筍》和《烹葵》兩詩都反映了他主張樸素平淡的飲食思想。

❹·吟詠節令食俗

唐代人對節令較為看重。加之唐詩創作進入繁榮期，故而節日期間，文人相互酬酢的詩文更是數不勝數，這在唐詩中占有相當大的比例。特別每至端午、重陽、中秋等節，皇帝常賜宴群臣，民間每逢節令亦多有講究，此時更是詩人展示才華的好機會。其中有些內容涉及節令食俗，例如唐高宗時曾任中書舍人的蘇州人董思恭《守歲》一詩（一作太宗李世民詩）云：

「歲陰窮暮紀，獻節啓新芳。

冬盡今宵促，年開明日長。

冰銷出鏡水，梅散入風香。

對此歡終宴，傾壺待曙光。」

詩中表現的是人們飲酒歡宴，辭舊迎新的守歲之俗。韓濬《清明日賜百僚新火》

記載了唐代寒食節改火之俗，詩云：

> 「朱騎傳紅燭，天廚賜近臣。
>
> 火隨黃道見，煙繞白榆新。
>
> 榮耀分他日，恩光共此辰。
>
> 更調金鼎膳，還暖玉堂人。
>
> 灼灼千門曉，輝輝萬井春。
>
> 應憐螢聚夜，瞻望及東郊。」

描寫了唐代君臣歡度節日的太平景象。而**駱賓王**則有《鏤雞子》記清明節做彩蛋的習俗，詩云：

> 「幸遇清明節，欣逢舊練人。
>
> 刻花爭臉態，寫月競眉新。
>
> 暈罷空餘月，詩成並道春。
>
> 誰知懷玉者，含響未吟晨。」

元和進士、蘇州人殷堯藩則有《端午日》以記端午節之習俗，其詩云：

> 「少年佳節倍多情，老去誰知感慨生。
>
> 不效艾符趨習俗，但祈蒲酒話昇平。
>
> 鬢絲日日添頭白，榴錦年年照眼明。
>
> 千載賢愚同瞬息，幾人湮沒幾垂名。」

這是詩人借屈原故事，抒發懷才不遇的情思。

第三節　酒茶興盛

一、酒事

隋以前700年間歷朝多行榷（què，專賣）酒、稅酒之策，常有弛禁之爭。關於

弛禁，一為酒與糧之爭；一為奢侈與品性之爭。而榷與稅的更迭則出於朝廷與民間（商人）的利益分配。自隋朝實行開放政策免去酒的專稅以來，酒事為之一興。唐朝前期基本延續隋的酒政，但糧食短缺時亦有酒禁，西元七六二年代宗臨朝，詔禁酒酤，此後唐朝酒政先稅後榷，控制越來越嚴。其主要目的是為了攫取更多的酒利以供朝廷開銷。酒政的變化很大程度上反映出國家的政治、經濟和民生的狀況。

長江下游地區自隋開始，漸漸成為中央政府財賦的主要來源和糧食供應基地。酒主要以稻穀等糧食為釀造原料，充足的原料供應是酒事興旺的基本條件。南北朝時期江南世家大族的濫飲之風已延浸至唐代，對社會中下層有很大的滲透作用，城市尤盛。儘管唐代中後期的酒政幾經更迭，但酒已滲透到社會生活的各個層面。文人尤甚。

唐代蘇州所產之「五酘（dòu）酒」，金陵所產之「金陵春」頗有名聲。白居易曾有詩謝李蘇州寄「五酘酒」，宋代范成大在《吳郡志·土物》中說：「白居易守洛時有謝李蘇州寄五酘酒詩，今里人釀酒，麴米與漿水已入甕，翌日，又以米投之，有至一再投者，謂之酘；其酒則清洌異常，今謂之五酘，是米五投之耶？」至於

◀圖6-4　《太白醉酒圖》，清代蘇六朋繪

「金陵春」，李白曾在詩中寫到：「堂上三千珠履客，甕中百斛金陵春。」

古之酒戲至唐而越發興盛，據說「酒令」一詞到唐代始作為酒戲之專有名稱。李肇在《唐國史補》中說：「古之飲酒，有杯盤狼藉、揚觶（zhì）絕纓之說，甚則甚矣，然未有言其法者。國朝麟德中，璧州刺史鄧宏慶始創平、索、看、精四字令，至李稍雲大備，自上及下，以為宜然。大抵有律令，有頭盤，有拋打，蓋工於舉場，而盛於使幕。」可以說後來酒令的發展基本沒有超出唐代的格局。以抽籤來決定飲者及飲之多寡的「籌令」在唐代非常流行，在江蘇丹陽曾出土一套完整的唐代酒令籌，包括令籌五十枚，令旗、令纛（dào）桿、籌筒各一。籌筒有龜座，銀質塗金，形制精美。其令辭取自《論語》，如：「一簞食，一瓢飲。自酌五分。」「有朋自遠方來，不亦樂乎。上客五分」等。籌令是一種簡便和雅俗共賞的酒令，但此等籌令絕非一般百姓人家所有，必是富貴人家之物。雅令，則是文人學士的風雅之事，有對詩、拆字、聯句、迴環等形式。骰令，即擲骰子行令，民間非常流行，皇甫松《醉鄉日月·骰子令》云：「大凡初筵，皆先用骰子，蓋欲微酣，然後迤邐入酒令」。通令，即遊戲令，有傳花、拋球、划拳等形式，又以划拳最受百姓歡迎，今日好「拳」者仍大有人在。酒令的發達從一個側面說明酒事的興盛。

二、茶風

我國是茶的原產地，唐以前稱茶為檟、荼、苦荼等。一般認為，唐代北方茶風的興盛源於泰山僧人的講經打禪，唐人封演《封氏聞見記》云：「南人好飲之，北人初不多飲。開元中，泰山靈岩寺有降魔師大興禪教，學禪務於不寐，又不夕食，皆恃其飲茶，人自懷挾，到處煮飲。從此轉相傚傚，遂成風俗。起自鄒、齊、滄、棣，漸至京邑。城市多開店鋪，煎茶賣之，不問道俗，投錢取飲。其茶自江淮而來，舟車相繼，所在山積，色類甚多。」僧之嗜茶似乎是唐代的普遍現象，佛教對北方茶事的發展具有重要的影響。唐代茶風之盛可從唐代的茶稅看出端倪，西元七九三年，唐德宗始徵茶稅，產茶州縣十稅一，當年獲四十萬緡。文宗時又置榷茶

使，茶商所過的州縣，官家也要抽稅，官府還為茶商特設旅店收取住宿費，美其名「攝地錢」。實際上，唐中期以後茶稅已成朝廷僅次於鹽稅的重要稅種。西元八一四年淮西節度使吳元濟搞割據，憲宗李純曾令壽州派三千官軍保護茶園。

這一時期茶事發展的重要事件首推陸羽《茶經》的問世，這本書對全國尤其是長江下游地區的茶文化發展有巨大的影響。陸羽，今湖北天門人，字鴻漸，自稱桑苧翁，又號東崗子。《新唐書‧隱逸傳》云：「羽（陸羽）嗜茶，著經三篇，言茶之源、之法、之具尤備，天下益知飲茶矣。時鬻（yù）茶者，至陶羽形置煬突間，祀為茶神。有常伯熊者，因羽論復廣著茶之功。御史大夫李季卿宣慰江南，次臨淮，知伯熊善煮茶，召之，伯熊執器前，季卿為再舉杯。至江南，又有薦羽者，召之，羽衣野服，挈具而入，季卿不為禮，羽愧之，更著《毀茶論》。其後尚茶成風，時回紇入朝，始驅馬市茶。」陸羽受僧人影響酷嗜茶事，隱居苕溪（今浙江省湖州）間寫成《茶經》一書。書分三卷，列源、具、造、器、煮、飲、事、出、略、圖等十節而述之，約7000餘字。此書現存藏本約170種，並產生世界性的影響。他也因之被後人奉為茶聖、茶神。《茶經》對古代茶史、種茶、製茶、烹茶、飲茶等作了精要的概括和總結，其所提倡的「天然見真」的飲茶之法對後世影響尤著。僧人齊己在《詠茶十二韻》中說：「百草讓為靈，功先百草成。甘傳天下口，貴占火前名。……曾尋修事法，妙盡陸先生。」《茶經》的出現推動了唐代茶事的發展。唐代江浙地區不但出茶，而且名茶頗多。如顧渚山的「貢茶」，李吉甫《元和郡縣圖志》說：「顧山……每歲以進奉顧山紫筍茶，役工三萬人，累月方畢。」張文規《湖州貢焙新茶》云：「鳳輦尋春半醉回，仙娥進水御簾開。牡丹花笑金鈿（diàn）動，傳奏吳興紫筍來。」南宋胡仔在《苕溪漁隱叢話‧玉川子》中說：「唐茶惟湖州紫筍入貢，每歲以清明日貢到，先薦宗廟，然後分賜近臣。紫筍生顧渚，在湖常二境之間，當採茶時，兩郡守畢至，最為盛集。」隋設置的婺州，唐改名東陽郡，產名茶，有「婺州東白」和「東陽東白」之稱，《唐國史補》曰「常州有義興之紫筍，婺州有東白」。陽羨茶曾作為唐代朝廷珍貴貢品而名噪一時，杜牧在《茶山》詩中稱之為「瑞草魁」，盧仝的《茶歌》曰「天子須嘗陽羨茶，百草不敢先開花」。

有好茶而無好水是不能體味茶中之妙的，而茶聖陸羽認定的「天下好水」，差不多有一半在長江下游地區。陸羽在《茶經・五之煮》中云：「其水用，山水上，江水中，井水下。其山水，揀乳泉石池漫流者上；其瀑湧湍漱勿食之，久食令人有頸疾。……其江水取去人遠者，井水取汲多者。」可見唐人對水之研究頗費心力。長江下游地區山水林泉雅集，宜茶者甚眾，很得時人好評。張又新《煎茶水記》是唐代著名的評水之作，其云：「故刑部侍郎劉公諱伯芻，於又新丈人行也，為學精博，頗有風鑒稱。較水之與茶宜者凡七等：揚子江南零水第一，無錫惠山寺石水第二，蘇州虎丘寺石水第三，丹陽縣觀音寺水第四，揚州大明寺水第五，吳松江水第六，淮水最下第七。斯七水余嘗俱瓶於舟中，親挹而比之，誠如其説也。客有熟於兩浙者，言搜訪未盡，余嘗志之。及刺永嘉，過桐廬江，至嚴子瀨，溪色至清，水味甚冷。家人輩用陳黑壞茶潑之，皆至芳香，又以煎佳茶，不可名其鮮馥也，又愈於揚子南零殊遠。及至永嘉，取仙岩瀑布用之，亦不下南零。以是知客之説誠哉信矣。夫顯理鑑物，今之人信不逮於古人，蓋亦有古人所未知而今人知之者。」其後記載的是陸羽精鑒於水的故事，以及陸羽對水之次第的評價。其對水之評第是「……廬山康王谷水簾水第一；無錫縣惠山寺石泉水第二；……蘇州虎丘寺石泉水第五；廬

◀圖6-5　「天下第五泉」的碑銘，立於
揚州瘦西湖大明寺平山堂西院

山招賢寺下方橋潭水第六；揚子江南零水第七；洪州西山西東瀑布水第八；⋯⋯廬州龍池山顧水第十；丹陽縣觀音寺水第十一；揚州大明寺水第十二；⋯⋯吳松江水第十六；天台山西南峰千丈瀑布水第十七；⋯⋯桐廬嚴陵灘水第十九；雪水第二十。此二十水，余嘗試之，非系茶之精粗，過此不之知也。夫茶烹於所產處，無不佳也。蓋水土之宜，離其處水功其半，然善烹潔器全其功也」。

　　僧徒一族由於南北朝以來禪宗的興旺，茶事中多了一分參禪悟道的味道。不過我們不能忽略，僧侶地主是唐代莊院經濟的重要成分，並享有種種特權。僧侶之飲就財富的支撐而論應不遜於官商世族一派。俗話說「古來名山僧占多」，一般說來，山坡之地比較適宜茶葉的種植，而名茶又與名山有割不斷的聯繫，素有「高山出名茶」之說。唐代不少寺院都種茶、製茶，湖州的山桑寺、儒師寺；鳳亭山的飛雲寺、曲水寺；常州的圈嶺善權寺；錢塘的天竺寺、靈隱寺等都出產茶葉。唐代詩僧，謝靈運十世孫皎然久居吳興杼山妙喜寺，與陸羽友善，對茶事頗有研究，撰《茶訣》三卷，惜佚失，但從其詩文中我們可以看出唐代僧人的茶趣所在。其詠茶名篇《飲茶歌誚崔石使君》曰：

　　　　越人遺我剡溪茗，採得金牙爨金鼎。

　　　　素瓷雪色縹沫香，何似諸仙瓊蕊漿。

　　　　一飲滌昏寐，情來朗爽滿天地。

　　　　再飲清我神，忽如飛雨灑輕塵。

　　　　三飲便得道，何須苦心破煩惱。

　　　　此物清高世莫知，世人飲酒多自欺。

　　　　愁看畢卓甕間夜，笑向陶潛籬下時。

　　　　崔侯啜之意不已，狂歌一曲驚人耳。

　　　　孰知茶道全爾真，唯有丹丘得如此。

　　茶之功德似乎佛法也難比擬，讀來真有「茶佛一味」之感。另外，我們還需注意的是文人之飲。唐代文人有不同於前期文人的特點，不是一個「文」字可以全部概括得了的，唐代的「文人」大多是亦文亦官，而唐代崇佛尊道的風氣又是文人所

不能迴避的，因此，唐代的文人身上往往融合了文、官、佛、道的多元氣息。盧全《走筆謝孟諫議寄新茶》是唐代文人士大夫的詠茶名篇，詩中對品茶細緻入微的描寫素為後人所讚歎，其中一段尤為膾炙人口：

……

碧雲引風吹不斷，白花浮光凝碗麵。

一碗喉吻潤，兩碗破孤悶。

三碗搜枯腸，唯有文字五千卷。

四碗發輕汗，平生不平事，盡向毛孔散。

五碗肌骨清，六碗通仙靈。

七碗吃不得也，唯覺兩腋習習清風生。

蓬萊山，在何處。

玉川子（盧全號玉川子），乘此清風欲歸去

……

平實的語言中透露的是濃濃的儒、釋、道的氣息。這應該是文人所喜愛的雅事。可以這樣總結一下，唐代文人士大夫之「茶」，兼有官家的氣派，商賈的豪奢，僧道的超然和百姓的樸實。

第四節　飲食文化交流

一、日本遣唐使與鑑真東渡

唐代之前中日之間已有往來，至唐而益發頻繁，日本先後十幾次派遣唐使西渡，每次都有許多留學生、學問僧同來學習中國文化。此外，隨商船來唐求學的人亦不在少數。揚州作為當時重要的出海口和東南都會，日本商人、遣唐使和學問僧常在此駐足。而揚州名僧鑑真應邀東渡傳教，六次渡海終成大業。鑑真東渡時隨行

甚多，所帶「財富」更非數目可以衡量，鑑真在日本受到朝野的極高禮遇和尊重，鑑真隨船帶去很多日常生活用品，相傳豆腐即為此時傳入日本。據說茶葉在漢代即已傳入日本，但到了唐宋時期才成為日本的一種生活風尚。西元八五〇年，日本的最澄禪師到浙江天台山國清寺學習，回國時把茶種和製茶工具帶回日本，並在寺院周圍栽種，因此而得到了嵯峨天皇的稱讚。

二、唐代盛行的「胡風」

在唐代，人們將北方邊地，西域各少數民族以及外國人統稱為胡人，唐代國力強盛，經濟發達，交通便利，政府施行開放的政策，是胡風盛行的前提條件。外域商客得以隨時出入，帶來了許多域外的食品及外民族飲食習慣。這些外來飲食普遍受到人們的喜愛，從而形成唐代胡風盛行的飲食特色。

一般認為伊斯蘭教自唐永徽二年（西元651年）傳入中國，關於傳入的途徑，一說是由陸上絲綢之路經回紇而入內地；一說是由海上絲綢之路直接進入中國。從海上而來的，先到達中國東南地區的廣州、泉州和揚州。明代何喬遠在《閩書·方域志》中說：「（伊斯蘭教）門徒有大賢四人，於唐武德中來朝，遂傳教中國。一賢傳教於廣州，二賢傳教於揚州，三賢四賢傳教於泉州。」揚州出土的唐代文物中有一個水壺，正面有阿拉伯文「真主最偉大」，證實了唐代伊斯蘭教徒的足跡已至揚州。至今揚州仍有為數不少的回民，以及普哈丁墓、仙鶴寺等伊斯蘭文化遺跡。揚州作為當時的商業都會和重要的通商口岸，同時也吸引著眾多的阿拉伯商人。由於大批的阿拉伯商人和傳教者的存在，其風俗習慣應在不同程度上對揚州一帶地區產生影響。就飲食而言，阿拉伯人在飲食觀念、原料選用、烹飪方法和食物種類上與長江下游地區有一定的差別，屬於兩個不同的系統。「胡風」的介入對豐富長江下游地區飲食文化具有積極的意義，也會對當地的飲食風俗有所融合。

《舊唐書·輿服志》說：「開元來，……太常樂尚胡曲，貴人御饌，盡供胡食，士女皆竟衣胡服。」此種皇家風氣必然會對社會生活產生廣泛影響，所謂上行下效

是也。此時胡食的影響大致有三個方面，一是胡人開設的食店（酒店），「酒家胡」自漢以來似乎一直是都市飲食行耀眼的「亮點」；二是西域名食的流行，如：饆饠（又稱畢羅，古代一種麵食名稱）、胡餅（芝麻燒餅）、搭納（現已難以考證）等美食，以及西域之酒如三勒漿、龍膏酒和葡萄酒等的流行。三是外國產食物原料大量傳入中國。例如一般認為南北朝之前中國尚無蔗糖，唐太宗時遣使者赴摩揭陀國求其術，始有蔗糖。陸游《老學庵筆記》云：「聞人茂德言：沙糖中國本無之。唐太宗時外國貢至，問其使人：『此何物？』云：『以甘蔗汁煎。』用其法煎成，與外國者等。自此中國方有沙糖。」又云：「唐以前書傳，凡言及糖者皆餳耳，如糖蟹、糖薑皆是。」《新唐書‧摩揭陀傳》卷二二一：「太宗遣使取熬糖法，即詔揚州上諸蔗，拃（zhà，壓榨）沈如其劑，色味逾西域遠甚。」

第五節　五代十國

一、長江流域相對穩定

從西元九〇七年朱溫滅唐到趙匡胤建宋，其間約60年，史稱「五代十國」時期。這一時期，雖然戰亂頻繁，分裂不斷，頗似東漢末年的景況，但貨物往來、商業交通卻未曾中斷，南北的經濟聯繫日益密切。黃河流域在此期間遭受重創，長江流域則相對穩定，經濟有所上升，兩者之間在經濟發展水平上的差距逐漸拉大，此後的中央政權在經濟上對長江流域的依賴越來越大，宋朝定都開封而非洛陽、西安應該是有其經濟上的考慮的。五代十國時期，歷史上冠以「後」字的梁、唐、晉、漢、周五個短命王朝，其主要統治者是漢族人，或已經漢化了的外族人，所以漢文化並未受到很大的衝擊。此時段的南方，生產仍有所發展，飲食文化還相當繁榮。

二、吳國、南唐與錢氏吳越對長江下游地區的開發

唐昭宗淮南節度使楊行密，唐末受封吳王（西元902-905年在位），雖是唐朝的封國國君，實為五代十國中南吳國的實際開國者，占淮南鎮，都廣陵。西元九三七年，徐知誥（李昇）廢南吳帝楊溥，自稱皇帝，國號唐，建都金陵，史稱南唐。

楊行密、徐溫（楊行密右衙指揮使，李昇養父）在任期間比較注意安息民生，使地方經濟有所發展。徐知誥掌權後尤重農桑，他採納宋齊丘的建議，不到十年，江淮間「曠土盡辟，桑柘滿野」。同時採取了一系列獎勵農桑的政策，促進了經濟的發展，增強了國家的實力，使淮南成為南北之間的一道屏障。

徐知誥以後的南唐日趨腐朽。南唐中主李璟信任的陳覺、馮延己、馮延魯、查文徽、魏岑等皆以邪佞用事，時人稱之為「五鬼」，其昏庸可見一斑。西元九五五年，後周派兵攻南唐，圍壽春。西元九五八年，以南唐獻江北淮南十四州，對周稱臣而結束。自此南唐失去了江北，食鹽亦不能自給，更談不上鹽稅了。李璟曾求周世宗將江北海陵鹽田留給唐，周世宗只答應每年給唐三十萬斛鹽。此戰之後，後唐實力大不如前。唐後主李煜好讀書、善為文、知音律、工書畫，是個頗有幾分才學的文人，但卻是政治上的低能兒，亦是中國歷史上有名的亡國之君。即位後，沉

▲圖6-6　《韓熙載夜宴圖》（局部），五代顧閎中繪

溺於高談闊論、吟詩作文、聲色犬馬極盡奢侈之能事，縱容荒唐之事。有個叫窅（yǎo）娘的宮女用帛將足纏成新月狀，穿白襪在六尺高的金製蓮花上跳舞，有飄然欲仙之感。據說此即中國婦女纏足之始，可謂貽害無窮。傳世名畫《韓熙載夜宴圖》生動地反映了南唐上層人士的飲食生活，圖中的高腳桌椅更說明了「胡風」對南方飲食生活的影響。[1]

　　吳越王錢鏐原為唐昭宗任命的鎮海節度使。西元九〇七年，後梁建國，封其為吳越王。吳越地狹民少，北臨強吳，所以能在夾縫中存在80多年，靠的是「事大」。所謂「事大」，就是指那些地盤較小、勢力較弱的割據政權選擇比它強大的割據政權做靠山。錢鏐的統治穩定了長江下游地區，如保境安民削平叛亂、納土歸宗、臣服中原政權；他還對兩浙的農業、水利的發展有所貢獻，如，修築捍海堤、治理太湖、疏濬西湖等措施，保障了農業生產，使當時每石米的價格非常低廉。因其對水利和生產發展的貢獻，兩浙人冠他以「海龍王」的美稱。但是，吳越君臣的奢侈亦給兩浙人民帶來極大的災難，以致於雞、魚、雞蛋、小雞都要上稅。《舊五代史》記載，「錢鏐封吳越國王后，大興府署，版築斤斧之聲，畫夜不絕，士卒怨嗟，或有中夜潛用白土大書於門曰：『沒了期，侵早起，抵暮歸。』鏐一見欣然，遽命書吏亦以白土書數字於其側曰：『沒了期，春衣才罷又冬衣。』」錢鏐大興土木，不惜民力由此可見。

三、日趨「精細」的飲食風格

　　隋唐以降，長江下游地區的飲食日趨「精細」，對器具，食物名稱等益發講究，進而形成一代食風。宋人陶穀在其主要輯錄隋唐五代之事的《清異錄》中云：「金陵士大夫淵藪，家家事鼎鐺，有七妙：虀可照面（虀即切碎的醃菜或醬菜，此謂虀面細膩、光滑、透亮，幾可當鏡），餛飩湯可注硯（此謂湯清），餅可映字（此謂餅

1　姚偉鈞：《漢唐時期胡漢民族飲食文化交流》，《光明日報》，2004年11月2日B3版。

薄），飯可打擦擦台（此謂飯粒熟糯，可以捏成小寶塔），濕麵可穿結帶（此謂麵條筋道不爛），餅可作勸盞（此謂餅皮筋道有韌性），寒具嚼著驚動十里人（寒具即饊子，此謂饊子的質地酥脆）」。「建康七妙」集中顯示的是南北朝以來金陵士大夫之家米麵之食製作的技藝，麵食本非南方所長，即便以今日之眼光來看「建康七妙」的技術水準亦非同一般，金陵士大夫之家對飲食的用心可謂良苦。這種用心實際上是他們在特定的社會背景下人生哲學的一種表現，是孔夫子「食不厭精」飲食精神的延續。另一方面也反映出南北飲食文化的交流。隋唐五代時期，南方人多食稻米，北方人多食菽麥，但北方亦以稻為美，南方亦未嘗不以麵食為奇，「建康七妙」應是例證。

同書還記載了另一道南方名菜「玲瓏牡丹鮓」，其文云：「吳越有一種玲瓏牡丹鮓，以魚葉鬥成牡丹狀，既熟出盎中，微紅如初開牡丹狀。」玲瓏牡丹鮓則表現出魚菜製作的水平和菜餚名稱的美化。就製作而言，其外觀與淮揚菜中的傳統名菜「牡丹鱖魚」很有幾分相似，但做法不一，鮓，即現在醃魚、糟魚一類的魚製品，《齊民要術》中專有「作魚鮓法」，是古代常見食物，亦是常見的禮品或貢品。醃製類的食品一般不太注重其整體造型，僅以色、味為主，而玲瓏牡丹鮓不單色澤「微紅」，形更「如牡丹初開狀」，色澤微紅還說明醃製正到好處，稱得上是色、味、形俱佳。這是把高檔菜餚色、香、味、形俱佳的審美標準用到了鮓的製作之中，而且用「玲瓏牡丹」冠以鮓名，表現出當時的一種飲食風尚——講究「美名」。從中頗能看出五代時期長江下游地區上流社會的飲食傾向——精食、美名、美器，這些在陶穀的《清異錄》中都有相關記載。用今天的話來說，此時的飲食風尚很有幾分文人氣息。當我們把這種風尚與南北朝以來長江下游地區政治、經濟、文化的發展聯繫起來，與吳、南唐、吳越政權對照起來一看，就會發現這種傾向的產生是自然的事情。所謂「文人氣息」，就是孔子「食不厭精，膾不厭細」飲食思想的人文體現。所不同的是孔子講的是祭祀飲食，而長江下游地區追求的是現實生活。

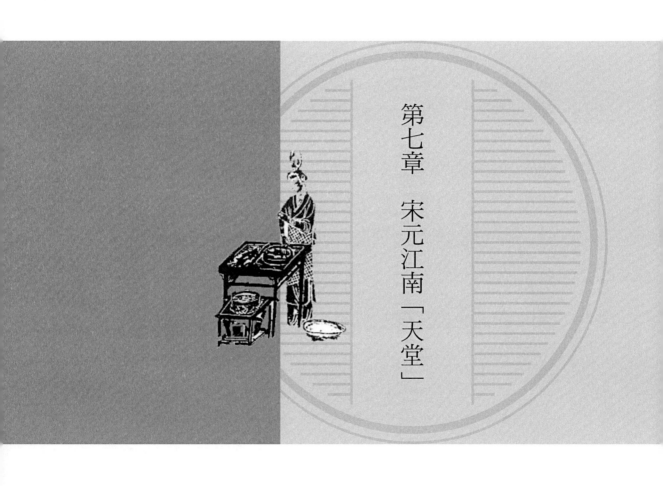

第七章　宋元江南「天堂」

宋元時期，長江下游地區的社會經濟得到很大發展，也是飲食文化發展史上的重要時期。飲食原料的來源不斷增多，飲食經濟發展迅速，酒樓、茶坊、食店遍佈城鎮，尤其是偏安一隅的南宋王朝，其飲食文化發展出現了前所未有的繁榮景象。西元一二七六年，元滅南宋，元朝統治下的長江下游地區飲食文化持續發展，其中以清真飲食文化的發展最為顯著。

有宋一代，市民階層產生，世俗文化大發展，為飲食文化的繁榮提供了廣闊的空間和肥沃的土壤。民族融合促進了飲食文化的大交流。長江下游地區飲食文化的發展素來離不開文人雅士的參與。從文化角度講，宋承唐韻，宋代的文學藝術已達到了一個新的高度，「唐宋八大家」（韓愈、柳宗元、歐陽修、蘇洵、蘇軾、蘇轍、曾鞏、王安石）中有六人生活在北宋時期，這一時期的散文起了「文起八代之衰」的促進作用，在唐詩基礎上又形成了韻文新體宋詞，這些都是前所未有的。在藝術方面，宋朝的歌舞、繪畫、書法等也達到了新的高度。這些條件為這一時期飲食文化的發展提供了豐富的文化資源。

第一節　北宋時期的飲食文化觀念及飲食經濟

一、士大夫的「黃金時代」

有人說：宋代是中國士大夫的黃金時代，既有強調正統、要求約束自己的程朱「理學」，又有歐陽修、蘇軾、蘇轍、陸游、梅堯臣、黃庭堅、范成大、楊萬里等具有浪漫色彩崇尚自由的著名文人。特別是後一類文人，他們生活得更加豪放灑脫，他們直言不諱的崇尚「美食」。與唐代以前文人不同的是，唐代以前的文人講究吃，但「君子遠庖廚」；而宋代文人（蘇軾是典型代表）則是「近庖廚」，參與製作並樂在其中，蘇東坡的《食豬肉詩》就是這種觀點的代表作，以致今天四川（他的故鄉）、湖北（黃州）和浙江（他做過杭州刺史）都在爭「東坡肉」的首創權。蘇軾

在杭州、揚州、湖州等地做地方官，他關心民間疾苦，在各地為任期間做過不少好事，對於飲食活動尤為關心。

二、宋代文人進步的飲食文化觀

宋朝大批手工業者、商人及小業主的產生，共同構成了社會的市民階級，平民的工商業發展促進了經濟的大發展，帶動世俗文化的交流與傳播，提升了宋朝市民整體的精神文化生活。其中飲食文化的發展最為突出，使飲食文化的層次得以不斷提升。這種文化，既追求享受，優化生活，又追求養生，追求創造。著名文人作為時代文化的代表，對當時社會文化的發展具有十分重要的推動作用，例如蘇軾一生就寫了許多有關養生的文章，他的這些飲食文化思想和飲食活動同樣影響了他的門生，著名者如黃庭堅。

黃庭堅，字魯直，北宋分寧（今江西修水）人，著名文學家、書法家，開創江西詩派，與張耒、晁補之、秦觀同在東坡門下，世稱「蘇門四學士」，亦有「蘇黃」之稱。黃庭堅所著《士大夫食時五觀》是專述飲食文化思想之作，集中反映了士大夫階層對飲食問題的基本看法。黃庭堅是「吳頭楚尾」的江西人，處於長江下游和中游的連接處，加之他又常在長江下游活動，所以我們在這裡討論他的食事著述。

黃庭堅把飲食觀念分為五種，統稱「五觀」，很像佛教的「五行」，所以他說是「約釋氏法」。「五觀」原文如下：

「古者君子有飲食之教，在《鄉黨》《曲禮》，而士大夫臨尊俎則忘之矣。故約釋氏法，作君子食時五觀云：

一、計功多少，量彼來處：此食墾殖、收穫、舂磑（wèi）、淘汰、炊煮乃成，用功甚多。何況屠割生靈，為己滋味，一人之食，十人作勞。家居則食父祖心力所營，雖是己財，亦承餘慶；仕宦則食民之膏血，大不可言（吃飯的時候要想到食物來之不易，從種到收直到上餐桌，要經過不知多少人的辛勞。無論是居家還是為官，或者享受祖上的餘慶，或者是得於民脂民膏，都是大不可言）。

二、忖己德行，全缺應供：始於事親，中於事君，終於立身。全此三者，則應受此供，缺則當知愧恥，不敢盡味（吃飯時要思忖自己的德行是否完備，有沒有資格享受此美味。如果有所欠缺當知愧疚羞恥，不好意思盡享美味）。

三、防心離過，貪等為宗：治心養性，先防三過。美食則貪；惡食則嗔；終日食而不知之所以來則痴。君子食無求飽，離此過也（講的是飲食的本性）。

四、正事良藥，為療形苦：五穀五蔬以養人，魚肉以養老。形苦者，飢渴為主病，四百四病為客病，故須食為醫藥，以自扶持。是故，知足者舉箸常如服藥（講的是藥食同源）。

五、為成道業，故受此食：君子無終食之間違仁。先結款狀，然後受食。『彼君子兮，不素餐兮』此之謂也」（講的是飲食道德）。

黃庭堅的此番論述雖明指士大夫，實際上也是對當時社會現實的一種反映。其「五觀」所云，是以人的德行操守為出發點，要求士大夫量德而食，量力而食，量禮而食，以顯士大夫的君子之風。黃庭堅所言反映出他對南北朝以來的奢華放縱生活的不滿，同時也提出了具有進步意義的飲食觀，是這一時期崇尚簡樸飲食文化觀念的反映，這對以後的飲食文化思想的發展具有積極的影響。

北宋神宗元豐（西元1078-1085年）年間，泰州興化令陳直著有《養老奉親書》一卷。元成宗大德（西元1297-1307年）年間，鄒鉉（hóng）又續寫三卷合為一編，名《壽親養老新書》。該書以老年人的飲食為題，論及食養、食治和飲食宜忌。《四庫全書總目提要》云：「直書自飲食調治，至簡妙老人備急方，分為十五篇，二百三十三條，節宣之法甚備。明高濂作《遵生八箋》，其『四時調攝箋』所錄諸藥品，大抵本於是書。鉉所續者，前一卷為古今嘉言善行七十二事，後兩卷則凡寢興、器服、饘（zhān）粥、飲膳、藥石之宜，更為賅（gāi）具，而附以婦人小兒食治諸方，凡二百五十六條。然徵引方藥，類多奇秘，於高年頤養之法，不無小補，固為人子所宜究心也。」飲食養生是中國傳統飲食思想的重要內容，尊老則是中國傳統倫理思想精髓之一，《壽親養老新書》將二者融為一體，用倫理思想引導飲食文化思想，對中國傳統的倫理觀念加以具體化和行為化，給傳統飲食文化思想的發

展注入了新的內容。而該書的平民化色彩，和以飲食為教的社會功用對以後的飲食文化思想發展也許更為重要。

三、沈括的《夢溪筆談》

討論北宋任何一門文化史，都不可忽視沈括的《夢溪筆談》。沈括（西元1031-1095年），字存中，錢塘（今浙江杭州）人，幼年隨其父沈周四處赴任，北宋嘉祐八年（西元1063年）進士及第後，相繼在地方和中央朝廷任職，曾參與王安石的變法活動，因此他一生到過很多地方，做過幾種不同部門的主管官員，見多識廣，後來在與西夏的戰爭中失利而獲罪，晚年在潤州（今江蘇鎮江）定居，將自己的居住地取名夢溪，並將自己的所見所聞和親歷的事件和名物寫成《夢溪筆談》。該書在20世紀被列為我國古代八大科學名著之一（另外七種是《齊民要術》《營造式法》《東魯王氏農書》《本草綱目》《天工開物》《水經注》和《徐霞客遊記》），其內容涉及廣泛，就飲食文化而言，有關上層社會的飲食禮儀、保健食品、茶事酒事以及多種飲食名物考辨等均有記載。該書文風豐實，從不渲染誇張，論述之事數據翔實。該書卷十二「官政二」云：「發運司歲供京師米，以六百萬石（讀dàn，作容量單位通常指10斗為1石；作重量單位通常指120市斤為1石）為額：淮南一百三十萬石，江南東路九十九萬一千一百萬石，江南西路一百二十萬八千九百石，荊湖南路六十五萬石，荊湖北路三十五萬石，兩浙路一百五十萬石。通余羨歲入六百二十萬石。」由此可見，當時汴京的糧食供應幾乎都來自南方，其中淮南路、江南西路、江南東路和兩浙路，相當於今天湖北東部、江西、福建、浙江、江蘇、安徽以及河南東南部，每年供米總數達508萬石，占總數620石的80%，其中屬於今天江浙皖三省的當不少於50%，長江下游的經濟地位由此可見一斑。該書卷二十四「雜誌一」：「如今之北方人喜用麻油煎物，不問何物，皆用油煎。」這對於認識中國烹調用油的歷史演變至關重要。該書卷十一「官政一」記北宋皇祐二年（西元1050年），吳中大饑荒，范仲淹以工代賑，穩定社會，取得了很好的效果。

四、酒茶鹽鐵經濟

在中國封建社會，鹽鐵酒茶，歷來是國家財政收入的大宗，北宋也是如此。

北宋政府，也實行酒類專賣制度，《文獻通考》卷十七《征榷考四・榷酤》云：「先是募民掌茶鹽榷酤，民多增常數求掌以規利。歲或荒儉，商旅不行，致虧常課，多藉沒家財以償，甚乖仁恕之道。今後宜並以開寶八年額為定，不得復增。」這是說製售酒類都實行包稅制，稅值多少以競爭投標的方法解決，如經營不善，便會受到嚴重處罰。到了北宋末年，杭州地方官又實行了「比較」之法，鼓勵酒務官員互相攀比酒稅徵收實績，多征予以獎勵，結果造成大提酒價、抑制配額、薄酒貴賣等種種不法行徑，擾民害民。酒類專賣制度嚴禁私釀私賣，但某些地方政府和達官貴人仍然自釀美酒。到了南宋時期，酒課甚於北宋，宋高宗紹興（西元1131-1162年）末年，東南及四川的酒課達1400餘萬貫，僅次於鹽課的2100餘萬貫，約為朝廷收入的1/4。

茶，也是宋代財政的主要來源之一，因此茶葉專賣的法規已達到嚴酷的程度，尤其私販茶葉出口更是要處以重刑。《夢溪筆談》卷十三「權智」說，沈括有一位名叫任術的朋友，任延州（今延安）臨真縣尉，一次全家出行，他的僕人挾帶了幾斤浙江產的茶葉，因為驚馬，茶滑出掉在地上，他假裝受驚，將馬鞭指向城門上的鴟尾，街上的人都順著馬鞭的方向觀望城門，而他自己卻將茶葉踩碎混入泥土，逃脫了因私帶茶葉而可能受罰的厄運。該書卷十二還詳細介紹了茶法、茶稅和各地茶情，是研究北宋茶政的可靠史料。例如嘉祐二年賣茶得錢160431貫有餘，除去成本及雜費，得純利106957貫有餘，真是暴利。當時每年的茶產量為10533747.5斤，粗略折算，也有5000多噸，而茶葉產地都在南方。《夢溪筆談》卷十一「官政一」中還記載了北宋時期海鹽、池鹽、井鹽和崖鹽的產銷情況，每年全國鹽稅總數達2000多萬貫（貫：古代貨幣單位，1000個有孔銅錢為1貫）。另外還記錄了中國歷史上最早的鹽鈔制度。

在宋代，醋也是專賣品，不是普通老百姓輕易能夠吃到的。

官府對上述飲食品種的控制，反映出「食經濟」的大發展，使官府獲得了可觀的利潤。

第二節　偏安的南宋「天堂」

一、南宋偏安一隅，飲食文化繁榮

南宋著名詩人范成大在《吳郡志・雜誌》卷五十中說過：「上有天堂，下有蘇杭。」後來變成了婦孺皆知的民間諺語。然而這個「天堂」卻是在哀鴻遍野的亡國景象中誕生的。自從宋高宗趙構在臨安稱帝以後，把北宋時東京（今開封，南宋稱汴京）的繁華移入臨安（今杭州），從此不再想收復失地，皇帝和官吏都過著醉生夢死的奢華生活。其時有一位並不著名的文士名叫林升，寫了一首《題臨安邸》的七絕：

> 山外青山樓外樓，西湖歌舞幾時休。
> 暖風熏得遊人醉，直把杭州作汴州。

這首詩對當時的時勢作了辛辣的諷刺。詩人抒發的強烈的愛國主義情懷，在歷史上被人們一再吟誦。西元一八四八年太平天國失敗後，紹興人洪瑞堂在西湖的西泠橋旁建了一片以烹調魚蝦為特色的飯店，取店名為「樓外樓」，使林升的這首詩流傳得更加廣遠了，不過此時已經沒有了諷刺的含意，卻變成了杭州繁華的象徵。

南宋移都於地處長江下游地區的臨安，促進北人又一次大規模南遷，造成該地區人數的劇增和人口結構的變化，給該地區的飲食業及飲食文化帶來巨大的發展。北方東京人開設的食店在臨安備受歡迎，東京較深厚的飲食美學及高超的烹飪技術在臨安落地生根，帶來的皇室貴族、京師宮廷飲食風格契合了「吳越俗尚華靡」的風尚。在以東京為代表的北方飲食文化與以臨安為代表的南方飲食文化的交流融合

中，造就了南宋以臨安為代表的長江下游地區飲食文化的繁榮。

二、豐富的飲食文化著述

有關南宋都城臨安繁華景象的記述文字非常豐富，僅由當時文人寫作的專門著作就有耐得翁的《都城紀勝》、署名西湖老人的《西湖老人繁勝錄》、吳自牧的《夢粱錄》和周密的《武林舊事》。分述而言：

《都城紀勝》記述了酒肆、食店、茶坊和專辦筵席服務的「四司六局」，在「食店」部分已經有南食、北食和「川飯分茶」的區別，照顧到人們不同的風味要求。

《西湖老人繁勝錄》中則記述了當時臨安流行的節日和食品。

《夢粱錄》又以相當的篇幅記述了臨安的歲時風俗和皇家禮儀活動，並介紹了許多歲時食品名稱；在「夜市」部分列舉了許多小吃名稱；在「茶肆、酒肆、分茶酒店、麵食店、葷素從食店」部分共列出了數百種食物名稱，並且列有「月餅」，這是「月餅」首見於文獻；「米鋪」部分說「杭州人煙稠密，城內外不下數十萬戶，百十萬口」，「細民所食，每日城內外不下一二千餘石」，市售稻米品種就有17種之多；「肉鋪」部分不僅羅列了各類肉食的品種，而且詳細說明了它們的可食部位，說明了當時的肉品分檔已相當詳細；「鮝（xiǎng）鋪」部分記述了各種水產的品種；「物產」部分介紹了各種食物原料的名稱。

▲圖7-1　宋代廚娘磚雕拓圖，傳河南偃師酒流溝出土

《武林舊事》主要記述南宋皇家的各種活動，書中有大量的原始素材可供研究，也列有大量的食品名稱（其中也有月餅）。

三、一份珍貴的飲食文獻史料

在《武林舊事》中，有一份珍貴的飲食史料，那就是南宋紹興廿一年（1151年）十月，宋高宗幸清河郡王張俊府第時的一張筵席食單。

《武林舊事・高宗幸張府節次略》記載了張府置辦的「御宴」食單和進奉之物。如果我們前面所說街市飲食，表現的是社會大眾飲食生活的方方面面，那麼，此張食單所反映的則是南宋帝王名宦之家的飲食風貌。我們先來看一看食單的內容：

繡花高飣一行八果壘：香圓、真柑、石榴、橙（chéng）子、鵝梨、乳梨、榠（míng）楂、花木瓜。

樂仙乾果子叉袋兒一行：荔枝、圓眼、香蓮、榧子、榛子、松子、銀杏、梨肉、棗圈、蓮子肉、林檎（qín）旋、大蒸棗。

縷金香藥一行：腦子花兒、甘草花兒、硃砂圓子、木香、丁香、水龍腦、史君子、縮砂花兒、官桂花兒、白朮、人參、橄欖花兒。

雕花蜜煎一行：雕花梅球兒、紅消花、雕花筍、蜜冬瓜魚兒、雕花紅團花、木瓜大段兒、雕花金桔、青梅荷葉兒、雕花薑、蜜筍花兒、雕花橙子、木瓜方花兒。

砌香鹹酸一行：香藥木瓜、椒梅、香藥藤花、砌香櫻桃、紫蘇奈（nài）香、砌香萱花柳兒、砌香葡萄、甘草花兒、薑絲梅、梅肉餅兒、水紅薑、雜絲梅餅兒。

脯臘一行：肉線條子、皂角鋌（tǐng）子、雲夢犯（bā）兒、蝦臘、肉臘、奶房、旋鮓、金山鹹豉、酒醋肉、肉瓜虀。

垂手八盤子：揀蜂兒、番葡萄、香蓮事件、巴欖子、大金桔、新椰子象牙板、小橄欖、榆柑子。

切時果一行：春藕、鵝梨餅子、甘蔗、乳梨月兒、紅柿子、切橙子、切綠橘、生藕鋌子。

時新果子一行：金桔、蒇（zhēn）楊梅、新羅葛、切蜜蕈、切脆根、榆柑子、新椰子、切宜母子。藕鋌兒、甘蔗奈香、新柑子、梨五花子。

雕花蜜煎一行：（同前）

砌香鹹酸一行：（同前）

瓏纏果子一行：荔枝甘露餅、荔枝蓼花、荔枝好郎君、瓏纏桃條、酥胡桃、纏棗圈、纏梨肉、香蓮事件、香藥葡萄、纏松子、糖霜玉蜂兒、白纏桃條。

脯臘一行：（同前）

下酒十五盞：花炊鵪子、荔枝白腰子；妳房簽、三脆羹；羊舌簽、萌芽肚胘（xián）；肫掌簽、鵪子羹、肚胘膾、鴛鴦炸肚、沙魚膾、炒沙魚襯湯；鱔魚炒鱟（hòu）、鵝肫掌湯齏、螃蟹釀棖、妳房玉蕊羹；鮮蝦蹄子膾、南炒鱔；洗手蟹、鯽魚假蛤蜊；五珍膾、螃蟹清羹；鵪子水晶膾、豬肚假江鰩；蝦棖縷、蝦魚湯齏（jī）；水母膾、二色繭兒羹；蛤蜊生、血粉羹。

插食：炒白腰子、炙肚胘、炙鵪子脯、潤雞、潤兔、炙炊餅、炙炊餅臠骨。

勸酒果子庫十番：砌香果子、雕花蜜煎、時新果子、獨裝巴欖子、鹹酸蜜煎、裝大金桔小橄欖、獨裝新椰子、四時果四色、對裝揀松番葡萄、對裝春藕陳公梨。

廚勸酒十味：江鰩炸肚、江鰩生、蝤蛑（qiúmóu）簽、薑醋生螺、香螺炸肚、薑醋假公權、煨牡蠣、牡蠣炸肚、假公權炸肚、蟑蚷（zhāngjù）炸肚。

準備上細壘四卓

又次細壘二卓（內蜜煎鹹酸時新脯臘等件）

以上是供皇帝吃的食物。

對食十盞二十分：蓮花鴨簽、繭兒羹、三珍膾、南炒鱔、水母膾、鵪子羹、鯗魚膾、三脆羹、洗手蟹、炸肚胘。

對展每分時果子盤兒：知省、御帶、御藥、直殿官、閤司。

晚食五十分各件：二色繭兒、肚子羹、笑靨（yè）兒、小頭羹飯、脯臘雞、脯鴨。

直殿官大碟下酒：鴨簽、水母膾、鮮蹄子羹、糟蟹、野鴨、紅生水晶膾、鯗魚

膾、七寶膾、洗手蟹、五珍膾、蛤蜊羹。

直殿官合子食：脯雞、油飽兒、野鴨、二色薑豉、雜熓、入槌雞、（凍）魚、麻脯雞髒、炙焦、片羊頭、菜羹一葫蘆。

直殿官果子：時果十隔碟。

準備：薛方瓠羹。

以上是內侍吃的。

外官食次按官階分為五等，約160人。

第一等秦檜吃的是：燒羊一口、滴粥、燒餅、食十味、大碗百味羹、糕兒盤勸、簇五十饅頭、燒羊頭、雜簇從食五十事、肚羹、羊舌托胎羹、雙下大膀子、三脆羹、鋪羊粉飯、大簇飣、鮓糕鵪子、蜜煎三十碟、時果一合、酒三十瓶。

其子少保觀文殿大學士秦熺（xī）吃的是：燒羊一口、滴粥、燒餅、食十味、蜜煎一合、時果一合、酒十瓶。

第二等參知政事余若水、簽書樞密巫伋、少師恭國公殿帥楊存中等的食物是：各食十味、蜜煎一合、切榨一合、燒羊一盤、酒六瓶。

第三等侍從七員、管軍二員、知閣六員等的食物是：各食七味、蜜煎一合、時果一合、酒五瓶。

▲圖7-2　《遼婦人飲茶聽曲圖》，河北宣化
韓師訓墓壁畫

第四等環衛官九員等的食物是：各食五味、時果一合、酒二瓶。

第五等的食物是：各食三味、酒一瓶。

此外，聽叫喚中官等五十分：各食五味、斬羊一斤、饅頭五十個、角子一個、鋪薑粉飯、下飯鹹豉、各酒一瓶。

就連「禁衛一行祇應人等」，也需「錢二萬貫文、炊餅二萬個、熟豬肉三千觔、熬爆三十合、酒二千瓶」。

這張食單首先告訴我們的是南宋時期帝王官宦之家生活的奢華、君臣等級觀念的森嚴，即使同為第一等的秦檜父子，其各自的飲食也相差甚遠，君臣之別、父子之別、官階之別在食單上寫得明明白白。一府之中，一次可置辦如此多人的飯食，其廚房的規模可想而知。張府尚且如此，宮中又當如何呢？從這張食單中我們看到了當時飲食文化的發展水平，從飲食文化的角度分析這張食單，有以下幾個方面值得我們注意：

一是，宴席中有用以刺激嗅覺、調節香味的「縷金香藥」。縷金的目的是為了香藥的美觀和氣派，而十種之多的天然之香則可散發出淡淡的香霧。「香藥」，可觀、可嗅，又可刺激食慾，改善周圍的空氣環境，是不可多得的侑食佳品。香藥入肴還可保健祛病。「香藥」是南宋朝廷與阿拉伯市舶貿易的重要物品，南宋政府大量購進，用度極大，在高官張俊家「香藥」應是必備之物。

二是，蜜煎時果頗多。在供高宗所吃的近200件食物中，乾鮮蔬果有120件，外官的食物中也有「蜜煎」「時果」，這固然和南方的物產特點有關，但應該也是當時飲食習慣的一種表現。

三是，葷食中水產品居多，肉類較少。高宗所食的葷食計有：「下酒勸盞」的30件，「插食」7件（6葷），「廚勸酒十味」10件。其中明確以水產品作原料的有20件，所占比例最大，這表明南方飲食在當時占有重要的位置。

四是，米、麵食較少，僅有兩件麵食：「炙炊餅」和「炙炊餅糰骨」。高宗的食單中幾乎沒有「主食」，但內侍、第一等外官等人卻有「小頭羹飯、滴粥、燒餅、饅頭、鋪羊粉飯、鋪薑粉飯」等主食。而二至五等的外官又沒有主食供應。

五是，菜單所反映出的菜式組合和上食的次序頗為和諧合理。

六是，高宗、張俊生於北方，長於北方，而高宗食單體現的則是南國飲食的特色，倒是秦檜所吃的東西分明是一種北國風味。從中不難看出長江下游地區自南北朝以來的精美細緻的飲食風格對當時社會的影響及其所處的地位。

第三節　元代長江下游地區的飲食文化特點和城市風貌

西元一二七一年，忽必烈統率的蒙古鐵騎結束了五代以來長期分裂割據的局面，建立了第一個由少數民族統治的統一封建王朝——元朝。元朝統治者將人民分為蒙古人、色目人、漢人和南人四等，這裡的「色目人」指來自中亞和西域的移民及其後裔，「漢人」指淮河以北原金朝境內的漢族、契丹、女真等民族，「南人」則指南宋滅國後新歸附的江南人民。法律規定高級官吏必須由蒙古人擔任，色目人

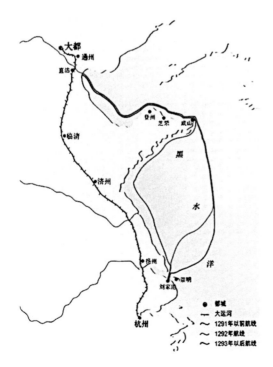

◄圖7-3　元代大運河和海運路線圖

可以擔任中級官吏，漢人可以充當低級官吏，而南人的地位最低，只能受奴役和驅使。然而，江南卻是朝廷的經濟命脈所在，國用之需大多來自江南。據《元史・食貨志》載，元朝在長江下游設立江浙行省，轄今蘇皖南部、浙江、福建和贛東北地區，每年要向京師（今北京）輸送300餘萬石糧食，每年僅酒稅就達到196654錠（指當作貨幣計量的鑄成特殊形狀的金塊或銀塊，每塊相當現制五兩或十兩，這裡應是銀錠）有餘，而位居第二位的河南行省（轄今蘇北，皖北、鄂北和豫南），僅75077錠有餘。其他如醋稅、商稅，江浙行省也都居全國之首。為了運輸方便，忽必烈修通了京杭大運河。

元時的長江下游地區，杭州、建康（今南京）、揚州、蘇州，仍然是重要的商業城市，杭州、澉浦（gǎnpǔ，今浙江海鹽南）、溫州、慶元（今寧波）和上海都是重要的通商口岸。朝廷為了加強對南人的控制，將大批蒙古人和色目人分散到了各地，伊斯蘭教也因此在中國各地傳播，清真飲食傳入江南。

一、清真飲食文化的影響

元代，伊斯蘭教在中國有了很大發展，當時有大批波斯人和阿拉伯人遷居中國，元稱其為色目人，又叫「回回」，其地位僅次於蒙古人，享有種種特權。在馬可・波羅之後，有一位叫伊本・白圖泰的非洲摩洛哥人來中國遊歷，他於一三四二年經由海上到達中國，經過廣州、泉州等地北上，一路遊歷，還見到元順帝。在其所著的《伊本・白圖泰遊記》中，記錄了他看到的情形：中國各城市中都有伊斯蘭教徒居住區，築有清真寺，作為禮拜之所。當時的穆斯林商人在中國經商，可以隨意到定居的穆斯林商人家中或旅店住宿，並會得到極為殷勤周到的招待。

元代中國的穆斯林主要聚居於東南沿海城市，又以廣州、泉州、杭州、揚州、寧波最為集中，周密在《癸辛雜識續集》中說：「今回回皆以中原為家，江南尤多。」這與他們善於經商的天性不無關係，因為元代重要的商業都市基本上全在東南沿海一帶。明代田汝成在《西湖遊覽志》中有這樣的敘述「元時內附者，又往

往編管江、浙、閩、廣之間，而杭州尤夥，號色目種」，他們「隆準深眸，不啖豬肉」，「誦經持齋，歸於清淨」。當然其中也不乏朝廷派出的大小官員，忽必烈在統一中國的過程中，有許多波斯人、阿拉伯人、中亞人在其軍中。作為開國功臣，他們的地位僅次於蒙古人，很受朝廷的信任和重用，元代各級行政機構中幾乎都有穆斯林位置。一九二七年在揚州發現了四通元代穆斯林墓碑，其一上書「徽州路達魯花赤捏古伯通議之墓」。元制，達魯花赤（蒙古語，鎮守者的音譯）是地方官員中官階最高的一級，路一級的達魯花赤為「正三品」，通常由蒙古人擔任。

由於大量穆斯林的聚居，其生活方式、習俗必然與當地原有的生活方式和習俗產生相互的影響。在飲食方面，穆斯林嚴格的飲食戒律和「清淨」的飲食風格，與長江下游地區清淡精緻的「文人風範」是很容易溝通的，而長江下游地區的水產、禽類亦很符合穆斯林的飲食需要。湖羊是宋元間江南培育出的綿羊新品種，原是蒙古羊的一種，隨北人南下而至太湖地區。湖羊有耐溫熱、易舍養、肉美、皮優的特點，適宜於江南地區飼養。這一現象應該與宋元時期長江下游地區大量穆斯林存在所產生的飲食需求有關係。元代穆斯林比之唐宋時期一般具有政治上、數量上的優勢，他們的影響也應較唐宋更普遍和更深入，但就穆斯林飲食風俗對長江下游地區的影響而言，這應該是一個較長的過程，因為，不同風俗習慣之間的相互影響不是一朝一夕所能完成的。另外，元代所刊類似家庭百科的《居家必用事類全集》中有專節敘述「回回食品」，計有12種，由此亦可見當時「回回」食風在中國的影響。

二、馬可‧波羅眼中的長江下游地區

馬可‧波羅於西元一二五四年生於威尼斯的一個商人世家，西元一二七一年隨父親和叔父離開威尼斯開始了他的中國之旅，並於西元一二七五年到達上都（今內蒙古自治區錫林郭勒盟正藍旗）。在其後的十幾年間，深得元世祖信任的馬可‧波羅其足跡遍及山西、陝西、四川、雲南、山東、江蘇、浙江、福建等地，還受命出使過緬甸、越南、菲律賓、爪哇、蘇門答臘等地。馬可‧波羅在西元一二九一年踏

上了回鄉的路程，於西元一二九五年回到了闊別26年的故鄉。西元一二九八年由馬可‧波羅口述，魯思蒂謙筆錄的《馬可‧波羅遊記》問世。由於筆錄者魯思蒂謙卓越的法語才華和濃厚的騎士文學筆調，有很長時間人們一直以為《遊記》是虛構的文學作品，國外甚至有人認為馬可‧波羅根本就沒有到過中國，但經過中外專家多年的考證和研究，《遊記》的絕大部分內容與當時的實際情況是吻合的，《遊記》的真實性亦得到了確認。

《馬可‧波羅遊記》是元代外國人看中國的歷史記錄，其所見所聞是我們研究當時社會生活不可多得的重要參考資料，其中第65章至第79章主要記錄的是今天江浙一帶的情況。

《馬可‧波羅遊記》記述了淮安、高郵、揚州、鎮江、常州、蘇州、湖州和杭州的地理位置、風土人情、物產和飲食風貌。這些記述可以和元代俞希魯撰《至順鎮江志》、宋代吳自牧《夢粱錄》和元代潛說友《咸淳臨安志》等古籍的描寫互相印證。下面是他對杭州西湖的描寫：

「西湖的周圍，有許多美麗寬敞的大廈，建築在湖濱上。這些都是高官貴人的公寓。還有不少廟宇寺院，許多僧侶尼姑住在裡面朝夕禮佛。靠近湖心的地方有兩個小島，每一個島上都有一座壯麗的建築物，裡面分隔著許多精室巧舍。島上，亭台水榭各自成趣，其數量之多也簡直令人無法想像。本市的居民每逢男婚女嫁或舉辦豪華飲宴的時候，就來到這個島上。這裡他們需要的物件，如器皿、桌布、檯布等一應齊備。這些家具用品，甚至亭台樓閣，都是市民集資建設起來的。有時開辦婚喪喜慶的筵席，同一時間內多達一百多起。可是整個的佈置和安排井然有序，有條不紊。各家都能安排到一定的房間或亭子，不會彼此相混，互相干擾。」（76章）

「除此之外，在湖上還有許多遊艇畫舫，長十五至二十步。可乘坐十人、十五人或二十人。……畫舫上桌椅板凳，宴客的設備，無不佈置得整齊清潔。……這地方的居民頗有閒情逸致。在他們一天工作之餘，或是一次商業交易了結之後，除了希望帶上自己的妻子或情人，租一條畫舫或是雇一輛街車，藉以消磨閒暇的時光從中取樂之外，還能有什麼東西能吸引他們呢？……」（76章）這表明長江下游地區

頗有特色的「遊船宴」在元代已很流行。

第四節　宋元文人詩詞中的飲食文化

中國飲食文化歷來離不開文人的參與，漢唐以後這種勢頭日盛，吟誦飲食的漢賦唐詩，名篇輩出。逮至宋元，此風不衰，宋詞元曲，同樣如此。這些文學作品，或讚美飲食名物，或闡發食道食德，或褒揚飲食人物，或描繪飲食習俗……真是不可勝數。

有宋一代，詩文大家輩出，其中對飲食文化特別關注者，當推蘇軾、陸游和歐陽修等大家，這些文人大多浪跡官場，所以他們飲食詩文的寫作背景和環境也很多樣，例如歐陽修和蘇軾都曾寫過有關江浙生活風貌的詩文，儘管他們並不是從小生活在這一帶的人。歐陽修描寫江南美食的詩文中，會用比較手法，例如他的《送慧勤歸餘杭》詩：

> 越俗僭宮室，傾資事雕牆；佛屋尤其侈，耽耽擬侯王。
> 文彩瑩丹漆，四壁金焜煌；上懸百寶蓋，宴坐以方床。
> 胡為棄不居，棲身客京坊；辛勤營一室，有類燕巢梁。
> 南方精飲食，菌筍鄙羔羊；飯以玉粒粳，調以甘露漿。
> 一饌費千金，百品羅成行；晨興未飯僧，日昃不敢嘗。
> 乃茲隨北客，枯粟充飢腸。東南地秀絕，山水澄清光；
> 餘杭幾萬家，日夕焚清香。煙霏四面起，雲霧雜芬芳；
> 豈如車馬塵，鬢髮染成霜。……

這是把越州和汴京進行比較，杭州奢侈之風甚過開封，超過宮室，佛寺尤其奢侈，菌筍蔬食烹製得勝過羔羊。再如他的《初食車螯》詩：

> 纍纍盤中蛤，來自海之涯。坐客初未識，食之先嘆嗟。
> 五代昔乖隔，九州如剖瓜。東南限淮海，邈不通夷華。

於時北州人，飲食陋莫加。雞豚為異味，貴賤無等差。

自從聖人出，天下為一家。南產錯交廣，西珍富邛巴。

水載每連舳，陸輸動盈車。溪潛細毛髮，海怪雄須牙。

豈惟貴公侯，閭巷飽魚蝦。此蛤今始至，其來何晚邪！

螯蛾聞二名，久見南人誇。璀璨殼如玉，斑斕點生花。

含漿不肯吐，得水遽已呀。共食惟恐後，爭先屢成嘩。

但喜美無厭，豈思來甚遐。多慚海上翁，辛苦斫泥沙。

此詩感嘆國家統一給人民生活帶來的變化，比較南北食風的差異，感嘆像車螯（一種形體不甚大的海貝，俗稱「天下第一鮮」）這樣的美味，不嘗真可惜。但陸游是個體察民間疾苦的詩人，他馬上想到在海邊泥沙中辛苦拾貝的老翁。

蘇軾的飲食詩文則更多，這裡僅舉一例，《和蔣夔寄茶》詩：

我生百事常隨緣，四方水陸無不便。

扁舟渡江適吳越，三年飲食窮芳鮮。

金虀玉膾飯炊雪，海螯江柱初脫泉。

臨風飽食甘寢罷，一甌花乳浮輕圓。

自從舍舟入東武，沃野便到桑麻川。

剪毛胡羊大如馬，誰記鹿角腥盤筵。

廚中蒸粟埋飯甕，大勺更取酸生涎。

柘羅銅碾棄不用，脂麻白土須盆研。

故人猶作舊眼看，謂我好尚如當年。

沙溪北苑強分別，水腳一線誰爭先。

清詩兩幅寄千里，紫金百餅費萬錢。

吟哦烹噍兩奇絕，只恐偷乞煩封纏。

老妻稚子不知愛，一半已入薑鹽煎。

人生所遇無不可，南北嗜好知誰賢。

死生禍福久不擇，更論甘苦爭媸妍。

知君窮旅不自釋，因詩寄謝聊相鐫。

　　蘇東坡用江南和魯地的飲食差異，大發其人生感慨，對江南飲食的喜愛溢於言表。他的豪放詩風，不僅見於「我生百事常隨緣」，而「老妻稚子不知愛，一半已入薑鹽煎」兩句，更加富有情趣。由於妻兒不懂得江浙人崇尚清新淡雅的品茶風格，反而在茶中加入鹽和薑烹煮，結果成了山東人喜愛的濃厚的茶湯。蘇軾把飲茶這種生活小事刻意渲染，生動地表達了不同地域的飲食風尚。

　　如果說蘇軾之於江南飲食是一種外鄉人的情懷，那麼，陸游對飲食的關心完全是一種故鄉的情結。陸放翁在其《戲詠鄉里食物示鄰曲》中說：

山陰古稱小蓬萊，青山萬疊環樓台。

不惟人物富名勝，所至地產皆奇瓌。

茗葉落磑壓北苑，藥苗入饌逾天台。

明珠百舸載芡實，火齊千擔裝楊梅。

湘湖蓴長涎正滑，秦望蕨生拳未開。

箭萌蟄藏待時雨，桑葚菌蠢驚春雷。

棕花蒸煮蘸醝醬，薑苗披剝醃糟醋。

細研罌粟具湯液，濕裹山蕷供炮煨。

老饞自覺筆力短，得一忘十真堪咍（hāi）。

從今置之勿復道，一瓢陋巷師顏回。

　　作者在詩中把家鄉特產一一道來，如數家珍。他不僅熟悉烹飪原料，廚藝的修養亦非尋常。一日治廚以後，他詩興大發，寫下一首《飯罷戲示鄰曲》，道：

今日山翁自治廚，嘉肴不似出貧居。

白鵝炙美加椒後，錦雉羹香下豉初。

箭茁脆甘欺雪菌，蕨芽珍嫩壓春蔬。

平生責望天公淺，捫腹便便已有餘。

　　蘇東坡與陸放翁的此種美食境界在唐代文人中是非常罕見的。

　　宋詞中也有許多內容是描寫飲食風貌的，元曲也是如此。例如元代人喬孟符就

曾用元曲描寫當時的揚州：

「（混江龍）江山如舊，竹西歌吹古揚州。

三分明月，十里紅樓。

人倚雕闌品玉簫，手卷珠簾上玉鉤。

淮南風月景，天下最為頭。

罷干戈，無士馬，太平時世省刑法，薄稅斂，民物悠悠。

列一百二十行經商買賣，潤八萬四千門人物風流。

平山堂，觀音閣，閒花野草。九曲池，小金山，白鷺沙鷗。

銀行街，米市街，如龍馬驟。天寧寺，雍熙寺，似蟻人稠。

茶房內，泛松風，香酥風髓。酒樓裡，歌白雪，檀板鶯喉。

接前庭，通後院，馬蹄階砌。近雕闌，穿玉戶，龜背毬樓。

金盤露，銀盤露，釀成佳醞。大官羊，柳羔羊，饌列珍饈。

看官場，愛躃袖，垂肩蹴踘。喜教坊，善清歌，妙舞俳優。

著輕紗，穿異錦，齊臻臻按春秋。奏繁弦，吹急管，鬧吵吵無昏晝。

將數萬兩黃金買笑，費幾千段紅錦纏頭。」

◀圖7-4　《鬥茶圖》，南宋劉松年繪

讀來絲毫不遜於盛唐風采。

宋代文人對於酒茶同樣情有獨鍾，相關詩文也很多。我們在這裡僅錄女詞人李清照的《醉花陰》和梅堯臣的《平山堂留題》兩首，以示一斑。

醉花陰　　　　李清照

薄霧濃雲愁永晝，瑞腦銷金獸。佳節又重陽，玉枕紗廚，半夜涼初透。

東籬把酒黃昏後，有暗香盈袖。莫道不消魂，簾卷西風，人比黃花瘦。

這是寫重陽時節懷舊，抒發女人思夫之情，宣洩用酒打發寂寞的感情。

平山堂留題　　　　梅堯臣

陸羽井苔粘瓦缸，煎鐺瀉頂聲淙淙。雨牙鳥爪不易得，碾雪恨無居士龐。

揚州大明寺平山堂旁有井泉，號天下第五泉，該泉水為烹茶之上品，這首詩描寫了泉水的潔淨和冷冽。

宋元時期，飲酒時的酒令和茶藝中的「鬥茶」，在長江下游地區也是非常流行的，這些都是文人的拿手好戲。文人們借飲食來抒發自己的情感，從而賦予了它們除滿足口腹之慾以外的精神內涵，這些活動積年累月逐漸演變為一種文化流傳下來。研究飲食文化，不可以不讀唐詩宋詞，否則奢談飲食美學，就如同隔靴搔癢一般。可惜限於篇幅，這裡不能更多地摘引了。

第五節　食事文獻

宋元時期，食事文獻不僅多於隋唐，而且內容更具體，除了前已述及的《都城紀勝》等四種外，還有陸游的《老學庵筆記》等，都是綜合性的雜記。專論飲食名物的著作主要有如下幾種（僅列與長江下游地區有關的文獻）：

❶・吳氏《中饋錄》

「中饋」（指家中供膳諸事）之勞通常由婦女承擔。元代有「浙東第一家」之稱

的浦江人鄭文融，有《鄭氏家規》傳世，其對主饋之人有嚴格的要求和規範，「諸婦主饋，十日一輪，年至六十者免之。新娶之婦，與假三月，三月之外，即當主饋。主饋之時，外則告於祠堂，內則會茶以聞於眾。託故不至者，罰其夫。膳堂所有鎖鑰及具器之類，主饋者次第交之。」吳氏《中饋錄》是現今發現最早的由婦女所撰的食譜。作者吳氏，浦江人（今浙江省浦江縣）。從書名看該書應為大戶之家的食錄。

該書分為脯鮓、製蔬、甜食三部分，脯鮓有：蟹生、炙魚、水醃魚、肉鮓、瓜虀、算條巴子、爐焙雞、蒸鰣魚、夏月醃肉法、風魚法、肉生法、魚醬法、糟豬頭蹄爪法、酒醃蝦法、蟶鮓法、醉蟹、煮魚法、煮蟹青色蛤蜊脫丁、曬蝦不變紅色、造肉醬、黃雀鮓、治食有法等；製蔬有：配鹽瓜菽、糖蒸茄、釀瓜、蒜瓜、三煮瓜、蒜苗乾、藏芥、芥辣、醬佛手香橼梨子、糟茄子法、糟蘿方、糟薑方、做蒜苗方、三和菜、暴虀、胡蘿蔔鮓、又方、蒜菜、淡茄乾方、盤醬瓜茄法、乾閉甕菜、撒拌和菜、蒸乾菜、鵪鶉茄、食香瓜茄、糟瓜茄、茭白鮓、糖醋茄、蒜冬瓜、醃鹽韭法、造穀菜法、黃芽菜、倒虀菜、筍鮓、曬淡乾筍、酒豆豉方、水豆豉方、紅鹽豆、蒜梅等；甜食有：炒麵方、麵和油法、雪花方、撒孛你方、酥餅方、油夾兒方、酥兒印方、五香糕方、煮沙團方、粽子法、玉灌肺方、餛飩方、水滑麵方、糖薄脆方、糖榧方等。

該書所列肴品和烹飪方法，顯然都是長江下游地區的風味和做派，而且屬於層次相當高的大戶人家的日常飲食。更為可貴的是，該書反映了婦女對中國飲食文化的貢獻。

❷·《山家清供》

《山家清供》，南宋林洪著，傳為林逋之裔孫。書名之義是山居之家待客的清淡肴饌。但此類山居之人，絕非普通百姓人家，應是志趣高遠的文人士大夫一類。全書共收100多種飲饌，分別敘述其由來、原料、製法，有的條目還有相關的評述。比之前代或有名無法，或述之簡略的食譜，《山家清供》較詳細地記錄了製法，對

中國飲食文化史 長江下游地區卷

技術的傳承具有特別的意義。《山家清供》所記飲饌有：青精飯、玉井飯、凋菰飯、蟠桃飯、金飯、碧澗羹、太守羹、玉糝根羹、錦帶羹、驪塘羹、雪霞羹、金玉羹、石子羹、豆黃羹、玉帶羹、苜蓿盤、考亭蔊（hàn）、冰壺珍、藍田玉、豆粥、梅粥、真君粥、河樞粥、茶蘼粥、槐葉淘、地黃淘、自愛淘、梅花湯餅、真湯餅、玉延索餅、神仙富貴餅、通神餅、松黃餅、椿根餛飩、筍蕨餛飩、百合麵、萊菔麵、蓬燕糕、廣寒糕、大耐糕、括蔞粉、石榴粉、梟紫粉、寒具、元修菜、進賢菜、如薺菜、醒酒菜、牡丹生菜、梅花脯、牛蒡脯、琅玕（lánggān）脯、假煎肉、菊苗煎、櫻桃煎、薝（zhān）蔔煎、忘憂虀、不寒虀、沆瀣漿、香圓杯、紫英菊、蒔蔞菜蒿、玉灌肺、蜜漬梅花、湯綻梅、山家三脆、洞庭饐、麥門冬煎、橙玉生、鵝黃豆生、酥黃、滿山香、酒煮玉蕈、鴨腳炙、鬆玉、雷公栗、東坡豆腐、素蒸雞、黃精果、傍林鮮、煿（bó）金煮玉、土芝丹、柳葉韭、酥瓊葉、勝肉夾、當團參、蟹螯供、撥霞供、山海兜、鴛鴦炙、酒煮藥、蓮房魚包、木魚子、罌乳魚、牛尾狸、山煮羊、蟹釀橙、黃金雞、碧筒酒、胡麻酒、茶供、銀絲供等。

這些飲饌大多具有南方飲食的特徵，其中又以素食居多，葷食僅十來種，結合張俊宴高宗的菜單，我們不難看出宋代長江下游地區文人士大夫階層對素食的青睞。這種素食傾向的產生源於長江下游地區豐富的素食資源，以及烹製素食原料技術的發展，精心烹製的素食具有葷食所沒有的獨特滋味。其歷史背景則是魏晉南北朝以來釋文化和前代士大夫飲食思想的影響，從書中所記一些飲饌的源流可以看出。如其「玉灌肺」條云：「真粉、油餅、芝麻、松子、核桃、蒔蘿六者為末，拌和入甑，蒸熟，切作肺樣塊，用辣汁供，今後苑名曰『御愛玉灌肺』。要之，不過素供耳。然以此見九重崇儉，不嗜殺之意。居山者豈宜後乎？」其「松黃餅」條云：「暇日過大理寺訪秋巖。陳評事留飲，出二童歌淵明《歸去來辭》，以松黃餅供酒，東方平羨有超俗之標。飲此味使人灑然起山林之興，覺駝峰熊掌皆不若矣。春來松花黃和蜜，模作餅狀，不惟香味清，亦有所益也。」書中主要反映出的是宋代士大夫，特別是長江下游地區士大夫的一種生活情趣。《山家清供》在某種意義上是給士大夫開具的一份食單，所體現的是茹素、食養和食中求趣的飲食思想。文人

的浪漫，士大夫的悠閒，佛家的修心，乃至「仙風道骨」都在書中有所表達。從這種生活情趣中我們可以看到中華文化史上所謂「三教合一」的理念在宋代士大夫生活中的體現。

❸·《雲林堂飲食制度集》

倪瓚，初名珽，字元鎮，號雲林、雲林子、幻霞子等，無錫人。元代著名書畫家，與黃公望、吳鎮、王蒙並稱「元四家」。《雲林堂飲食制度集》所收菜點50餘種，以菜點為目逐一述其原料、烹法，精約得當，頗為後人所重。清代袁枚所著《隨園食單》就曾抄錄其「燒鵝」，並改名為「雲林鵝」。該書所收菜點的用料以江湖所產之魚、蝦、螺、蟹和湖泊水蔬居多，集中體現了江南水鄉的飲食特點。其次，所錄菜點大多製作精細，做工考究，十分明顯地表現出長江下游地區的烹飪技術特色，並對後來的技術發展產生積極的影響，有人認為書中的「蜜釀蝤蛑」是今天江蘇名菜「雪花蟹斗」（又叫「芙蓉蟹斗」）的濫觴，今日的「芙蓉海底松」與其「海蜇（即海蜇）羹」有淵源關係，現今的「生炒蝴蝶片」與書中的「鯽魚肚兒羹」在刀功技法上有內在的聯繫。實際上，即使用今天的技術標準來衡量，書中那些菜譜的製作亦有相當的水平。該書還收錄了不少蔬食，如「雪菴（ān）菜」「煮麩乾法」「醋筍法」「燒蘿蔔法」「糟薑法」「煮蘑菇法」等。從中不難看出江南一帶飲食習俗中的清淡之風。此外，書中還涉及酒、茶等的製法，又以花茶的製法介紹為詳。揚州百年老店「富春茶社」的自製名茶「魁龍珠」的窨（xūn）製之法與其有不少相似之處。

❹·《菌譜》《筍譜》《蟹譜》《蟹略》和《橘錄》

《菌譜》，宋陳仁玉著。陳仁玉，字碧棲，浙江台州仙居人，進士出身，官至禮部郎中，浙東提刑，入值敷文閣。該書是我國現已發現最早的論述菌類的專著。書中分別記述了合蕈、稠膏蕈、栗殼蕈、松蕈、竹蕈、麥蕈、玉蕈、黃蕈、紫蕈、四季蕈、鵝膏蕈計11種菌的產地、性味、形狀、品級、生長、採摘，有的也談及食用方法。以陳仁玉的身分和地位而作是書，說明了當時人對菌類食物的重視，以及文

人士大夫階層的飲食趣味。

《筍譜》，宋僧贊寧著。贊寧俗姓高，浙江德清人，後出家杭州龍興寺，吳越錢鏐時為兩浙僧統，宋成平中，加右街僧錄，是一個頗有政治地位，得到朝廷賞識的僧人。該書分為五個部分：一筍之名，講述竹之名實；二筍之出，講述各種筍的特色、產地，計90多種；三筍之食，先辨筍之性味，後及筍之藥用，再及筍製藏之法；四筍之事，述前人言筍故事，計60人；五筍之雜說，雜輯筍事。

《蟹譜》，宋傅肱著。傅肱，字自翼，會稽人（今浙江紹興）。該書為論蟹專著，主要內容分為總論、上篇和下篇三部分。總論，述蟹之種類、異名、習性和形狀。上、下兩篇分述蟹事、蟹食，並輯錄相關的故事和詩賦，計有66條。上篇多採舊文，下篇則其所自記。該書具體涉及食物的內容並不很多，但從中我們可以瞭解宋及其前代人對蟹的認識水平和相關的飲食文化思想。

《蟹略》，宋高似孫著。高似孫，字續古，號疏寮，祖籍鄞縣（今浙江寧波）。淳熙進士，官校書郎，守處州。該書分為四卷，卷一分述蟹原、蟹象；卷二分述蟹鄉、蟹具、蟹品、蟹占；卷三分述蟹貢、蟹饌、蟹牒；卷四分述蟹雅、蟹志、蟹賦、蟹詠等。比之傅肱的《蟹譜》更為翔實。有關蟹的食用主要在卷三，共收錄了30多個不同品種，對瞭解當時蟹饌的情況有重要價值。

《橘錄》又名《永嘉橘錄》，宋韓彥直著。韓彥直，字子溫，延安人，進士出身，官至龍圖閣學士。此書是其知溫州時所寫，對溫州所產橘之品種，種植法、加工及儲藏詳加敘述，是一部論橘專著。

❺·《北山酒經》

宋代酒政在中國酒政發展史中占有重要地位，對當時及以後的飲食生活和飲食文化產生了重要的影響，宋代酒政的研究對瞭解酒與國人日常生活的關係有重要意義。宋代有關酒的著述明顯多於前代，如竇苹（一說「蘋」）的《酒譜》，李保的《續北山酒經》，蘇軾的《酒經》，趙與時的《觴政述》，趙珣的《熙寧酒課》，林洪的《新豐酒法》等，而且在酒事研究的深度和廣度上都有較大的突破。

《北山酒經》，宋朱肱著。朱肱，字翼中，自號大隱翁，吳興（今浙江湖州）人，進士出身，曾為奉議郎，後隱居杭州，再起為醫學博士。朱肱對醫學和釀酒均有研究，有《傷寒百問》《南陽活人書》等刊世。《北山酒經》是歷史上較早的一部專論酒事的著作，書分三卷，其一「酒經上」講中國釀酒的起源、酒經；其二「酒經中」談酒麴；其三「酒經下」述釀酒及一些名酒的製法。《北山酒經》是繼《齊民要術》之後又一部有關中國釀酒發展歷史和技術的重要著作，比之《齊民要術》，《北山酒經》所涉及的內容更廣，敘述也更有條理性，而且有明顯的東南特色，如「酒器」云：「東南多甆甕，洗刷淨，便可用。西北無之，多用瓦甕。若新甕……」，所計諸麴中有白醪麴、小酒麴、蓮子麴等米製酒麴，這與《齊民要術》中麴皆用麥有明顯的不同。《北山酒經》具有很高的實用價值和史料價值，歷來為人所重。

❻·《飲食須知》《日用本草》

　　宋元時期較為重視飲食養生，至元代，養生之風益盛。元代宮廷御醫忽思慧著有《飲膳正要》行世，對後世產生很大影響。考察元代長江下游地區飲食養生思想的發展狀況，還有兩本書值得注意。

　　《飲食須知》，元賈銘著。賈銘，字文鼎，自號華山老人，浙江海寧人。在元曾為世襲軍職萬戶，入明時已有百歲。據說，明太祖因其善以飲食養生而詔其問答，答：慎飲食。並獻所撰《飲食須知》。賈銘在該書的序中說：「飲食藉以養生，而不知物性有相反相忌，叢然雜進，輕則五內不和，重則立興禍患，是養生者亦未嘗不害生也。歷觀諸家本草疏注，各物皆損益相半，令人莫可適從，茲專選其反忌，匯成一編，俾尊生者日用飲食中便於檢點耳。」其編撰是書的目的已說得十分明確。書分八卷，卷一述水火，講各種水、火之性；卷二述穀，有40餘目；卷三述菜，有80餘目；卷四述果，有50餘目，附諸果有毒、解諸果毒、收藏三目；卷五主要述調味，有30餘目；卷六述魚，有60餘目，附諸魚有毒、解毒、收藏法三目；卷七述禽，有30餘目，附諸鳥有毒一目；卷八述獸，有40餘目，附諸肉有毒、解諸肉毒二

目。目下細述物性及食用宜忌，如「露水，味甘性涼。百花草上露皆堪用。秋露取之造酒，名秋露白，香洌最佳。凌霄花上露，入目損明。」「絲瓜，味甘性冷。多食令痿陽事，滑精氣。」「鯿魚，味甘性溫。患疳痢者，勿食。」書中所述食物原料基本上以江浙一帶的出產為主，帶有明顯的區域性特色，但涉及烹飪技術的內容很少。《飲食須知》所涉及的原料品種覆蓋面很廣，文字通俗易懂，是一本實用的普及型養生讀物。

《日用本草》，元吳瑞編著。吳瑞，字瑞卿，浙江海寧人，醫學家。明代李時珍《本草綱目・序例上・歷代著家本草》曰：《日用本草》「書凡八卷，元海寧醫士吳瑞取本草之切於飲食者，分為八門，間增數品而已。」李汎所序說：「……夫本草日用者，摘其切於飲食者耳。蓋飲食所以養人，不可一日無。然有害人者存，智者察之，眾人昧焉。……於是類次食物，凡五百四十餘品，共為八卷。……然非上考神農療疾本草及歷代名賢所著，與夫道藏諸方，惡足以知之。雖曰四方之味，不止於此，而因是可推也。」由此可見，該書是在整理前代本草並注重飲食養生內容的基礎上，略加增補而成。比之《飲食須知》，內容更為翔實，更具醫家的眼光。

宋元時飲食類著作數量大大超過隋唐時期，我們在這裡所列僅限於長江下遊人士的作品，此外還有其他名著，如《本心齋蔬食譜》，署名作者陳達叟，係清漳（今河北省肥鄉縣東）人；《糖霜譜》，作者王灼，係四川遂寧人；如此等等，餘不詳述。

第八章　明清江南食事

元朝末年，蒙古統治集團分裂，朝廷內部爭權鬥爭激烈，加之民族間不平等的待遇，以及連年的自然災害造成了經濟崩潰，致使農民運動風起雲湧。從西元一二七一年忽必烈定國號為元到元朝滅亡，前後只有98年（西元1271-1368年）的時間，蒙古統治者便被趕回漠北。朱元璋於西元一三六八年在南京建立了明朝，他的兒子朱棣起兵奪得皇位後於西元一四二一年遷都北京。長江下游地區雖然失去全國政治中心的地位，但其作為全國經濟和文化中心的地位並未改變。

明朝末年，宦官專權，朝政腐敗，危機四伏，清軍趁機入關。西元一六四四年，清統治者定都北京，建立了中國歷史上繼元朝之後的第二個由少數民族統治中國的全國性政權。清朝歷十二帝，統治時間長達268年，於一九一一年滅亡。西元一八四〇年以後的晚清已進入近代，故放在後章中敘述。

人們常說，明清時期是中國資本主義的萌芽期，沿海地區出現了許多通商口岸，商品經濟的規模日益擴大，東南沿海在全國經濟中的地位舉足輕重。就長江下游而言，明清時期不僅是名副其實的「天下糧倉」，更是明清兩代朝廷的金庫。根據梁方仲的《中國歷代戶口、田地、田賦》中提供的統計資料，明朝末年南直隸（今蘇皖兩省大部）和浙江、江西所交稅糧占全國總數的44.4%，清康熙二十四年（西元1685年），江蘇、安徽、浙江、江西四省所交糧數占全國總數的64.7%。

明清時期長江下游地區更加繁榮，人們的飲食生活水平實為全國之冠，這一時期長江下游地區的飲食文化有兩大特點，為全國其他地方所不及。其一是西方基督文化登陸本地區，西方飲食文化開始被人們所接受；其二是文人的干預，促進中國傳統烹飪文化體系的形成。

◄圖8-1　明代犀角槎杯（揚州博物館藏）

第一節　明代中西飲食文化交流

　　飲食文化交流總是伴隨著軍事、政治、經濟、宗教交流而進行的。在明代，鄭和下西洋和基督文化的東漸便是兩件典型的事情，前者出於中國人的主動尋求，後者則是被動接受。

一、鄭和下西洋

　　明成祖朱棣於西元一四〇二年在南京即位。出於政治、經濟等多方面的考慮，從西元一四〇五年至一四三三年的20多年間，朱棣命鄭和、王景弘率領龐大的寶船隊七下西洋。蘇州太倉劉家港則是寶船的起錨地，龐大的中國船隊在東起琉球、菲律賓、馬古魯海，西至莫桑比克海峽、南非沿海的遼闊海區內揚帆遠航，在世界航海史上寫下了壯麗的篇章。鄭和下西洋對當時及後世社會的政治、經濟、文化等方面產生了重大而深遠的影響。據記載，當時運回國內的貨物有185種之多，計有食品3種（番鹽、糖霜、胡椒）、木料3種、顏料8種、用品8種、五金17種、動物21種、藥品22種、珍寶23種、香29種、布51種。這些貨物幾乎都是日常生活用品，說明當時國內消費市場對海外貨物的巨大需求，也反映出當時社會經濟的總體發展水平和人民生活水平的提高。

　　鄭和下西洋對飲食生活所產生的直接影響是食品原料和香藥的進口，食品中的胡椒和其他香藥是當時的大宗進口貨。胡椒既可食用又能藥用，在中國一直是比較珍貴的物品，尋常百姓一般是難以享用的。香藥之於中國傳統宴席主要是為了熏染香氣，刺激食客的食慾，改善環境氣氛。南宋張俊宴高宗的食單中就有大量的香藥出現（見前文）。香藥的大量進口，說明這一方面的需求有所增加。特別是長江下游地區，時為全國的經濟、文化中心，對這些物品的需求量很大。

　　許多香料植物早在秦漢時期即從西北和東南兩個方向進入中國，因兼有香料、

藥用雙重之功，故稱「香藥」，這在歷代本草著作中多有反映。到了明朝，三寶太監鄭和率領龐大艦隊南下西洋，所到之處主要是阿拉伯地區，加之他本人就是回族，這對中外清真飲食文化交流必然產生積極的影響。他往返於東南亞各國，帶回了當地盛產的香藥，開拓了國內的香料市場，同時也促進了中外清真飲食文化的交流，使香藥入饌的烹飪方式影響全國。如長江下游的南京桂花鴨、鎮江肴蹄、無錫醬排骨等，顯然受到這種食風的啟發，香藥也就成了帶有保健作用的香料。如果說這是「藥食同源」觀念的擴大和延伸，那是一點也不為過的。

二、西學及外國食蔬的傳入

❶·西方宗教文化的傳入

明清時期，「西學」對中國傳統文化思想產生了重要的影響，其間天主教（基督教的一派）在中國的傳播是重要的文化背景。明中期，隨著葡萄牙殖民勢力的東擴，天主教傳教士再次來華傳教，這是繼唐代景教、元代也里可溫教（分別是基督教的一個支派）以後基督教的第三次來華。一些傳教士通過宣傳西方文化、介紹歐洲的科學技術來結交中國的各階層人士，以期融入中國社會，進而取得在中國傳教的成功。他們推行宗教文化，但在生活和倫理觀念上卻不觸動中國的傳統，所以有所成功。在傳教的同時，確實也把當時中國人還比較陌生的一些思想和科學技術介紹到了中國，如西方的火器、物理學、機械工程、天文曆法、數學、地理學、生物和醫學、語言和倫理學、建築、繪畫、音樂等。這對此後中國科學技術的發展，乃至社會生活都產生了積極的影響。

明末清初的江南是基督教傳播的主要地區。據統計，西元一六六四年全國的基督教教徒有164400人之眾，其中上海地區有42000人，常熟地區有10900人，幾乎是全國的三分之一。而明末對基督教在中國的傳播產生重要影響的三個中國人——徐光啟、李之藻、楊廷筠也出自江南。這種現象，一方面說明當時基督教及西方文化

對江南地區所產生的普遍影響,同時也表現出江南地區對外來文化的包容和吸納能力。這種包容和吸納的民俗文化特色源於長江下游地區特定的歷史、政治、經濟和文化背景,在明清時期表現得尤為突出。這種情況不僅僅表現在文化觀念上,而且對生產觀念和生活觀念也具有潛在的影響力。長江下游地區自明清以後,一直在經濟、生產技術、文化發展、生活水平等方面處於領先地位,與該地區開放的思想及對新事物的吸納能力不無關係。

❷ · 西方農作物的引進

明清時期,一些外來的糧食和經濟作物品種引入中國。在糧食作物中有玉米、甘藷。

玉米,原產美洲,據說直到十五世紀還沒有一個國家有關於玉米的記載和傳聞,是西元一四九二年哥倫布發現美洲新大陸以後,才在世界各地傳播開的。十六世紀時,我國許多的地方志和著述中已有關於玉米的記載,杭州田藝蘅在西元一五七二年完成的《留青日札》中對玉米有翔實的描寫:「御麥出西番,舊名番麥,以其曾經進御,故曰御麥。乾葉類稷,花類稻穗,其苞如拳而長,其須如紅絨,其實如芡實,大而瑩白。花開於頂,實結於節,真異穀也!吾鄉傳的此種,多有種之者。」玉米的引種無論是對中國農業的發展,還是對解決人們的吃飯問題都具有重要意義。玉米適應性強,耐旱,管理簡單,產量比一般旱作糧食要高,食用方法多樣,特別在夏秋之交青黃不接時可解燃眉之急,其籽粒、稈、葉亦可用作飼料。此外,作為糧食,玉米要比米和麵粉耐飢,這對廣大的百姓尤為重要。

甘藷,原產美洲,也是在哥倫布發現新大陸以後傳播到世界各地的。明代的福建、廣東、浙江、江蘇地區是栽種甘藷較早的地區。明代大科學家、宰相徐光啟曾作《甘藷疏》,倡導各地推廣甘藷種植。甘藷的特點是產量高,適應性強,病蟲害少,適宜於山地、坡地、新墾地栽種。除供日常食用之外,還可製糖、釀酒、做澱粉、製粉絲等。玉米和甘藷的種植對解決糧食問題產生了很大的作用,同時也豐富了人們的食物品種,並對百姓的日常飲食結構產生了影響。

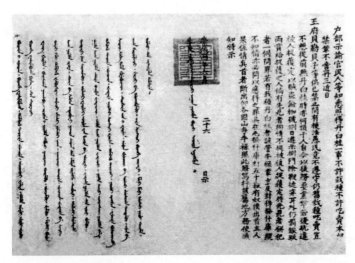

花生、向日葵也是哥倫布發現新大陸後傳播至世界各地的。一般認為花生是在十五世紀末到十六世紀初之間由南洋群島輸入我國的。明弘治十六年（西元1503年）修《常熟縣志》中有關於花生的記載：「三月栽，引蔓不甚長，俗云花落在地，而子生土中，故名。」初時人們把它看作芋類，當作水果來吃。西元一七五六年，趙學敏在其《本草綱目拾遺》中最早提到用花生榨油。向日葵一開始也僅知其籽可炒食，後來才知還可榨油，但作為油料作物，其價值不如花生和油菜。油菜，初叫蕓薹，東漢時稱「胡菜」，是由塞外引入內地的。油菜很長時間一直作為蔬菜食用，《齊民要術》《四時纂要》都只將其看作蔬菜，南齊陶弘景在《名醫別錄》中說：「蕓薹乃人間所啖菜也。」到明代，已基本用其來榨油，油菜至今仍是長江下游地區的主要油料作物。明清時期油料作物品種的變化，豐富了人們日常飲食製作的油類品種。

除此以外，辣椒、番茄、馬鈴薯、菜豆和西葫蘆等原產於美洲的蔬菜，也先後傳入中國，甚至還有菸草和鴉片。菸草於十七世紀初由東南亞一帶傳入我國。方以智在其《物理小識》中說：「萬曆末，有攜至漳泉者，馬氏造之，曰淡肉果，漸傳至九邊。」到十八世紀末，菸草種植已由閩、粵而遍及大江南北。清代已有菸草專著——陳琮《菸草譜》問世。

❸・優良禽類品種的培育

明清時期長江下游地區的畜禽飼養技術也有了長足的發展，集中體現在優良品種的繁育方面。湖羊仍是此時的優良品種之一。「九斤黃」和「狼山雞」是此時出現的著名雞種。九斤黃因其喙、足、毛皆為黃色，又稱「三黃雞」，個體碩大又有「九斤王」之譽。明崇禎《太倉州志》載：「雞出嘉定，曰黃腳雞，味極肥嫩。」清雍正《南匯縣志》云：「雞，產浦東者大，有九斤黃、黑十二之名。」清代末年，被引入歐美，曾被譽為「世界肉用雞之王」。江蘇南通的狼山雞是肉蛋兩用型雞，十九世紀中葉已是著名雞種，西元一八七二年以後傳入歐美。鴨，則有江蘇里下河地區的以生雙黃蛋著稱的高郵鴨。嘉慶《高郵縣志》云：「高郵水田放鴨生卵，醃成盛桶名鹽蛋，色味俱勝他方。」此外，還有鳳頭鴨，此鴨羽白骨烏，有藥效。

三、徐光啟與《農政全書》

徐光啟（西元1562-1633年），字子先，號玄扈，上海人，官至禮部尚書，西元一六〇三年受洗，教名保祿，中國近代科學的先驅者。徐光啟與明代著名的意大利耶穌會傳教士利瑪竇關係密切，在學術上受利瑪竇的影響很大，對明代天主教和西方科學文化在中國的傳播產生過重要影響。《明史・徐光啟傳》云：「萬曆二十五年舉鄉試第一，又七年成進士。……從西洋人利瑪竇學天文、曆算、火器、盡其術。遂遍習兵機、屯田、鹽策、水利諸書。」在他去世幾年後，「（崇禎）帝念光啟博學強識，索其家遺書。子驥入謝，進《農政全書》六十卷。詔令有司刊布。」

《農政全書》約七十萬字，分為農本、田制、農事、水利、農器、樹藝、蠶桑、蠶桑廣、種植、牧養、製造、荒政等十二門類。該書實際上是對中國傳統農業生產經驗的總結和昇華，對南方水稻和北方旱穀的栽培技術作全面總結，於水利尤其著力。其中與飲食生活直接相關的內容，集中於樹藝（穀、蓏、蔬、果）、牧養、製造（食物、營室）、荒政（備荒、附明周王朱橚（sù）的《救荒本草》、王磐的《野菜譜》），在農器圖譜部分有關於炊具的記載。在《製造・食物》中，有造甕、

治釜，至造麴、釀酒、作黃衣法、作黃蒸法、造鹽、作醬、作鮓、豆豉、麩豉、蒸藕、醃茄子、菹藏生菜法等。《樹藝‧綠豆》中則云：「以水浸濕，生白芽，為菜中佳品」。《牧養‧炒雞子法》說：「打破銅鐺中，攪令黃白相雜，細擘蔥白，下鹽米渾豉麻油炒之，甚香矣。」徐光啟所輯錄的飲食方面的內容以農家百姓為對象，全無富貴奢華之氣。從另一個方面，也反映出當時農村百姓日常飲食自種、自製、自食的基本飲食狀況。「荒政」是書中的重要內容，輯錄了歷代救荒的資料，記錄了荒時可用來充飢的各種植物，還附錄了《救荒本草》和《野菜譜》兩部書。從中可以看出，自然災害對當時社會生產和生活的影響，以及災害來臨時百姓生活的困苦。

「荒政」這個詞是明朝才出現的，但賑濟災荒的政務起自先秦，在《管子》一書中有許多相關的精闢論述及具體救賑措施。以後歷代均有關於這方面的總結，封建統治者幾乎都意識到災荒是社會的不穩定因素。「民以食為天」，民缺食自然無法也無「天」，「揭竿而起」就勢所必然，明朝開國皇帝朱元璋本身出身災民，他完全知道這種事的分量，這跟他兒子刻意研究荒政不無關係。然而「災」有多種，水、旱、蝗、兵，為政失措，主政者荒淫，都會破壞生產力而成災。因此尋找可以充飢的植物就成了一門大學問。徐光啟身為宰相，當然是站在維護封建統治長治久安的立場上來重視荒政的。備荒救災是徐光啟農政思想的重要內容，他主張「預弭為上，有備為中，賑濟為下」[1]的救災方針，是很有意義的。荒政對於拓展人類的食物資源是功德無量、意義久遠的善舉。

第二節　康雍乾盛世飲食文化的發展

明朝滅亡以後，清朝初中期的幾個皇帝仍然允許天主教的傳教活動，有些傳教

1　徐光啟：《農政全書》，岳麓書社，2002年。

士甚至是皇帝的座上賓。但到了嘉慶以後，統治者不僅禁止傳教，還限制了中外貿易，此時的清王朝也開始走下坡路了。有清一代，康、雍、乾三代為其鼎盛時期，這時的長江下游地區飲食文化也繁榮到了頂峰。

一、康乾南巡和有關文獻記載

康熙、雍正和乾隆三朝是清代經濟文化發展的重要時期，歷史上有「康雍乾盛世」之稱。以人口而言，順治末年的統計數字不到2000萬（當時有隱瞞未報的），到乾隆末年人口已達到3億左右。以稅賦而論，順治末年歲征銀2150餘萬兩，糧640餘萬石；而乾隆末年征銀達2990餘萬兩，糧830餘萬石。人口和稅賦的變化，反映出整個社會經濟的發展與進步。康乾時期長江下游地區仍然是中國重要的糧食產區，江南蠶桑和棉花等經濟作物的種植，在全國占有重要地位。在農業發展的帶動下，長江下游地區的紡織、陶瓷等手工業以及商業和交通也取得了很大發展。城市生活又現往日的繁華。

江南地區經濟與文化發達，且民眾思想活躍，對朝廷來說有許多政治上的不穩定因素。康熙和乾隆為穩定對南方特別是東南地區的統治，分別六次南巡。其中，康熙分別於西元一六八四年、一六八九年、一六九九年、一七〇三年、一七〇五

▲圖8-3　《盛世滋生圖》（部分），清代徐揚繪

年、一七〇五年六次南巡，乾隆分別於西元一七五一年、一七五七年、一七六二年、一七六五年、一七八〇年、一七八四年六次南巡。康乾南巡，通過巡視河工、築海塘、蠲（juān）免租稅、謁明祖陵、訪孔廟、獎勵學人耆老等活動，緩和了江南地區人民對清政府的敵對情緒，籠絡了人心，對穩定東南起到了一定作用。

康乾南巡，除了政治、經濟、文化的因素之外，江南的自然風光以及都市生活的繁華也是吸引他們的因素之一。江南的繁華富庶和秀美的風光不僅乾隆喜愛，他的母親孝聖憲皇后也情有獨鍾。乾隆六次南巡，前四次其母都相伴而行，並於其母七十大壽時，在萬壽寺旁仿江南市肆，修建了一條「蘇州街」，以供其母玩賞。

康乾南巡，尤其是乾隆南巡也給東南地區帶來了極大的經濟負擔，助長了東南的奢華之風，各地的官府、鹽商、豪富更是趨炎附勢，極盡逢迎之能事。《新世說·汰侈》載：「大鹽商汪石之妻，人稱汪太太，當高宗幸揚時，與淮之鹽商，先數月在北城外擇荒地數百畝，仿杭之西湖風景，建築亭台園榭，以供御覽。惟中少一池，太太獨出十數萬金，夜積工匠鑿之，池成而翌日駕至。高宗大讚賞，賜珍物無算，由是太太之名益著。門下多食客，有求於太太者，咸如願以償。嘗演劇自遣，賞賜伶人甚鉅。」

康乾兩帝在江浙兩省，住過許多地方，留下了很多碑刻題字。就食事而言，也多有文獻記載。李斗在《揚州畫舫錄》卷四中，對乾隆第五次南巡至揚州時（乾隆

◀圖8-4 《藕香榭吃螃蟹》，楊柳青年畫

四十五年二月十四日，即西元1780年3月10日），該地方官置辦的伺候六司百官的「滿漢席」有較為翔實的記載，其云：「上買賣街前後寺觀皆為大廚房，以備六司百官食次。第一分頭號五簋碗十件：燕窩雞絲湯、海參匯豬筋、鮮蟶羅卜絲羹、海帶豬肚絲羹、鮑魚匯珍珠菜、淡菜蝦子湯、魚翅螃蟹羹、蘑菇煨雞、輠轆鎚、魚肚煨火腿、鯊魚皮雞汁羹、血粉湯、一品級湯飯碗；第二分二號五簋碗十件：鯽魚舌匯熊掌、米糟猩唇豬腦、假豹胎、蒸駝峰、梨片伴蒸果子狸、蒸鹿尾、野雞片湯、風豬片子、風羊片子、兔脯、奶房簽、一品級湯飯碗；第三分細白羹碗十件：豬肚假江瑤鴨舌羹、雞筍粥、豬腦羹、芙蓉蛋、鵝肫掌羹、糟蒸鰣魚、假班魚肝、西施乳、文思豆腐羹、甲魚肉片子湯、蘭兒羹、一品級湯飯碗；第四分毛血盤二十件：獲（jué）炙哈爾巴小豬子、油炸豬羊肉、掛爐走油雞鵝鴨、鴿臛（huò）、豬雜件、羊雜件、燎毛豬羊肉、白煮豬羊肉、白蒸小豬子小羊子雞鴨鵝、白麵餑餑卷子、十錦火燒、梅花包子；第五分洋碟二十件，熱吃勸酒二十味，小菜碟二十件，枯果十徹桌，鮮果十徹桌，所謂滿漢席也。」（其所云「買賣街」是）「天寧門至北門，沿河北岸建河房，仿京師長連短連、廊下房及前門荷包棚、帽子棚做法，謂之買賣街。令各方商賈輦運珍異，隨營為市，題其景曰『豐市層樓』。」看饌之豐盛可謂令人瞠目。而「滿漢席」後來的發展越趨鋪張奢華，並成為官場應酬中的一種俗套。

《揚州畫舫錄》的作者李斗，字艾塘，江蘇儀徵人。該書對乾隆年間的揚州風物記述極詳，不僅是研究揚州地方史的珍貴史料，也是研究那個時代社會風貌的重要史料。就飲食而言，它記述了當時揚州城的食肆、酒樓、茶肆、名食小吃、富家飲食以及飲食風尚，其所列的「文思豆腐」「馬鞍橋」等，至今仍是淮揚名菜。

對康乾南巡的相關記錄相當多。如徐珂的《清稗類鈔‧飲食類》中即有相關記載。如「高宗謂蔬食可口」條云：「高宗南巡，至常州，嘗幸天寧寺，進午膳。主僧以素肴進，食而甘之，乃笑語主僧曰：『蔬食殊可口，勝鹿脯、熊掌萬萬矣。』」雖不無溢美之詞，但素食之美確實令許多人嚮往。

二、從「滿漢席」「滿漢全席」到市肆的「滿漢大菜」

關於「滿漢全席」，最近二十多年來無論是飲食文化研究，還是餐飲行業的商業炒作，都是一個熱點問題。應該說，這本不是長江下游地域飲食文化史的特有課題，但事情的起因卻產生在長江下游，那就是上述的《揚州畫舫錄》。據趙榮光先生考證[1]，滿席和漢席是有清一代一直存在的滿漢兩個民族不同的宴席形式。據《大清會典》載，滿族人剛入關時，宮廷中都是滿席，直到「康熙二十二年，始議准宮中元旦日改滿席為漢席」。後來由於滿族統治者採用文武兩手統治籠絡漢人，倡導「滿漢官民，俱為一家」，在飲食上便出現了把滿席和漢席拼在一起的做法叫做「滿漢席」，清朝末年山東曲阜孔府也曾按這種款式向皇宮敬送了膳食。乾隆年間，江蘇地區出現了幾種很有影響的飲食文化著作，其中都提到了「滿漢席」（滿食和漢食合成同一席）或「滿、漢席」（分指滿席、漢席），這方面除了《揚州畫舫錄》外，還有袁枚的《隨園食單》，該書在「戒落套」中有「滿、漢席」的提法；過後不久又有蘇州人顧祿的《桐橋倚棹錄》，記錄了蘇州虎丘一帶市肆名店經營的「滿漢大菜及湯炒小吃」，所列的具體品種有：「燒小豬、哈兒巴肉、燒肉、燒鴨、燒雞、燒肝、紅燉肉、茴香肉、木犀肉、口蘑肉、金銀肉、高麗肉、東坡肉、香菜肉、果子肉、麻酥肉、火夾肉、白切肉、白片肉、酒燜蹄、硝鹽蹄、風魚蹄、縐紗、煻火蹄、蜜炙火蹄、蔥椒火蹄、醬蹄、大肉圓、煠（zhá）圓子、溜圓子、拌圓子、上三鮮、湯三鮮、炒三鮮、小炒、煻火腿、煻火爪、煠排骨、煠紫蓋、煠八塊、煠裡脊、煠腸、燴腸、爆肚、湯爆肚、醋溜肚、芥辣肚、燴肚絲、片肚、十絲大菜、魚翅三絲、湯三絲、拌三絲、黃芽三絲、清燉雞、黃燜雞、麻酥雞、口蘑雞、溜滲雞、片火雞、火夾雞、海參雞、芥辣雞、白片雞、手撕雞、風魚雞、滑雞片、雞尾搞、燉鴨、火夾鴨、海參鴨、八寶鴨、黃燜鴨、風魚鴨、口麻鴨、香菜鴨、京冬菜鴨、胡蔥鴨、鴨羹、湯野鴨、醬汁野鴨、炒野雞、醋溜魚、爆參魚、參糟魚、煎糟魚、豆豉魚、炒魚片、燉江鰣、煎江鰣、燉鱘魚、湯鱘魚、剝皮黃魚、湯黃魚、煎

1　趙榮光：《滿漢全席源流考述》，崑崙出版社，2003年。

黃魚、湯著甲、黃燜著甲、斑魚湯、蟹粉湯、炒蟹斑、湯蟹斑、魚翅蟹粉、魚翅肉絲、清湯魚翅、燴魚翅、黃燜魚翅、拌魚翅、炒魚翅、燴魚肚、燴海參、十景海參、蝴蝶海參、炒海參、拌海參、燴鴨掌、炒鴨掌、拌鴨掌、炒腰子、炒蝦仁、炒蝦腰、折燴、燉吊子、黃菜、溜卜蛋、芙蓉蛋、金銀蛋、蛋膏、燴口蘑、炒口蘑、蘑菇湯、燴帶絲、炒筍、莫肉、湯素、炒素、鴨腐、雞粥、十（什）錦豆腐、杏酪豆腐、炒肫乾、煤肫乾、爛熄（hù）腳魚、出骨腳魚、生爆腳魚、煤麵筋、拌胡菜、口蘑細湯。點心則有：八寶飯、水餃子、燒賣、饅頭、包子、清湯麵、鹵子麵、清油餅、夾油餅、合子餅、蔥花餅、餡兒餅、家常餅、荷葉餅、荷葉卷蒸、薄餅、片兒湯、餑餑、拉糕、扁豆糕、蜜橙糕、米豐糕、壽桃、韭合、春捲、油餃等，不可勝記。」從原料、烹法看是典型的江南風範，從中仍可找到今天蘇州菜的影子。從菜式、烹法變化看，這些酒樓的烹飪技術並不遜色於今天的一些酒樓。而且酒樓的消費已有了一定的規格，「盆碟則十二、十六之分，統謂之『圍仙』，言其圍於八仙桌上，故有是名也。其菜則有八盆四菜、四大八小、五菜、四葷八折以及五簋、六菜、八菜、十大碗之別。」「圍仙」應是今天宴席菜中的冷碟──「圍碟」的前身，而菜餚數量的多寡則能適應不同消費的需要。酒樓在經營上已很有章法。如此幽雅的環境，良好的服務，上乘而豐盛的肴饌，價格自然不菲。「每席必七折錢一兩至十餘兩碼不等。」城郊的酒樓有如此景緻，城中的酒樓想必是更加熱鬧。

光緒初年以後，官場、青樓、上層社會和市肆一味追求奢華，這時的「滿漢席」已發展成為「滿漢全席」。無論是「滿漢席」還是「滿漢全席」，都沒有固定的菜單，更沒有統一的製作標準，全憑好事者豐富的想像力，把他們認為最好吃的東西堆積在一起。最容易被認作史料根據的還是《揚州畫舫錄》。

從飲食文化的角度看，「滿漢席」對促進南北飲食文化和烹飪技藝的交流，以及對江南飲食文化的發展應該是有積極作用的。上述菜單中的一些菜，至今仍是長江下游地區的席上珍品。「滿漢大菜」幾乎是當時市肆飲食市場的一種通稱，《桐橋倚棹錄》中所述菜品即明確稱為「滿漢大菜及湯炒小吃」，而並非稱作「滿漢席」「滿漢全席」，但其中一些菜品與《揚州畫舫錄》所記「滿漢席」中的菜餚，確有一些

相同或相似的，但更多的還是當地的特色菜餚，這裡的「滿漢大菜」與「滿漢席」好像已沒有什麼必然的聯繫了。從《揚州畫舫錄》所記菜單看，「滿漢席」之肴饌，基本上代表了當時菜餚製作的最高水平，這對研究當時江南地區的烹飪原料、烹飪技術、菜餚組合與搭配等具有重要的參考價值。

三、袁枚和《隨園食單》

袁枚（西元1716-1797年），字子才，號簡齋、倉山居士、隨園老人，錢塘（今浙江杭州）人，乾隆初年進士，曾在江蘇境內做過幾任縣官，四十歲即辭官在江寧城內小倉山（今南京城內五台山）下築隨園，作詩文自娛並廣交文友，頗有名聲，著作甚豐，《隨園食單》算是他不經意而為的作品，但在飲食文化史上具有里程碑的意義。趙榮光稱他是中國歷史上的「食聖」。[1]而劉志琴則認為：「在中國飲食理論史上公認為最傑出的經典之作，清代袁枚的《隨園食單》，乃是繼承和發展明代飲食文化的扛鼎之作，所以明代的飲食理論是中國烹飪技藝和理論著述走向高峰的重要階段」。[2]

《隨園食單》共分須知單、戒單、海鮮單、江鮮單、特牲單、雜牲單、羽族單、水族有鱗單、水族無鱗單、雜素菜單、小菜單、點心單、飲粥單和茶酒單。敘述食品時以原料為綱，菜餚為目，共有500多個品種，風味特色以江浙為主，兼及皖、粵、魯等地，高、中、低檔都有。該書最重要的價值在於「須知單」和「戒單」，「須知單」列有先天、作料、洗刷、調劑、搭配、獨用、火候、色臭、遲速、變換、器用、上菜、時節、多寡、潔淨、用纖（芡）、選用、疑似、補救和本分共20節；「戒單列」有戒外加油、戒同鍋煮、戒耳餐、戒目食、戒穿鑿、戒停頓、戒暴殄、戒縱酒、戒火鍋、戒強讓、戒走油、戒落套、戒渾濁、戒苟且，共14節。的確是中國烹飪技藝有史以來一次劃時代的技術總結，至今對廚行仍有很強的指導作

1　趙榮光：《趙榮光食文化論集》，黑龍江人民出版社，1995年。
2　劉志琴：《明代飲食思想與文化思潮》，《史學集刊》，1999年第4期。

<figure>◀圖8-5　袁枚像</figure>

用。

　　以往對《隨園食單》的研究，只是把目光放在「吃」的本身，並沒有涉及袁枚的思想理念。袁枚生活的那個時代，中國士人對近代科學方法論知之甚少，而袁枚卻能從中國烹飪實踐中總結出只有近代科學技術才有的單元操作和單元程序的科學方法，也是中國人科學思想的一次突破。所謂「單元操作」，就是一種獨立的操作方法，例如化學工程中的結晶、溶解、蒸發、粉碎等；所謂「單元程序」，就是為了製造某一種產品，將許多單元操作合理地組合起來，求得預定目標的實現。《隨園食單》的須知單和戒單就是對烹飪工藝的單元操作和單元程序進行總結的初步嘗試，這真是史無前例的。可惜在廚行中，對袁枚的方法論缺乏自覺的繼承意識，以致至今仍有人說手工和機械的操作方法屬於兩種不同的知識體系。

第三節　長江下游地區的海鹽文化

　　二〇〇九年九月五日，來自全世界50多個國家和7個相關的國際組織代表1200

多人參加的第九屆世界鹽業大會在北京開幕，會議的主題是：「鹽——生命之本」。這個提法是近百年來食鹽科學研究的重要結晶。世界上的各種動物，凡是有新陳代謝功能的，無不需要一定的鹽分供給，以維持其機體的需要。人對於鹽的需要是一種生理的需要，鹽的作用在於維繫人類的生命、生存和發展；這個提法也是人文意義上鹽文化研究的新結論。以往的飲食文化研究中，食鹽僅被當作調味品來認識，於是在追求「五味調和」的適口論下，忽視了食鹽對人類文明進步所起的重要作用，有關鹽文化的研究，實為當代飲食文化研究的一個軟肋。

一、食鹽的生理功能和歷史地位

❶ · 食鹽對人體健康的重要作用

食鹽的基本成分是氯化鈉。氯化鈉是人體不可缺少的礦物質，人體從食物中吸收氯化鈉以後，它在體液中便分解（嚴格地講，應稱離解）為鈉離子和氯離子，這兩者都是人的肌體中正常和必須的組成部分。

在人體細胞膜內外兩側，存在著很靈敏的鈉鉀平衡，這種平衡一旦被破壞，人就有不舒服的感覺，輕則口乾舌燥，重則產生嚴重的代謝障礙。人體對鈉的吸收主要通過食鹽，對鉀的吸收主要通過植物性食物。

不同地理環境的居民，其食鹽攝入量有較大的差異，在我國北方食鹽攝入量相對較大，南方因崇尚清淡，故食鹽攝入量相對較少，就平均水平而言，我國居民每人每天攝入的食鹽在15克左右。近幾年，因高血壓患者增加，醫學界一致主張減少食鹽攝入量，要求人均每日10克左右，世界衛生組織（WHO）則提倡在6克以下，近年又提倡減至5克以下，這對於我們中國人來說可能是不適應的。

中國飲食講究五味調和，早在《尚書·說命》中就有「若作和羹，爾惟鹽梅」，即鹹味和酸味是人類最早追求的滋味。《漢書·食貨志》中記述了王莽說鹽是「食肴之將」。此後食鹽的功用一直定位在調味品上，直到明代宋應星才指出：「天有五

氣，是生五味，潤下作鹹，王訪箕子而首聞其義焉。口之於味也，辛酸甘苦經年絕一無恙。獨食鹽禁戒旬日，則縛雞勝匹，倦怠懨（yān）然。豈非天一生水。而此味為生人生氣之源哉？四海之中，五服而外，為蔬為穀，皆有寂滅之鄉，而斥鹵則巧以待，孰知其所以然」。[1]這段論述非常精闢，在沒有近代生理科學知識的年代，真是發前人之未發。「天有五氣」，即五行學說之衍生，「氣」是中國古代哲學概念，可以理解為現代意義的元素。五氣用於味覺乃有五味。《尚書·洪範》中有「水曰潤下」「潤下作鹹」之說，是以鹹味屬於五行中的水行。五種口味在五行學說的籠罩下，被古代聖賢們宣揚得神乎其神。然而他們誰都沒有想到，五味中的辛酸甘苦四味，即使長年絕其一味，對人的健康毫無影響，唯獨鹹味載體的食鹽，若是禁戒十日，便會四肢無力，疲倦不已，真是「天一生水」。所謂「天一生水」，是《周易》中關於陰陽學說的一種解釋，水是生命之源。「四海」「五服」均指天下，即普天之下，各地蔬菜和穀物的品種並不相同，但取滷水製鹽則到處一樣，只不過方法不同而已。

❷·食鹽的重要歷史地位

無論中外，歷史上有多次戰爭都是為了爭奪食鹽資源，即以中華古文明而言，我們常說的「逐鹿中原」，實際上就是為了爭奪河東解州的鹽池。這裡所說的河即是我們的母親河—黃河，出了內蒙古河套地區以後，水流方向由東西變為南北，這一段南北走向的黃河，其河東即是今天的山西省，河西即是今天的陝西省。在河東的解州（今山西運城地區），有自古著名的池鹽，而且是天然日曬形成的，這對古人來說，絕對是「生命之源」。所以傳說中的伏羲氏就在這一帶活動，黃河向東轉彎處風陵渡的風陵便是他的大臣風後的陵墓。黃帝軒轅氏和炎帝神農氏在這一帶打過仗，其後又是黃帝和蚩尤之間的戰爭。可以說，中華民族的三大人文始祖黃帝、炎帝和蚩尤都在河東地區因爭奪鹽池而戰鬥。沈括在《夢溪筆談》中就記錄瞭解州

1　宋應星：《天工開物·作鹹》，江蘇廣陵古籍刻印社，1997年。

人稱鹽池的滷水為「蚩尤血」（因其為紅色）。至今，河東地區還有大量關於堯舜和大禹的遺跡，而商朝先民也活動在黃河兩岸，周朝的祖先則活動在河西地區，所以說「逐鹿中原」的目的也是為了鹽。

中國政治家中，首先認識食鹽戰略作用的是管仲，他是中國鹽政理論的鼻祖，他制定了中國首部鹽業法典《正鹽策》，著力開發漁鹽之利。不過他所經營的是海鹽，所謂得「漁鹽之利」指的即是海鹽。四川、雲南等地的井鹽，至遲開發於秦代，所用的鑿井技術堪稱中國的又一重大發明。還有產於西部地區的岩鹽則是西部少數民族的生命線。因此，中國的鹽文化應該分成池鹽、海鹽、井鹽和岩鹽四個方面。

正因為鹽的重要戰略地位，所以以鹽命名的地名比比皆是。僅長江下游地區就有如：江蘇省鹽城市，在漢代稱鹽瀆縣，東晉時改稱鹽城，一直到二十世紀末才稱鹽城市，原縣城稱鹽都區；上海市浦東新區有鹽倉鎮；浙江設有海鹽縣，另海寧市有鹽官鎮（錢塘江口觀潮勝地）和平湖市的新倉鎮（倉指鹽倉）。

二、海鹽的生產

❶·中國鹽政的初始

中國歷史上最早的一部姓氏譜牒學經典《世本》說：「宿沙作煮鹽」。在不同古籍中，宿沙氏也稱夙沙氏、沈沙氏。據說他是神農氏時代的人物，是居住在海濱的部族首領，因其能率領部族群眾煮海為鹽，故被稱為「海鹽之神」。夙沙氏及其部族的活動地區很可能在今山東濱海地區，即古代齊國地區。[1]中國鹽政創始人管仲也就是在這種人文背景下提出「海王之國，謹正鹽策」的主張，在《管子·海王》中，即有管仲「官山海」的記載，從而使齊國致富。所謂「官山海」是管仲向齊桓

1　柴繼光：《中國鹽文化》，新華出版社，1991年。

公提出的治國方略之一，就是將山林和海岸收歸國有由國家組織經營。海岸國有，就使私人無法得到煮鹽原料的海水；山林國有，就使私人沒有了煮鹽所需的燃料。管仲又用在鹽價中加入鹽稅的方法代替原來齊桓公主張的「人頭稅」，這樣就變成凡吃鹽者皆需納稅，從而使齊國的稅收大為增加，國力增強，成為「九合諸侯，一匡天下」的春秋「五霸」之首。齊國的辦法很快傳到南方，吳王闔廬、楚國的春申君和西漢初的吳王劉濞都因經營海鹽而致富。這便是江浙兩省（今上海市在清代以前屬江蘇）海鹽生產的發展期，在《史記・貨殖列傳》中都有可靠記載。

❷・海鹽的生產製作

「煮海為鹽」的第一階段是直接將海水蒸乾熬鹽，但海水中食鹽含量只有3%左右，因此熬鹽要耗費大量的燃料和人工，顯然是很不經濟的，於是人們想到了製鹵熬鹽，即將海水製成濃度高的鹵水然後熬煮使鹽結晶的方法，這是「煮海為鹽」的第二階段。至於鹵水的製法，在唐宋文人的筆記中只有零星敘述，直到明代宋應星在《天工開物・作鹹》中才有系統說明，製鹽主要有三種方法：其一，刮鹼煉鹵法：即海水退潮後的灘塗，經日曬後冒出鹽霜，立刻連泥沙颳起，再用海水沖淋，

▲圖8-6　「淋水先入淺坑」圖（《天工開物》，江蘇廣陵古籍刻印社版）　▲圖8-7　「布灰種鹽」圖（《天工開物》，江蘇廣陵古籍刻印社版）

如此反複數次，即可得到濃度較大的滷水，這是用泥土吸附海水中鹽分的方法；其二，淋曬煉滷法：即在海潮未來之前，築一堤壩，在堤壩內的地上鋪上草木灰，海潮退去後，部分海水滯留堤內，經日曬後，其中鹽分吸附在灰中，刮取灰層，用海水沖淋，製得合格滷水，浙江鹽場很可能就用這種方法，因他們把鹽場稱為灰場；其三，葦席沙滲法：即在海潮未來之前挖掘深池，池上橫架竹木，其上再鋪葦席，葦席上鋪沙，當海水浸過後，鹽分由沙滲入深池中，如此反覆，也可以製得滷水。

《天工開物》上有一幅「海滷煎煉」圖，畫得惟妙惟肖。足見當時的海鹽煎煉是相當大的集體勞作，難怪沿海地區，至今還留有許多煮鹽時留下的村莊名稱。例如江蘇省鹽城市，有不少稱「某灶」的村名，如頭灶、二灶……九灶、十灶等，其中地處阜寧的三灶，離海邊已有幾十公里之遙，這顯然是沖積平原的成長使海岸線前移的結果，按沖積速度推算，這裡很可能是隋唐以前的煮鹽遺址。

海鹽生產的革命性變化是「天日曬鹽」，即是河東池鹽的生產方法，不過池鹽自古就是如此製法，而海鹽是向池鹽學來的，但池鹽滷水甚濃，海水直接曬鹽需要更長時間。即在海邊構築鹽池吸入海水，任太陽曝曬成鹽。這是當今海鹽生產的唯

▲圖8-8　「海滷煎煉」圖（《天工開物》，
江蘇廣陵古籍刻印社版）

▲圖8-9　「量較收藏」圖（《天工開物》，
江蘇廣陵古籍刻印社版）

一方法，「煮海為鹽」早已成為歷史，但在沿海地區，直到新中國成立前後，仍有少數鹽民用鐵鍋熬鹽，因其未納入國家管理，故稱為私鹽。

三、江浙滬地區的海鹽文化

❶·詩人筆下的鹽民生活

自從管仲發明鹽政以來，鹽稅成為國家的經濟命脈之一，以至歷朝歷代的統治者對鹽民的盤剝達到令人髮指的程度，我們在這裡抄錄宋代著名詞人柳永的《鬻鹽歌》，這首詩展現出了鹽民們無比悲慘的生活。柳永在北宋仁宗（西元1023-1063年在位）時做過浙江定海曉峰鹽場的鹽官，所以他的描寫是真實可信的。

鬻海之民何所營？婦無蠶織夫無耕。

衣食之源太寥落，牢盆鬻就汝輸征。

年年春秋潮還浦，潮退刮泥成島嶼。

風乾日曝鹽味加，如灌潮波溜（liù）成鹵。

鹵濃鹹淡未得閒，採樵深入無窮山。

豹蹤虎跡不敢避，朝陽出去夕陽還。

船載肩擎未遑歇，投入巨灶炎炎熱。

晨燒暮爍堆積高，才得波濤變成雪。

自從瀦鹵至飛霜，無非假貸充餱（hóu）糧。

秤入官中得微值，一緡往往十緡償。

周而復始無休息，官租未了私租逼。

驅妻逐子課工程，雖作人形俱菜色。

鬻海之民何苦辛？安得母富子不貧？

本朝一物不失所，願廣皇恩到海濱。

甲兵淨洗征輨報，君有餘財罷鹽鐵。

太平相業爾惟鹽？化作夏商周時節。

這簡直就是一篇血淚控訴詞，作為鹽官的柳永也實在看不下去了。詩中的「征輸」或「輸征」是鹽法規定的課稅；「緡」是宋代貨幣單位，一千文為一緡。

２‧鹽民起義

鹽民生活如此悲慘，所以歷代農民起義軍中，幾乎都有鹽民灶戶參加，其中元末的張士誠即是鹽民中的一位。張士誠（西元1321-1367年），東台白駒場（今江蘇大豐西南）人，幼名九四，鹽販出身。元朝至正十三年（西元1353年），與其弟士信、士德率鹽丁起兵反元，攻下今江蘇高郵等地，後過江攻下常熟、湖州、松江、常州等地，次年在高郵稱王，建國號大周。至正十六年（西元1356年）定都平江（今蘇州），至正二十三年（西元1363年）自稱吳王，其割據範圍南到紹興，北至山東濟寧，西到安徽北部，東到海。後被朱元璋擒殺。

明清以後，中央政權對鹽業的控制更為嚴厲。食鹽專營制度造就了一批豪富，這個特殊的富豪群體便是著名的揚州鹽商。揚州鹽運司等官職也已成為清代官場的肥缺。這一時期的鹽文化成為長江下游地區飲食文化的重要組成部分。在這方面，清人李斗的《揚州畫舫錄》為我們提供了有價值的史料。

第四節　食事文獻汗牛充棟

明清時期，隨著商品經濟的發展，市民階層的壯大，印刷術的普及，文人的市民化，以及文學創作的商品化已成為時代發展的趨勢。加之飲食烹飪技術和飲食器具的發展，使飲食生活的樂趣得以提高，催發了文人撰寫飲食論著的熱情，使明清兩代的食事文獻汗牛充棟。就其體裁而言，大體可分如下幾類：

一、野史筆記

史學包羅社會萬象，但官修正史大多侷限於記載統治階級的活動和典章制度，

而對經濟、文化的內容涉及很少，甚至還避諱掉對統治者不利的史實，造成與史實不符的情況。對於飲食文化而言，僅靠官修正史是不夠的，要更多地藉助野史筆記才可窺其真貌。

野史筆記發端於魏晉，《世說新語》就是典型；「野史筆記」這種文體成型於隋唐，諸如《酉陽雜俎》《清異錄》等；傳承於宋元，如《東京夢華錄》等即為名著；繁盛於明清，像前述的《揚州畫舫錄》、明代朱權的《神隱志》、顧元慶的《雲林遺事》、劉基的《多能鄙事》、周履靖的《夷門廣牘》、高濂的《遵生八箋》、彭大翼的《山堂肆考》、袁宏道的《觴政》、陸容的《菽園雜記》、田汝成的《西湖遊覽志》《志餘》、田藝蘅的《留青日札》、張岱的《陶庵夢憶》等，清代有李漁的《閒情偶寄》、尤侗的《篋貳約》、張英的《淵鑑類函》、曹廷棟的《養生隨筆》、顧祿的《清嘉錄》和前文提及的《桐橋倚棹錄》、沈自南的《藝林匯考》、汪曰楨的《湖雅》等。還有較大型的類書，如清代陳元龍編的《格致鏡原》等，這些都是長江下游地區文人的作品，其中有相當豐富的飲食史料。

二、食譜食單

食譜食單是飲食文化發展最直接的記錄，最能反映飲食文化的實際狀況。這一時期食譜編著的總體特點是：其一，行文條理分明，便於閱讀和檢索。如明代宋詡的《宋氏養生部》，書分六卷，每卷分目。所錄之肴饌，先按原料分類，每一原料再按烹飪方法分條敘述，條理極其明晰。這是前代食譜所不多見的。其二，內容豐富，涉及面廣，敘述深入，參考性強。清代《調鼎集》（佚名），分十卷，共收菜點2000餘種，涉及江、浙、皖、粵、豫、西北、東北等地，其肴饌數量之多，涉及範圍之廣可謂空前。其三，注重對飲食製作經驗的整理、總結和闡發，對飲食製作實踐有重要的指導意義。明清時期的食譜其可貴之處在於它對傳統飲食文化的整理及總結，使其更系統化、理論化，其中在國內外影響最大的是清代袁枚的《隨園食單》。

在前述的「野史筆記」中，也記述了相當多的食譜，除前述的《隨園食單》《宋氏養生部》和《調鼎集》外，屬於明代的還有宋公望的另一部著作《宋氏尊生部》、高濂的《飲饌服食箋》和《居家必備》、韓奕的《易牙遺意》等；屬於清代的有曹寅的《居常飲饌錄》、朱彝尊（另一說為王士稹）的《食憲鴻秘》、顧仲的《養小錄》、謝墉的《食味雜詠》、施鴻保的《鄉味雜詠》、曹廷棟的《粥譜說》等。

三、農書和醫書

明清時期的農書除前述的《農政全書》外，尚有明代鄺璠的《便民圖纂》、高濂的《野蔌品》等也屬於農書之類，它們提供了不少的食物原料知識。

在封建時代，「荒政」是政府的重要職能。在明代，由於吳王朱橚親自研究並撰著《救荒本草》，收錄了可食的野生植物400餘種。受他的影響，明代此類著作多於從前，諸如周履靖的《茹草編》、屠本畯的《野菜箋》、王磐之的《野菜譜》、鮑山的《野菜博錄》等，都是明代長江下游地區人士的作品。

這一時期，一些專述烹飪原料的著作，也被視為農書，如明代潘之恆的《廣菌譜》、清代吳林的《吳蕈譜》、明人的《魚品》、明人屠本畯的《海味索隱》、清代陳鑑的《江南魚鮮品》等。

與飲食相關的中醫著作主要是本草學，明清時期長江下遊人士撰著的此類著作有：明代盧和的《食物本草》、吳祿的《食品集》、寧和的《食鑑本草》等。

四、地方志

中國現有的古代方志多為明清時代所編修，長江下游地區人文薈萃，所以方志類著作數量相當大，有些地方連集鎮都有自己的方志。這些方志，記錄了當時當地的飲食名物和食風食俗，是具有原生態價值的寶貴史料。

五、文學作品

無論是詩詞歌賦還是散文，包括後來興起的《竹枝詞》之類，在飲食文化研究中都具有重要的作用，但現實的實用價值有限。而明清小說就不同了，特別是《三國志通俗演義》《水滸傳》《西遊記》《金瓶梅》，以及「三言」（《喻示明言》《警世通言》《醒世恆言》）《儒林外史》《紅樓夢》等長篇小說，為我們研究明清社會生活提供了豐富而鮮活的參考資料。這些作品或出自長江下游地區文人之手筆，或所述事物具有長江下游地區的歷史背景，如《金瓶梅》描寫市井生活中所提及的菜餚、蔬果、小吃很多，還有不少飲食程序、宴飲模式，這些都是明代市井、富商豪門飲食文化的代表，其中不乏江淮風味。《紅樓夢》中有上百道菜餚和大量養生方，是清代官府飲食生活的代表。紅樓菜大多是揚州菜，也有不少揚州菜和北方菜的結合。這些小說中的菜品極具生命力，一直流傳至今。

第五節　明清時期的飲食文化思想

明清時期的長江下游地區，其飲食文化水平並不遜於京師。這是因為：

首先，商品經濟的發展，刺激了人們的生活慾望，也促使士大夫以撰著飲食論著為榮事，使飲食文化著作大量湧現，促進了烹飪技藝日益精緻，出現了琳瑯滿目的肴饌品種。

其次，士大夫以品嚐美食為生活樂趣，宣揚「真樂」人生。因此他們大膽地衝擊道學先生假正經的虛偽生活態度。

再有，從養生到「尊生」，淡味和鮮味成了長江下游地區士大夫的口味追求，促使具有這一地域特色的美食不斷生成。

上述飲食思想的形成，有其特定的時代特徵：

第一，飲食風氣由儉而奢，豪吃豪飲，越禮逾制，成為不可抑制的社會潮流。

這和明朝開國皇帝朱元璋的草莽出身不無關係，一般的農民起義軍領袖微賤時清苦異常，一旦稍有成功，便縱慾無度，元末農民領袖張士誠可以算是個典型。帝王們的榜樣帶動了官吏的腐化，明朝的嚴嵩和清朝的和珅都是典型，即便是官聲尚好的張居正，也極其奢華。

第二，以吃聯誼，增強了士大夫的凝聚力，促進了文人結社的發展，這些事例在野史和地方志中屢見不鮮。

第三，飲食倫理中的人文關懷擴大為反對「虐生」。這種生態意識的強化，促成了素食素菜和素宴的發展。

以上所述，均引自劉志琴的論文《明代飲食思想與文化思潮》（《史學集刊》，1994年第4期），基本情況確實如此。就歷史背景而言，明清兩代，是中國封建社會走到巔峰行將下跌的時期，社會經濟生活中正反面效應都推向極端。

首先表現在社會財富積累空前增長，當時的國民生產總值及其人均數均為世界第一，但奢侈的消費品占主要部分。

二是科技水平遠遠落後於西方。明朝（西元1368-1644年）和清朝（西元1644-1911年）的五四四年間，歐洲出現了眾多自然科學領域的學者，如哥白尼、維薩留斯、伽利略、開普勒、哈維、笛卡爾、波義耳、牛頓、林奈、瓦特、法拉第等等，一直到達爾文和愛因斯坦。而中國呢？則是文化與科技的發展很不平衡，雖然在文化方面取得了長足的進展，如不僅修編了《永樂大典》，還編纂了《康熙字典》《四庫全書》《古今圖書集成》。但在科技領域卻只有李時珍的《本草綱目》、宋應星的《天工開物》和徐光啟的《農政全書》等屈指可數的幾種著述。作為世界上第一部工藝百科全書的《天工開物》，在國內竟然失傳，最後還是從日本重新引進的。就這樣，中國在科學技術方面，遠遠落後於西方。

三是消費文化空前發達。明清時期的消費文化（包括飲食文化），因為有充足的財力支持，創造了空前的輝煌，不僅有故宮、避暑山莊、圓明園等金碧輝煌的建築，還有數不清的珍寶古玩，更有曠世奇聞的千叟宴、孔府宴，直至後來的滿漢全席。

四是一些文人主張節儉，反對奢靡。有清一代，一些有見識的文人雖然也講究飲食，但他們並不主張奢華，李漁和袁枚是他們的代表。李漁（西元1611-1680年），字笠鴻、謫凡，號笠翁。浙江蘭溪人，清代戲曲理論家、戲劇作家。他著有《閒情偶寄》一書，涉及日常生活各個方面，被譽為古代生活藝術大全，其「飲饌部」是專講飲食之道的，共有蔬食、穀食和肉食三個部分。他主張在儉樸的原則下求飲食的精美，在平淡的心態中求生活的樂趣。他崇尚節儉，反對奢靡；崇尚自然，反對虐殺；追求素食，不拒葷腥；追求真味，忌食油膩；崇尚清淡，講究潔美；食為養生，非獨口腹。他對中國傳統膳食的推崇，為《黃帝內經》以後所僅見。如果有「飲食美學」這一說，李漁是當之無愧的集大成者。至於袁枚，前已介紹，茲不重複。

第九章　近代滄桑

從一八四〇年鴉片戰爭到一九四九年中華人民共和國成立,這110年的歷史通常叫做中國近代史,毛澤東把這段期間的中國社會形態定為半封建半殖民地社會,這期間又可分為兩個階段,即一八四〇至一九一一年共70年的晚清時期和一九一一至一九四九年共40年的中華民國時期。這期間的長江下游地區可算是典型的半封建半殖民地社會,由於封建的自然經濟(主要在廣大農村)和資本主義的商品經濟(主要在城市)同時存在,因此形成了包括飲食文化在內的文化形態的多元性,這一時期,雖然封閉的、僵硬的封建文化心態受到了挑戰,但卻依然保持著「天不變,道亦不變」的傳統情結。

這期間在行政區劃上有了顯著的變化,地處長江入海口南岸的小縣城上海一躍而成為世界聞名的大都市,即使是曾經一度成為首都的南京也望塵莫及。儘管這110年間的大多數時間,中國的政權中心並不在長江下游地區,但該地區的經濟中心地位已經形成,因此它在全國的穩定態勢中起著決定性的作用,是各種政治勢力爭奪的中心,也是中國社會文化的典型代表,飲食文化更是如此。

第一節 「西學東漸」和「無錫科學小組」的貢獻

一、「無錫科學小組」產生的背景

明末清初,意大利傳教士利瑪竇等來華,與徐光啟等合作傳來了「西學」,主要內容是天文曆法及與之相關的數學,基本上不屬於近代科學。但是自鴉片戰爭以後,由於西方近代科學的各個門類都已經形成體系,加之這一時期的清政府既不敢干涉西方教士的傳教活動,也不敢禁止他們在華印書辦報,因此真正的「西學」開始進入中國,而登陸的灘頭陣地便是長江下游地區。西元一八五七年,英國傳教士合信、麥都思等在上海設「墨海書店」,創辦中文刊物《六合叢刊》,這是中國土地上的第一本科普刊物;西元一八五八年,美國傳教士在寧波創辦中文報紙《中外新

報》；西元一八六一年，上海徐家匯天主教堂創設博物館；一八六三年，李鴻章繼京師同文館之後，在上海機器局內設「廣方言館」；此外，西方教會還在各地興辦了不少醫院、學校、慈善機構和文化機構。此後，一批有關西方的書刊相繼問世，其中有一本叫做《博物新編》的科普讀物，產生了很大的影響，吸引了一大批對新事物敏感的知識分子，潛心研究西方學術，其代表人物如浙江人李善蘭、蘇州崑山人王韜、無錫人徐壽及其子徐建寅和華蘅芳、華世芳兄弟等，其中又以徐氏父子和華蘅芳更注意西方的科技動態，並且親自動手進行科學實驗，這在當時視動手實踐為彫蟲小技的中國知識界，引起了極大的震動。當時適逢洋務運動興起，以曾國藩、李鴻章、張之洞等為代表的漢族高官，接受了鴉片戰爭以後一連串失敗的教訓，很重視這些研究西方新學的知識人才，吸收這些人才作為自己的幕僚，於是產生了一個被西方科技史家稱之為「無錫科學小組」或「無錫小組」的學術組合，其核心人物便是徐壽、徐建寅父子，華蘅芳、華世芳兄弟，他們協助曾國藩、李鴻章、左宗棠、張之洞等造輪船，造槍炮、造無煙火藥、建化工廠等，這些人即是中國近代史上重要的科學啟蒙人物。但這些人並不通曉外國語言，他們對西方近代科學技術的吸收主要是靠諸如《博物新編》之類的科普讀物，再就是與西方來華人士（主要是傳教士）的學術交流，其中英國人傅蘭雅（John Fryer，1839-1928）在中西科學文化交流中所起作用較大。然而，這些外國人在當時也還都算不上是科技菁英，他們所掌握的也只是近代科學的一些淺層知識。所以「無錫小組」在和傅蘭雅等人的合作中所能達到的成就，只是將西方的近代科學技術向中國進行傳播和移植，而不能形成什麼「學派」，故而只能稱為科學小組。[1]

二、「無錫科學小組」的貢獻

「無錫小組」和傅蘭雅等人的重要貢獻之一就是翻譯了一大批西方科學技術書

1　汪廣仁：《中國近代科學先驅徐壽父子研究》，清華大學出版社，1998年。

籍，從一八六七年到一八八〇年共翻譯了各種書籍156部411本（其中部分因傅蘭雅回國而未能出版）。此外，尚有寓華西人自譯出版的中文書62種，例如眾所周知的《造洋飯書》便是其中之一。他們還在上海出版發行了第一家中文科技期刊——《格致彙編》[1]，介紹西方最新的科技動態。就飲食而言，當時有一本叫《化學衛生論》的譯作，這是關於生化和近代營養學的科學普及讀物，也是近代中國最早的生化和營養科學的啟蒙讀物。它對近代營養科學在華立足起了很大的作用，影響了幾代人，當時著名的文學家魯迅也承認了它的影響，至今紹興魯迅紀念館還保存著相關的記錄。

《化學衛生論》一書的英文原名為「Chemistry of Common Life」，因此，這裡的「衛生」一詞實為「養生」之意。該書原版於西元一八五〇年首發，中譯本由傅蘭雅（西士）和欒學謙（中士）合譯。《化學衛生論》初譯本在《格致彙編》上連載，後來由格致書室、廣學會和江南製造局數次以單行本的形式出版發行，在當時來說印數相當大。全書共分4卷33章：卷1為第1-6章，分別敘述空氣、水、土壤、植物、糧食、肉類與人類生存的關係；卷2為第7-14章，闡述茶、咖啡、可可、蔗糖、乳類、糧食酒、葡萄酒、酒精的相關知識；卷3為15-23章，闡述對人體有毒害作用的物質，諸如菸草、鴉片、印度大麻等；卷4為24-33章，論述化學品對人體的危害和環境污染，以及消化生理方面的知識，特別是工業發展可能產生的環境污染問題，這個問題在150年前就提出來了，的確是非常超前的。

「無錫科學小組」的核心人物徐壽，對中國化學名詞的釐定做出了創造性的貢獻，我們今天所用的化學元素名稱絕大多數都是他創譯的，而且他制訂的譯名原則至今仍在使用。徐壽等人對有機化合物名稱一概採用音譯的方法，例如稱乙醚為「以脫」（ether），如此等等，這在當時也算是一種時尚。十九世紀末到二十世紀初期的書刊，常常出現這些高深莫測的譯名，我們如果核對一下徐珂《清稗類鈔》「飲食類」前面的那幾個條目，就會發現這些資料大多來源於《化學衛生論》和當時江

1　傅蘭雅：《江南製造總局翻譯西書事略》，1880年。

南製造局所譯的醫藥書籍。

在這裡，我們還必須提到《格致彙編》，這在今天看來並不起眼，但在十九世紀晚期，這份雜誌確實起到了令人振聾發聵的作用。例如，在光緒二年三月（西元1876年4月）卷上，徐壽以《醫學論》為題，比較了中西醫在理論觀念和思維方法上的差異，指出中醫在方法論上的缺陷，並希望總有一天中西醫會相互貫通。在光緒六年三月（西元1880年4月）卷上，徐壽次子徐建寅（是我國第一個赴歐洲考察科學技術的外交官）著文介紹了鐵元素在人體血液中的功用，這是中國傳統學術中想都沒有想過的事情。同年六月卷，徐建寅還介紹了鴉片成癮及其危害的道理。所有這些吉光片羽，都對國人起到了重要的啟蒙作用，我們在這裡介紹的「西學東漸」事件百不及一，而且看似與飲食文化關係不大，其實不然。原因有三：一為思維方法的衝擊遠大於知識本身，使國人認識到中國傳統知識領域的侷限性，不改則不能適應時代發展的步伐；二是近代營養科學及相關的學科基礎知識，被系統地介紹到中國來了，人們對「養生」的內涵有了本質的認識；三是中國傳統的陰陽五行學說受到了前所未有的挑戰，引發了人們的強烈反思。

第二節　中國近代食品工業的誕生

當前飲食文化研究中有一個相當突出的片面性傾向，就是有些學者認為飲食文化只是烹飪文化，視食品工業與餐飲業所依據的是兩種不同的知識體系。不言而喻，這種認識是極其有害的。就現代社會而言，離開了食品工程和食品科學，「民以食為天」只是一句空話。為此，我們在這裡不迴避近代食品工業在中國誕生這個重要課題。

一、近代食品工廠的建立

中國近代食品工業以糧食加工業和菸草工業為大宗，更以長江下游的上海為中心。一八八六年，上海華商「正裕麵粉廠」開業；一八九六年，英商上海「增裕麵粉廠」成立；一八九九年，孫多豐等創立上海「阜豐機器麵粉公司」；一九〇〇年，南通「復新麵粉公司」和無錫「茂新麵粉公司」成立；一九〇二年，上海「英美菸草公司」和「華興麵粉公司」成立；一九〇七年，華僑簡照南兄弟成立「南洋菸草公司」……從中可以清楚地看出，這是以上海為龍頭，按先沿海後內地的分布格局而形成的江浙滬近代產業帶，並為該地區華洋雜處的飲食文化格局提供了基礎條件。

進入二十世紀以後，以上海為龍頭的近代食品工業從糧食加工業向其他行業擴散，其中最值得注意的是民族資本家吳蘊初創辦的民族味精工業。吳蘊初（西元1891-1953年），上海嘉定人，出生於一個教師世家，就讀於上海廣方言館和上海兵工學堂化學科，其化學教師即徐壽第三子徐華封，所以他也應該算是「無錫小組」的入門弟子。他受日本「味之素」的啟發，利用自己所掌握的化學知識，自行研究谷氨酸鈉，於一九二一年初取得成功，製得了幾十克谷氨酸鈉產品，自己帶著它到小飯館裡去品嚐，在所要的菜餚中添加少量產品，以品嚐其增鮮效果，結果引起了一個叫王東園的人的注意。此人是當時上海著名醬園張崇新醬園的推銷員，職業的敏感性促使他要求分享吳蘊初的研究成果，當他得知這種白色粉末就是來自東洋的「味之素」時，便竭力促成吳蘊初和他的老闆張逸雲合作，由張出資產，吳出技術，合作創辦了天廚味精廠，「味精」這個商品名稱也是他們定的。天廚味精於一九二三年投產，當時幾乎完全是手工操作，月產量只有一點一噸左右。一九二三年年產量為三噸，一九二四年為九噸，一九二五年為十五噸，一九二六年為二十五點五噸，到一九二八年已達到五十一噸，五年之間翻了四番有餘。加之因一九二五年上海等地掀起抵制日貨的高潮，所以天廚味精的銷路猛增。到一九三二年，年產量已達到一五九噸。當時味精生產的主要原料是麵筋和鹽酸，因鹽酸係由日本商人

供應，成為發展生產規模的制約因素，故而吳蘊初又創辦了電解食鹽的「天原化工廠」，後又因電解食鹽所得的氫氣過剩而創辦生產合成氨和硝酸的「天利淡氣廠」。吳蘊初成了中國化學工業創始人之一，他輕、重化工一起上，確實是中國民族企業家中的佼佼者。[1]由吳蘊初開始創辦的中國民族調味品工業，至今仍是中國食品工業生產中的重點行業。

在長江下游地區還有一大批傳統的食品企業，如上海「冠生園」、「邵萬生食品公司」，以及分散在江浙皖三省的一批名特優食品，諸如：南京板鴨、揚州醬菜、鎮江香醋、蘇州糖果、紹興黃酒、金華火腿，以及杭州茶葉等，其中不乏巴拿馬世界博覽會金獎獲獎產品。但整體說來，這些企業對自己產品的升級缺乏像吳蘊初那樣的遠見卓識，所以始終走不出作坊式生產的窠臼。當然，其中也有少數企業，例如上海的冠生園，也具有發展自己的遠大抱負。

上海冠生園是廣東商人冼炳成（字冠生）於二十世紀三〇年代初創辦的以生產傳統糖果糕點為主的手工作坊，但由於很注意廣告宣傳和誠信經營，所以發展得很快，十幾年內在全國辦了十多家分號，成為二十世紀三、四〇年代聞名全國的食品企業，在很多城市都可以看到冠生園的招牌。冠生園的歷史，實際上是中國食品企業由傳統走向現代化的一個縮影。

二十世紀前半期，上海食品市場上常見的品牌尚有梅林罐頭、正廣和汽水、泰康餅乾等。這些企業或為華商、或為外商、或為中外合辦，完全體現了上海這座開放城市的經濟特點。以上海「屈臣氏公司」為例，最早可以追溯到一八二八年（清道光八年），英國人屈臣氏在廣州開辦香港大藥房，一八八七年在上海等地設分號，後來涉足食品行業，製造和銷售碳酸飲料，當時按十九世紀末期日本人的叫法稱「荷蘭水」，可上海人對這個名稱不接受，因其開瓶後冒氣泡，故稱為汽水。此外，屈臣氏還代理風靡全球的「可口可樂」飲料。到了抗日戰爭勝利後，上海的大街小巷到處都可見到屈臣氏的廣告和商品。新中國成立以後，屈臣氏退出中國，

---

1 吳志超：《吳蘊初及其化工事業》，《文史資料選輯》，1978年第二輯。

二十世紀八〇年代又重返上海。我們從屈臣氏的發展中，可以體會到中國由半封建、半殖民地到社會主義轉化的歷史特徵，更可以體會到長江下游地區飲食文化中新舊融合的特點。

二、近代食品科學教育的創辦

在飲食文化領域內，近代食品工業是該領域內先進生產力的代表，也是先進飲食文化的發展方向，並以服務於公眾為基本經營觀念。這種先進性決定了近代食品工業不是工匠的世襲領地，而是食品科學家和工程師施展才華的場所，近代食品工業的發展必然需要近代食品工程和營養科學教育事業的配合。長江下游地區是中國近代食品工業的搖籃，同時也是中國近代食品工程教育和近代營養科學教育的主要發源地。

❶・食品工程學的教育機構

十九世紀三〇年代，在南京國立中央大學、上海復旦大學、無錫私立江南大學、上海吳淞水產專科學校和一些農業院校，相繼設立了食品工程或農業化學類專業，培養高級食品工程技術人才，其中辦得最早、影響最大的是國立中央大學食品工程系，算得上是中國近代食品工程科學的搖籃。新中國成立以後，以這個係為主幹，調整設置的無錫輕工業學院，以後改名為無錫輕工業大學，二十世紀末調整重組為今天的江南大學，她一直是我國食品工程教育機構的龍頭老大，培養了一代又一代的中國食品工業技術骨幹。

❷・近代營養學的教育機構

中國的近代營養教育也發軔於二十世紀三、四〇年代，主要是西方教會在其所辦的高等學校中設立家政系，著名的如上海私立震旦大學、南京的私立金陵女子文理學院、北京的私立燕京大學和私立輔仁大學等。最初，營養學是家政系的一個專業，例如，上海震旦大學的家政系，原本是上海天主教聖心中學辦的相當於中

等職業教育專業，後轉入震旦女子文理學院，到了一九四〇年才正式設立家政系，下設兒童教養（實際上是護理專業，學生畢業後當護士）、庭院設計、公共營養與臨床營養等專業，一開始只有6名學生，後來震旦女校併入震旦大學，才正式設立營養系，但屬於醫學類專業。當時學營養的學生都是女性，畢業後也大多成了家庭主婦，服務於社會的人極少，社會也不需要她們。因為在積貧積弱的舊中國，飢餓和窮困幾乎容不得人們去考慮什麼營養，所以有些營養專業高學歷人才終生都未能實現自己的抱負。例如，第一位女營養學博士李美鶴（1900-2000年），在金陵女大畢業後赴美國康奈爾大學專攻營養學，獲得博士學位。一九四八年回國後，曾在南京珠江路小粉橋獨自創辦兒童營養實驗站，但因無經費而停辦，後來以教英語和普通生理學為生。到了84歲寫了《兒童營養學》，也未能普遍發行。這位終身未婚的女科學家，儘管活了百歲高齡，卻始終沒有找到用武之地，對於營養科學的建樹甚微，實在是人才資源的巨大浪費。

❸·食品工程技術人才的代表人物

跟營養人才相比，食品工程技術人才的情況要好得多。由於食品工業的不斷發展，不少工程師和食品科學家受到社會的重視，特別是在長江下游的江浙滬地區，出現了一批對中國食品工業發展做出貢獻的食品科學家，如秦含章、張學元、陳騮聲、沈治平等是他們當中的代表人物。不過他們施展才華的時間主要是在解放戰爭結束以後。

秦含章（1908-　），江蘇無錫人，曾在比利時和德國學習食品工程，獲碩士和工程師學位，一九三六年回國任國立中央大學食品工程系教授，一九五〇年調食品工業部（後併入輕工業部）做技術管理工作。他是我國當代年事最高、資格最老的食品科學家，是中國近代食品工程學奠基人之一。[1]

張學元（1918-2000年），江蘇常州人，畢業於浙江大學農業化學系。長期從事食品科技和食品工廠的管理工作，是上海益民食品廠的首任廠長，始創了「光明牌」

1　劉美菊：《食界不老松——秦含章》，《中國食品報》，2001年1月15日第一版。

這個新中國著名的食品品牌；長期擔任輕工業部食品工業局總工程師，一直參與新中國食品工業的總體規劃和設計審定實施方案，特別是對新中國罐頭食品和乳製品工業的發展做出了顯著的貢獻，是中國食品科學技術學會的主要創始人之一，也是中國傳統食品工業化的帶頭人，是方便食品、食品基本配料、學生午餐和大豆食品等新興食品工業的倡導者。[1]

陳騶聲（1899-1992年），福建福州人，長期在南京、上海等地高等院校任教授，在解放戰爭結束前由商務印書館出版的「大學用書」和「大學叢書」中，有多種有關食品工程方面的大學教材都是由陳騶聲編著的，他在發酵工程和食品微生物方面都有過深入的研究。

沈治平（1915-2010年），江蘇泰縣（現姜堰市）人，一九三八年畢業於中央大學農業化學系，後在上海、江蘇等地工廠從事食品科技工作，一九四八年去美國俄勒岡州立大學食品科學與技術系留學並獲得碩士學位，一九五〇年回國。他長期主持《食物成分表》的檢測編寫工作，是我國食物營養科學體系的組建者，在食品營養衛生領域做了許多傑出的貢獻。[2]

長江下游地區歷來是人才薈萃的地方，食品科學和營養科學也是如此，如果有可能做一個食品和營養高級科技人才的籍貫調查，長江下游地區肯定居於全國之冠。

第三節　長江下游地區飲食風味體系的形成

徐珂《清稗類鈔》，在其「各處食性之不同」條中說：「食品之有專嗜者，食性

1　邢國春：《鋪路人——記為我國食品工業作出傑出貢獻的老專家張學元》，《中國食品報》，2000年6月13日第一版。

2　邢國春：《為了人民的健康——記為我國食物營養學作出突出貢獻的老專家沈治平》，《中國食品報》，2001年7月13日第一版。

不同，由於風尚也。茲舉其尤，則北人嗜蔥蒜，滇、黔、湘、蜀人嗜辛辣品，粵人嗜淡食，蘇人嗜糖。即以浙江言之，寧波嗜腥味，皆海鮮。紹興嗜有惡臭之物，必俟其霉爛發酵而後食也。」徐珂的這段話在談各地的口味偏嗜時，用了「風尚」二字，實際指的是各地方的風味。這在飲食文化中是個重要概念，也是飲食科學的研究對象，因為涉及食物與人的視覺、味覺、嗅覺、觸覺甚至聽覺的相互關係，由於生理化學研究的滯後，目前尚不能有精確的量化指數（與觸覺相關的力學模型正在建立），但大體上可以做定性的解釋。正因為如此，地域的風味特色是否可以叫做「系」是一個需要研究論證的問題。因此，我們在這裡所說的風味體系，實指風味類型，也就是趙榮光先生所說的飲食文化圈的一般特徵，是以文化學為基礎但又與風味科學不相矛盾的折中概念，是根據當代飲食科學研究現狀所作出的一種權宜措施。

一、長江下游地區飲食風味體系的歷史回顧

一方水土養一方人，長江下游地區在古代的吳越文化區，飲食文化的基本特徵就是「飯稻羹魚」，因為這裡自古就是「魚米之鄉」。以蘇州而言，繁體的「蘇」字，「魚禾所自出，蘇字兼之。」衛聚賢先生釋「吳」即「魚」，周國榮先生考證：太湖畔的古吳族，「即是擅長捕捉魚之部族。」而且先秦幾位吳國君主的名字竟然都和捕魚的船有關。吳王闔廬曾築「魚城」，專門養魚，尚有遺址可考。而越國的范蠡曾著有《養魚經》，被收入《齊民要術》。秦漢以後，長江下游地區的魚蝦蟹貝及其製品，歷來都是各代朝廷的貢品。至於水稻，從考古資料來看，目前已知的六個年代最古老的稻作遺址，全部分布在長江下游太湖流域一帶，這至少可以證明，長江下游古太湖流域的確是我國最早種植水稻的地區之一。[1]魚和稻構成了長江下游地區飲食風味體系的物質基礎。

1　楊曉東：《燦爛的吳地魚稻文化》，當代中國出版社，1993年。

　　魏晉南北朝時期，長江下游地區作為南方的政治、經濟和文化中心，同時又接納了中原飲食文化南移的影響，奢華之風因此形成，文人飲食在此地區得到昇華和提高。此風到隋唐五代十國時期達到頂峰，至南宋時風格已成定式。

　　元明清以後，西學東漸之風首吹東南沿海，特別是鴉片戰爭以後，歐洲飲食登陸上海、寧波等地，長江下游地區的飲食風格形成多元共處，在個性特徵上更多的是尋求某種共性的「兼容」，其中尤以上海最為典型。上海餐飲市場的包容和社會文化的消化吸收能力堪稱全國之冠，特別是其創新意識為其他地區所不及，人們日常飲食的市場化程度也最高，深厚的文化底蘊和市民的文化素養決定了這一地區不事張揚、踏實前進的風格，從而形成了其獨特的風味。

　　在以天然地理條件為飲食基礎的前提下，飲食風味體系首先基於廚師的創造勞動，再就是得益於文人食客的渲染提煉，長江下游地區於此兩者均可謂得天獨厚。清末民初，各地風味進入長江下游地區，正如徐珂所說：「上海之酒樓，初惟天津、金陵、寧波三種，其後乃有蘇、徽、閩、蜀人之專設者。」廚師依當時手工業行會之慣例，結成行幫，開始是為了在同鄉、同行之間有個相互照應，後來便成了風味幫派，至今仍有蘇幫、川幫、淮揚幫的說法。二十世紀八〇年代，一些愛好研究中國烹飪的朋友們，首倡「菜系」之說，深得廚行的擁護，遂有「菜系」代替風味體系的傾向，至今尚有爭議。

二、歐美飲食進入長江下游地區

明末清初進入中國的西方傳教士利瑪竇、湯若望、南懷仁等，畢竟人數不多，因此在飲食方面對中國的影響是很有限的。可是鴉片戰爭以後，商人、士兵、學者、醫生、傳教士等，大量地進入中國沿海甚至內陸地區，而且受到不平等條約的保護，所以他們的生活習慣包括飲食習慣，便一起進入中國。華南、長江下游地區和渤海灣地區是他們首選的聚集地。俄國十月革命後，在東北有更多的俄國人進入。四分五裂的中國，成了西方冒險家的樂園，上海是他們發財的天堂。

最初認識西餐的中國人，當然是外出謀生的華僑，但他們留下的文字材料卻不多。而最早記述西方飲食的中國人則是首批留學生和外交官，例如「無錫小組」主要成員徐建寅，在其所著的《歐遊雜錄》中，便有很多關於飲食活動的記述和感受，因為他是中國第一位派往歐洲進行科學考察的外交官，所以他的觀察角度比別人更加不同。然而，在中國本土認識「西餐」而又留下詳細記述的當推徐珂的《清稗類鈔》。

❶·西餐禮儀

《清稗類鈔》中較詳細地介紹了西餐的一些禮儀，如座位的講究、餐具的使用、進餐時的禁忌等，反映出人們對西餐的瞭解：

「國人食西式之飯，曰西餐，一曰大餐，一曰番菜，一曰大菜。席具刀、叉、瓢三事，不設箸。光緒朝，都會商埠已有之，至宣統時，尤為盛行。席之陳設，男女主人必坐於席之兩端，客坐於兩旁，以最近女主人之右手者為最上，最近女主人左手者次之，最近男主人右手者又次之，最近男主人之左手者又次之，其在兩旁之中間者則更次之。若僅有一主人，則近主人之右手者為首座，最近主人之左手者為二座，自右而出，為三座、五座、七座、九座；自左而出者，為四座、六座、八座、十座，其與主人相對居中者為末座。既入席，先進湯，及進酒，主人執杯起立（西俗先致頌詞，而後主客碰杯起飲，我國頗少），客亦起執杯，相讓而飲。於是繼進肴，三肴、四肴、五肴、六肴均可，終之以點心或米飯，點心與飯亦或同用。飲

食之時，左手按盆，右手取匙。用刀者，須以右手切之，以左手執叉，叉而食之。事畢，匙仰向於盆之右面，刀在右向內放，叉在右，俯向盆右。欲加牛油或糖醬於麵包，可以刀取之。一品畢，以瓢或刀或叉置於盤，役人即知其此品食畢，可進他品，即取已用之瓢刀叉而易以潔者。食時，勿使食具相觸作響，勿咀嚼有聲，勿剔牙。」

「進點心後，可飲咖啡，食果物，吸菸〔有婦女在席則不可，我國普通西餐之宴會，女主人之入席者百不一覯（gòu）〕，並取席上所設之巾，揩拭手指、唇、面，向主人鞠躬致謝。」

「今繁盛商埠皆有西餐之肆，然其烹飪之法，不中不西，徒為外人擴充食物原料之販路而已。」

「我國之設肆售西餐者，始於上海福州路之一品香，其價每人大餐一元，坐茶七角，小食五角，外加堂彩、煙酒之費。當時人鮮過問，其後漸有趨之者，於是有海天春、一家春、江南春、萬長春、吉祥春等繼起，且分室設座焉」。

又據孫家振所記，民國初年，王韜主編《申報》時，喜歡在上海福州路的「一品香」或「江南春」西餐館吃西餐，並喜歡「召北里姝於席間觴政」，但他又懼內，所以每餐後都要將席上所剩的「外國饅頭」（麵包）帶回去搪塞夫人。由此可見，當時吃西餐的中國人，一為名流，二為新派。還有一種「公司菜」，《清稗類鈔》云：「公司菜，西餐館有之，肴饌若乾品，由館中預定，客不能任意更易，宜於大宴會，以免客多選肴之煩瑣也。謂之公司者，意若結團體而為之也。」

❷·《清稗類鈔》中所記述的西餐營養知識與飲食科學搭配

由於近代科學尤其是營養學在我國的傳播，理智地評價中國傳統飲食優缺點的人越來越多了。即以徐珂而言，他在《清稗類鈔》「飲食類」開頭的幾個條目中，多次強調飲食的首要功能是強身健體，而不僅僅是為了追求「美味」，而且強調飲食衛生。知道了食物的營養成分有蛋白質、脂肪和小粉質（即後來譯定的澱粉）、糖質，已使用了「酒精」這樣的標準名稱，說明徐珂的營養化學知識，已較「無錫

小組」有所進步，但仍然使用了部分音譯的名詞。例如，他說肉湯的營養成分並不多，「以肉入水久熬之汁，僅含灰質及越幾斯」，這裡的「灰質」即現代營養學所指的礦物質，而「越幾斯」則是jeljus的音譯，實為膠狀肉汁。但徐珂並不是科學家，所以他無法辨別科學真偽，只能照引文摘錄。例如，他在「食物之所忌」條中，仍然收錄了諸如「夏月多有蛇化鱉者」之類荒誕不經的傳說。

曾留學美國的無錫人朱胡彬夏女士批評中國傳統「宴會的肴饌過多，有妨衛生，且不清潔而糜金錢也」。徐珂對此觀點深表贊同，他在「改良宴會之食品」條中，對該女士的家宴食單和進餐方式非常推崇。食單所列飲品系紹興黃酒，菜餚有芹菜拌豆腐乾絲、洋蔥炒牛肉絲、白斬雞；火腿、燉蛋、炒青魚片、白燉豬蹄、炒菠菜、炒麵、魚圓、小炒肉、湯糰、蓮子羹、煎糟黃雀、炒青菜、江瑤柱炒蛋、血湯、腐乳、醃菜心、水果，並有飯和粥作主食。其中前四品為下酒之冷菜，青菜、黃雀為佐飯之肴，而腐乳和醃菜心為配粥之小菜，既吸收了西餐的科學原則，又安排了適口的傳統菜點，「五味調和」這種在傳統中餐中引入近代營養衛生概念的吃法是徐珂非常欣賞的。足見外國飲食的科學原則，至少已為知識分子階層所接受，這對於現代長江下游地區飲食風味體系的形成產生了積極的影響。

三、精細柔和的淮揚菜

所謂淮揚菜，準確地說就是蘇北運河兩岸的菜點風格，北至兩淮、南迄鎮江，

◀圖9-2　清蒸鰣魚

這一地帶風俗人情相似，特別是鎮、揚兩地，語言特徵也很接近，鎮江雖在江南，但並不視揚州為江北，這和蘇、錫、常地區有顯著的不同之處。凡此種種，都深深地影響了當地的飲食文化。鎮、揚、淮三地市民早晨都有進茶樓的習慣，茶點的品種和吃法大體相同，薑絲肴肉和燙乾絲是首選的肴品，酵麵點心加清茶一杯，吃得是那樣愜意和清閒，胃口大的還可以要一碗白湯麵加幾隻大餛飩，叫做「餃麵」，淮安乾脆叫餛飩為淮餃，湯是用豬、雞、魚骨頭熬製的乳湯，鮮味劑用的是正宗的蝦籽，無論是肴肉還是乾絲，都蓋上一把生薑絲，切得比棉線還細。所有這些，刀工、火候和調味都恰到好處。揚州三伏醬油、鎮江香醋，任客人自選。較之北方，油炸食品很少；較之蘇錫地區，米粉製品很少，基本上反映了南北交匯的特點，刀工精細，造型精美，鹹甜適口，南北皆宜——的確得到了充分的體現。淮揚菜的肴品，刻意追求精細鮮嫩，維揚廚師擅長燉燜，揚州廚師做的清燉蟹粉獅子頭、大煮乾絲、清蒸鰣魚，兩淮廚師做的鱔魚菜餚，都足以顯出精細鮮嫩的特色，實為全國其他地區所不及。

淮揚菜萌起於兩漢時期，自從吳王夫差鑿通邗溝以後，淮安與揚州兩地就有了密切的聯繫，飲食風格逐漸趨向一致。淮揚菜發展於隋唐時期，隋唐時因大運河的通航，各地飲食風格在此交流，使淮揚菜獲得了長足的發展。但正式形成應該在明清時期，其中的重要原因是由於乾隆六次南巡的影響，淮安和揚州是乾隆的駐蹕之地，從而刺激了兩地飲食業的發展，加之兩地在鹽務及運河運務管理上的重要地位，大批鹽商及運務官吏聚居揚州，形成了高層次的消費群體，促進了淮揚菜這種精細柔和的地方風味體系的形成。

這一時期安徽徽州商幫的尚文品性也發揮了很大的影響力。淮揚菜和揚州畫派、揚州園林、揚州手工工藝（玉器，漆器、剪紙等）、山陽（即淮安）醫派，乃至揚州學派共同構成了蘇北運河文化的整體。

總體來說，長江下游地區的各種風味特色是同大於異，其共同點在於精細柔和，但各地風味仍有一些自身的特點，安徽菜、浙江菜、上海菜都體現出了各自的文化底蘊。

第四節　長江下游地區主要城市飲食市場的繁榮

一、外國冒險家的樂園——上海

「上海」這個地名宋朝才出現，元朝至元二十九年（西元1292年）才正式有上海縣的建制，一直隸屬於松江府。鴉片戰爭後，被迫闢為通商口岸，一八四三年十月上海開港。一八四五年，英國在上海設租界，隨後，法、美、日等國相繼設租界，大片國土淪為「國中之國」。一九三七年抗日戰爭爆發前，從城北的虹口走到城南的徐家匯，要按五個國家的法律行政。太平洋戰爭爆發後，上海完全控制在日本人手中。一九四五年以後，美軍又出現在上海，直到一九四九年五月上海解放，上海才真正完全回到中國人民手中。

在二十世紀三〇年代的上海文藝界中首先出現了「海派」的提法，多少帶有一些貶義。一九八五年以後，上海文化界以新的觀點重新解釋「海派」一詞時，反應最強烈的便是上海的餐飲界，他們立刻把上海菜叫做「海派菜」。這種心態正如邵建華所分析的那樣：「租界在物質文明、精神文明方面顯示出來的西方長處，改變著上海人不合時宜的傳統觀念，刺激著上海人向西方人學習。面對既是敵人又是先生的西方人，上海人變得講究實際起來，他們沒有做法不飲盜泉之水的智者，而是儘可能地利用租界的各種條件。這種租界心理是在外力壓迫下被動開放的民族特有心理。」[1]海派文化特別偏重功利主義就是這種心態的反映，這對於推動上海飲食文化的發展，提供了與之相適應的社會心理基礎。

根據周三金的統計：「在清末民初時，已有11個地方風味菜館在上海出現，宣統元年（西元1909年）出版的《上海指南》記載：『酒館種類有上海館、四川館、福建館、廣東館、南京館、蘇州館、鎮江館、揚州館、徽州館、寧波館、教門館之別。』」民國初期到20世紀30年代末，又先後增加了杭州菜、潮州菜、湖南菜等。於

1　邵建華：《海派文化與海派飲食》，《中華食苑》第7集，中國社會科學出版社，1996年。

是形成了滬、蘇、錫、寧、徽、粵、京、川、閩、湘、豫、魯、揚、潮、清真、素菜等16個地方風味聚於一地的格局，為發展和豐富上海菜提供了良好的條件。」[1]除前述的「教門館」（上海人稱信基督為「入教門」，這裡不是指伊斯蘭教）又稱「番菜館」外，其他都是已經上海化了的西餐。

二、「虎踞龍蟠」的南京

中國近代史上的南京，曾經是太平天國時期的天京（西元1853-1864年），清同治三年（西元1864年）六月十六日，曾國荃破城後進行大屠殺，南京受到嚴重的破壞。一九一二年元旦，孫中山就任臨時大總統於南京，但只有43天他便自動解職。一九二五年，蔣介石再定南京為首都，但從一九三七年到一九四五年這八年抗日戰爭期間，國民政府實際上在重慶（當時稱陪都），其間發生了日本軍國主義分子至今不敢承認的大屠殺，遇害的中國軍民在30萬人以上。一九四五年，國民政府回遷南京後就開始了國共兩黨的內戰，一九四九年國民黨敗退臺灣，南京又失去了首都的地位，但「虎踞龍蟠」的南京卻走上了和平發展的道路。

新中國成立前的南京，雖然到處都是名勝古蹟，但幾經戰亂都已破敗不堪。然而，南京畢竟是幾代都城，飲食風貌也是全國各種風味體系在此交融。近代南京城區的主要街道上，除了江蘇各地風味外，還有京、粵、閩、湘、川、鄂、徽、浙、魯、豫、晉、陝、甘、內蒙古、東北（當時稱滿洲）風味，以及清真、素菜和西餐一應俱全。如前所述的「同慶樓」（有南北兩號）便是北京的風味，「馬祥興」是著名的清真風味，而「六華春」則供應各式西菜，規模雖然不大，但烹調之工夫亦復相當精細，不過繁華程度不如上海。

南京人善於烹製鴨饌，有全鴨席菜譜傳世，即便是街頭食攤，也能吃到風味獨特的桂花鴨，真是價廉物美。南京板鴨更是聞名全國的土特產品。

1　周三金：《上海菜的形成與發展》，《中華食苑》第5集，中國社會科學出版社，1996年。

三、曾是「天堂」的蘇杭

「上有天堂，下有蘇杭。」是每一個中國人都熟悉的古諺。杭州是錢塘江入海口的明珠，蘇州是太湖邊上的翡翠，兩地的民風習俗有很多相似之處。

中國近代史上的杭州，在當時全國都處於飢餓狀態的情況下依然是相對的富庶。徐珂《清稗類鈔・飲食類・杭州人之宴客》曾說：「杭州以繁盛著稱，然在光緒初，城中無酒樓，若宴特客，必預囑治筵之所謂酒席館者，先日備肴饌，擔送至家而烹調之。倉猝客至，僅得偕至豐樂橋之聚勝館、三和館兩麵店，河坊巷口之王順興（杭人曰吃王飯兒），薦橋之趙長興兩飯店，進魚頭豆腐、醋摟魚、炒肉絲、加香肉等品，已自謂今日宴客矣。蓋所謂酒席店者，設於僻巷，無雅座，雖能治筵，不能就餐也。光緒中葉，始有酒樓。最初者為聚豐園，肆筵設席，咄嗟立辦。自是以降，踵事增華，旗亭遍城市矣。」由此看來，有兩點值得注意，一是杭州到了清末，既沒有了南宋的景象，也失去了康乾盛世時的風采，但繁盛的氣派還在；二是在光緒中葉以前，杭州人習慣於在自家宴客，故杭州人（整個浙江均如是）對

橘子賣
得真便宜
孩童
看見笑
嬉嬉定
要嫂嫂
買幾隻回
家騙騙
小弟弟

時偉在
光緒
乙未

邱

◀圖9-3　《賣橘子小販》，清光緒嵩山道
　　　　人圖（揚州博物館藏）

於家常菜向來不馬虎。事實上，浙江名菜中有許多品種，都是從家常菜提升上來的。杭州人崇尚淡雅、自然的風格，龍井茶、虎跑水最能表現杭州人的飲食心態。

著名愛國作家郁達夫於一九三五年，以《乙亥夏日樓外樓坐雨》為題的一首詩說得最為透徹。詩曰：「樓外樓頭雨似酥，淡妝西子比西湖。江山也要文人捧，堤柳而今尚姓蘇。」這就是說，許多名揚四海的事物，都離不開文人雅士的賞評。杭州的許多名菜，如叫化童雞、蜜汁火方、龍井蝦仁、醋　魚、宋嫂魚羹、東坡肉等，每一道菜都有一段生動的故事，耐人尋味。

民國初年，杭州的菜館多為京菜館，後又有了川菜、粵菜館，名店如聚豐園、宴賓樓、三義樓、天香樓、春華園等，這些菜館建在城區，而樓外樓、杏花村、壺春樓、太和樓等則在西湖上。聚豐園和天香樓還附設結婚禮堂，免費提供給結婚者使用。杭州菜館都兼售紹興酒，故多叫「酒菜館」，「更大書特書京菜大菜，應時小吃，包辦筵席，各式酒點等等。」筵席分燕窩、魚翅、魚圓、魚仁、蝦圓等等，還有時價為一元至六元不等的和菜。杭州飲食業在抗日戰爭之前就抱有競爭心態，各菜館迭出奇招，這大概就是今天浙江市場經濟特別繁榮的前因。[1]

作為「天堂」另一頭的蘇州，其主要的人文特色當然要數小橋流水的枕河人家，以及到處可見的私家花園。此外，便是「吳儂軟語」和精細的美食。蘇州歷代方志對此風情都有記載。如黃省曾的《吳風錄》中記，「吳中尚奢，無論貴賤，悉在綾羅衣裳，家無積蓄」，「其士多明彥俊偉」。更有甚者，元末明初「自張士誠走卒廝養皆設官爵，至今呼椎油作麵傭夫為博士，剃工為待詔，奴僕為郎中，吏人為相公。」以上「博士」「待詔」「郎中」皆是古時官名，「相公」則為尊稱，所以至今蘇州悉稱青少年男子為「小開」，女子為小姐，中老年男子概稱先生，已結婚女子概稱師母，這個大概就是彼時的流風餘韻。

「吳中尚奢」，大抵奢於衣食，食風尤甚。使得有識之士不斷地發出勸誡。李銘皖等撰修的《同治蘇州府志》就說：「宴會所以合歡，飲食止期適口，何乃爭諸貴

中國飲食文化史　■　長江下游地區卷

1　沈關忠、張渭林：《名人筆下的樓外樓》，中國商業出版社，1999年。

重，群尚希奇山珍海味之中，又講配合烹調之法，排設多品，一席費至數金，小小宴集即耗中人終歲之資，片時果腹有限，徒博豪侈之名，重造暴殄之孽。」我們從這一中肯的勸誡中看到了蘇州飲食的奢華之風。

四、星羅棋布的中小城市群

長江下游的城市群，除了上述的上海、南京、杭州、蘇州以外，在它們的周圍還有許多姊妹城市，共同構成了長江下游地區飲食文化圈。在浙江有嘉興、紹興、寧波和溫州等；在江蘇有無錫、常州、鎮江、揚州、南通、淮安、徐州等；在安徽有蕪湖、安慶、合肥和蚌埠等。在中國近代史上，這些城市都不同程度地受到戰爭的破壞，但從它們自身的發展變化來看，交通發達與否，是這些城市興旺與否的一個制約點，凡是在鐵路線上的，發展都比較快，否則都有不同程度的敗落。例如，在浙江，杭甬鐵路建成後，寧波有了很大的起色；在江蘇，滬寧鐵路通車後，無錫成了「小上海」；在安徽，淮南鐵路建成後，合肥超過了蕪湖。相反，原來非常繁榮的淮安和揚州，此時卻日益破敗。凡是城市發達的，其餐飲業便隨之俱進，這已是一種定局。

浙江的寧紹溫地區擅長燒製海鮮，味甚濃郁，又沒有刺激性。飯前飲黃酒也是寧波、紹興人的習慣。這一地區不喜歡淡水魚蝦和湖蟹，亦是食俗地方性的表現。

對於安徽來說，皖南和皖北飲食風味有很大的差異，皖南山區擅長烹製山珍；皖北平原擅長烹製雞肴，如無為熏雞、符離集燒雞等，都早已是聞名全國的名特產品了。

第五節　天下食書江浙多

在中國近代的長江下游地區出版的食事文獻非常豐富，除了徐珂的《清稗類鈔》

等經典著作以外，尚有百種食事書籍公開出版發行。有關這方面的書目提要，在國內整理得比較早的有陶振綱、張廉明的《中國烹飪文獻提要》（中國商業出版社，1986年）和邱龐同的《中國烹飪古籍概述》（中國商業出版社，1989年），這兩本解題式的書目在時間上只收到清朝末年，在範圍上也僅涉及烹飪，尚有未及之處。所幸的是在二〇〇一年，本章作者在東京參加國際飲食文化研討會時，承蒙日本味之素食文化中心的太田泰弘先生惠贈了該中心收錄的《中國食文化文獻目錄》，在這裡我們將其中一九一七至一九四十年部分和前兩種目錄所收各書列如下表，時間上限為一八四〇年，表中分別以「陶」「邱」「味」標識出書籍的整理者。如此一覽，我們將很容易從這些食書的作者籍貫，及其活動地區得到明確的結論，從而看出長江下游地區飲食文化在全國的地位和影響（下表中列舉了幾位作者的籍貫）。

序號	撰著者名	書名	年代和出版社	備註
1	（湖北）黃雲鶴	粥譜	1881	陶、邱
2	（四川）曾懿	中饋錄	1907長沙	陶、邱、味
3	（日本）下田歌子	新編家政學	1902上海中國	陶、邱
4	（四川）傅崇矩	成都通覽卷七	1909成都通俗	陶、邱
5	（英國）高丕第夫人	造洋飯書	1909美國教會	陶、邱
6	元知山人鶴雲	食品佳味備覽	1918上海商務	陶、邱
7	（杭州）徐珂	清稗類鈔飲食類	1917上海商務	陶、邱
8	（寶應）盧壽籛	烹飪一斑	1917上海中華	陶、邱
9	（常熟）李公耳	家庭食譜	1917上海中華	陶、邱、味
10	（常熟）李公耳	西餐烹飪秘訣	1922上海世界	陶、邱、味
11	（常熟）時希聖	家庭食譜續編	1923上海中華	陶、邱、味
12	（常熟）時希聖	家庭食譜三編	1925上海中華	陶、邱、味
13	（常熟）時希聖	家庭食譜四編	1926上海中華	陶、邱、味

續表

序號	撰著者名	書名	年代和出版社	備註
14	（常熟）時希聖	素食譜	1925上海中華	陶、邱、味
15	王言綸	家庭實習寶鑑 第二編	1918上海商務	陶、邱
16	梁桂琴	治家全書卷10	1919上海交通	陶、邱
17	（松江）程英 屠傑　佩蘭	家庭萬寶全書卷5 烹飪學	上海中華圖書館	陶、邱
18	楊章父　孫沓公	素食養生論	1921上海中華	陶、邱、味
19	（同上）	上海快覽第6篇	1924	陶
20	（無錫）丁福保	食物新本草 （譯本）	1926上海商務	陶、邱、味
21	（同上）	上書原版	1917台北華正	味
22	（同上）	濟南快覽 衣食、中西餐館		陶
23	（大連）遼東飯莊	北平菜館	1931	陶、邱、味
24	岳俊士	民眾常識叢書 （烹飪類）	1933上海明雅	陶
25	（同上）	濟南大觀　中西餐	1934	陶
26	陶小桃	陶母烹飪法	1936上海商務	陶、邱、味
27	（滬江大學） 張恩廷	飲食與健康	1937上海商務	陶、邱、味
28	李家瑞	北平風俗類證 飲食	1937上海商務	陶
29	（武進）費子彬	費氏食養三種	1938常州孟河	陶
30	龔蘭真　周璇	實用飲食學	1939上海商務	陶、邱、味
31	吳憲	營養概論	1933上海商務	陶
32	（重慶） 任邦哲　林國鎬	新食譜2冊 食物成分表	1941重慶	陶、邱、味
33	蘇祖斐	兒童營養	1934上海亞美	陶
34	（陝西）薛寶辰	素食說略	西安義興新	陶

續表

序號	撰著者名	書名	年代和出版社	備註
35	單英民	吃食問題	1944上海時兆	陶、邱、味
36	祝味生	中西食譜大全	1930上海中西	邱、味
37	沈李龍	食物本草會纂	1891	邱
38	（同上）	吳中食譜	1926	邱
39	張通之	白門食譜	民國中期	邱
40	方文淵等	三十八年食歷		邱
41	（同上）	湯與飲料		邱
42	匋園主人	實用烹飪法		味
43	上海東方雜誌社	食品與衛生	1923上海商務	味
44	（浙江）鄭貞文	營養化學	1924上海商務	味
45	陳駒聲	農產製造	1931上海中華	味
46	（同上）	發酵工業	1931上海中華	味
47	（常熟）時希聖	中西精美食譜	1932上海廣益	味
48	陳駒聲	酒精	1932上海商務	味
49	韻芳	秘傳食譜（上、下）	1932上海寰球	味
50	郎擎霄	中國民食史	1933上海商務	味
51	潘衍	中西餐烹製法大全	1934廚郇會	味
52	方心芳	汾酒釀造狀況報告	1934黃海化工社	味
53	孫穎川	山西醋	1934黃海化工社	味
54	顧鳴盛	家庭必備食物須知	1934上海文明	味
55	董堅志	家庭烹飪指導	1935上海大中華	味
56	方心芳	高粱酒之研究	1935黃海化工社	味
57	杭州經濟建設委員會	浙江之農業食用作物編	1935杭州	味
58	何正禮等	高粱酒	1935上海商務	味

續表

序號	撰著者名	書名	年代和出版社	備註
59	盧壽籛	烹飪一斑	1935上海中華	味
60	金嗣說	牛乳及其製品之研究	1936上海商務	味
61	張輔忠（譯）	飲食物保存法	1936杭州生活	味
62	嚴毅	食品大觀	1936上海中國	味
63	侯祥川	中國食療之古書	1936	味
64	中央工業試驗所	釀造研究	1937上海商務	味
65	（江陰）胡山源	古今酒事	1937上海世界	味
66	朱仁康	家庭食物療法	1937上海中央	味
67	何維凝	中國鹽書目錄	1938	味
68	李克明	美味烹調食譜秘典	1938上海大方	味
69	星忠古郎著，舒貽上譯	罐類及食品製造法	1938上海商務	味
70	胡華封	家庭衛生烹調指南	1938台北商務	味
71	四川鹽政史編輯處	四川鹽政史	1938四川	味
72	鈴木彰著，蔡棄民譯	醋及調味料製造法	1939上海商務	味
73	陳騊聲	精糖工業及糖品分析法	1939上海商務	味
74	下瀨川一著，曹沈思譯	葡萄酒及果酒釀造法	1939上海商務	味
75	安樂岡清造著，曹沈思譯	清涼飲料製造法	1939上海商務	味
76	陳騊聲	釀造學總論（增訂版）	1940上海商務	味
77	丁惠康	食物療病法	1940上海醫學	味
78	經濟部中央工業研究所	食品工業	1940台北正中	味
79	（同上）	牛乳研究	1940上海中華	味

續表

序號	撰著者名	書名	年代和出版社	備註
80	方乘	農產釀造	1940上海中華	味
81	周萃杭	清涼飲料製造法	1940上海中華	味
82	陳駒聲	釀造學分論	1941上海商務	味
83	周萃杭	罐頭食品製造法	1941上海中華	味
84	（江陰）胡山源	古今茶事	1941上海世界	味
85	楊蔭深	穀蔬瓜果	1945台北世界	味
86	葉晉亮	糖果的製法	1945上海中華	味
87	吳楚明	五百種食品烹製法	1946上海經緯	味
88	黃媛珊	媛珊食譜1	1946台北三民	味
89	黃媛珊	媛珊食譜2	1946台北三民	味
90	楊蔭深	飲料食品	1946台北世界	味
91	許嘯天	食譜大全	1947上海國光	味
92	許敦和	烹飪新術	1947台北群學	味
93	秦含章	釀造醬油之理論與技術	1947上海商務	味
94	吳傳鈞	中國糧食地理	1947上海商務	味
95	程冰心	家常菜餚烹調法	1947上海文化	味
96	張君俊	民族健康與營養環境	1947上海中華	味
97	吳楚明	二百種素食譜	1948上海經緯	味
98	孫醒東	中國食用作物	1948上海中華	味
99	孫穎川	汾酒用水及其發酵秕之分析	1949黃海化工社	味
100	鄭世賢	南北貨海味概述	1949上海新業	味
101	張一凡	南北貨海味須知	1949上海中華	味

上列三種書目收錄的從一八四〇至一九四九年間的食事著作共101種（包括譯作，但剔除了重印版本），其中約有70%可以肯定其作者為長江下游地區人氏，或者所述為長江下游食事；其出版地點約有80%在長江下游地區，其中又以上海占絕大多數。由此可見，長江下游地區的確在引導中華飲食文化的新潮流，是飲食市場的前驅。另外，在這些食事著作中，約有一半是關於烹飪的，另一半是關於食品和營養的。這說明從鴉片戰爭以後，西方的近代科學進入了中國人的飲食生活，這一點在長江下游表現得尤為明顯。再有，在烹飪書籍中，涉及西餐的書籍已占有約五分之一的比例，西方的飲食文化直接影響了長江下游地區人們的餐桌，尤其是在大中城市，這是中西飲食文化交流的結果，豐富了中國傳統飲食文化思想，促進了近代中國飲食觀念的革新，使長江下游地區飲食文化產生了既有傳統特徵，又有外來風格的近代飲食文化特色。

第十章　現代艱辛

中華人民共和國成立初期，國家千瘡百孔、百廢待興，各種敵對勢力不斷製造麻煩，長江下游地區是雙方爭奪的焦點地區。為鞏固新政權，在城市，人民政府領導人民同國內外敵對勢力進行了恢復財政經濟的一系列鬥爭，到一九五二年完成了恢復國民經濟的任務。在農村，普遍實行土地改革，實現「耕者有其田」，徹底廢除了農村的封建土地所有制，解放了生產力，為解決中國的糧食問題，為國民經濟的恢復、發展，以及日後大規模的經濟建設奠定了基礎。

「國以民為本，民以食為天。」唯此為大的糧食問題即國人的溫飽問題，始終貫穿於中國文明發展的歷史長河中，可以說這是中國飲食文化觀念中最基本的、也是最重要的核心問題。長江下游地區人口密度大，土地和人口之間的矛盾很突出，要解決所有人的溫飽問題並非易事。面對貧窮落後、人口眾多的局面，社會主義共和國的前三十年，為尋找解決溫飽問題的道路頗費周折。

第一節　「三面紅旗」政策影響下的飲食生活

這一時期舉國上下共同的政治任務是高舉「三面紅旗」。所謂「三面紅旗」，是指「鼓足幹勁，力爭上游，多快好省地建設社會主義」的社會主義建設「總路線」，以及片面追求高速社會經濟發展的「大躍進」和「人民公社」化運動。其中延續時間最長的是「人民公社」，直到一九八二年才取消。

當時人民公社的主要特點是「一大二公」。所謂「大」，是指規模要大，將原來的合作社合併成立人民公社，一般是一鄉一社工農商學兵歸為一位，政社合一；所謂「公」，是指公有化程度要高，把社員的自留地、家禽家畜、家庭副業收歸公社所有，實行組織軍事化、行動戰鬥化、生活集體化，實行工資制和供給制相結合的分配製度，辦起公共食堂。

人民公社化運動下的生產生活，實行統一的分配製度，即工資制（即後來的工分制）和糧食供給制，全社社員不管家中勞動力多少，都按人口免費供應糧食。

▶圖10-1 南京長江大橋，建成於1967年，橋頭堡上面的三面紅旗寓意「總路線、大躍進和人民公社」

一九五八年九月，毛澤東在安徽視察，當聽到舒茶人民公社實行了吃飯不要錢時，他說：吃飯可以不要錢，既然一個社能辦到，其他有條件的公社也能辦到。既然吃飯可以不要錢，將來穿衣服也可以不要錢了。同年九月二十七日，劉少奇在南京黨員幹部會議上說：河南、河北、江蘇都決定農民吃飯不要錢，實行糧食供給制，看來大家都贊成。據說，全國最早實行供給制、辦公共食堂的地方是安徽省無為縣響山社，當時《人民日報》做了報導，並且宣傳了響山社社員自編的讚頌「供給制」的民歌：「發米發柴又發鹽，過年過節樣樣全。有菸有肉有香油，紅糖鞭炮帶掛麵。到熱天，發草帽，另有一把芭蕉扇。發毛巾，發香菸，還有肥皂洗汗衫。要結婚，能支錢，生了孩子更安全。有產假，還不算，糯米紅糖加雞蛋。男女老少喜洋洋，高高興興忙生產。要互助，心相連，響山變成幸福山」。

這種分配制度和開辦公共食堂的信息傳到黨中央後，受到了毛澤東主席的重視，他即表態支持。在一次政治局擴大會議上，他把《三國志‧張魯傳》加了批語印發給與會者，把張魯譽為中國古代倡導「共產」生活的先驅。

一九五八年，「放開肚皮吃飯，鼓足幹勁生產」，一時間成為傳遍大江南北的著名口號。全國各地的公社食堂辦得五花八門。我們從《國總書目》中找出了一九五九年由貴州人民出版社出版、黃慶民編的《獨山縣紅峰人民公社食堂菜譜》，

該書介紹了幾種城市公共食堂的菜譜，我們從中摘選出其中一個人民公社的一週菜譜，以窺公共食堂下民眾的飲食生活。

星期一

早上：烤麵包、苞穀糝、蘿蔔絲豆腐

中午：紅薯大米乾飯、粉條湯、炒白菜等

晚上：麵條、辣醬、白菜

星期二

早上：鍋貼饃、小米湯、炒辣椒絲、酸菜

中午：油餅、蘿蔔豆腐湯

晚上：五香胡椒湯

星期三

早上：蒸花捲饃、大米湯、燒豆腐、紅薯等

中午：炸油饃、 白菜、蘿蔔丁麵湯

晚上：麵條

星期四

早上：蒸發糕、高粱糊、包菜、泡菜等

中午：蒸麵條、青菜湯

晚上：肉絲麵

星期五

早上：五香鍋貼蘿蔔、白菜湯

中午：蒸菜包子、紅薯片湯、辣椒醬

晚上：烙餅、蘿蔔、粉條湯醃菜

星期六

早上：糖包子、伏汁酒

中午：小米乾飯、白菜湯、炒豆芽、蘿蔔

晚上：三鮮麵片湯

星期天

　　早上：糖炸饃、紅薯圓子湯

　　中午：大米乾飯、肉絲湯燒蘿蔔

　　晚上：炸椒麵條

　　從中我們可以看出公共食堂一日三餐，全天免費供應，不僅管「吃飽」，吃飯不限量；還以「吃好」為目標，基本上是「一個星期不重樣」，有的食堂是「半個月不重樣」，大吃大喝。有些食堂還辦「流水席」，社員隨到隨吃。可以說，在一定意義上這是一場共產主義飲食方式的嘗試。

　　「吃飯不要錢」和「放開肚皮吃飯」的農村公共食堂在蘇浙皖地區大體上維持到一九五九年下半年便解散了。我們見到的正式記錄是一九五九年八月十日毛澤東的一份批示，這是他在安徽省委書記處書記張愷帆下令解散無為縣飯堂的《報告》上所作的批示。但是農民的公共食堂問題並沒有得到整體解決，直到一九六一年五月七日至十日，毛澤東先後批准轉發了周恩來、胡喬木、鄧小平和彭真等關於農村政策方面的調查報告，到此，農民公共食堂問題才算有了個組織結論。這些報告反映了三個方面的問題：一是，社員普遍不贊成辦食堂；二是，供給制帶有平均主義，害處很多；三是，社員群眾迫切要求恢復高級社時的評工記分辦法。對於當時並不富裕的農村來說，這種成千上萬的人大吃大喝，顯然是不知家底盲目樂觀的作法，未幾，許多村鎮便被吃垮，「提前進入共產主義」的嘗試便告失敗。

▶圖10-2 粗陶碗，人民公社社員的主要餐具

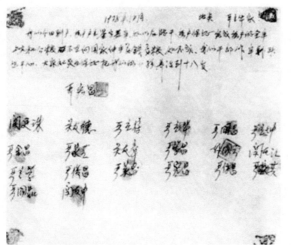

◀圖10-3 鳳陽小崗村農民「大包幹」契約

「三面紅旗」的做法對生產力造成了一定的破壞，一九五九年國民經濟出現了失衡的跡象，歷來被視為「魚米之鄉」的長江下游地區，也出現了所謂的「三年自然災害」。關於「三年自然災害」的起訖時間，並沒有準確的說法，大體上就是一九五九至一九六一年。這期間物資短缺，國家採取了憑票證供應的經濟制度。憑本憑證憑票供應的物資，最初都是農產品或以農產品為加工原料的產品，首先便是糧食和棉布。票證中又以糧票的種類最多，按地區分，有全國、省（市、自治區）、縣、人民公社等不同的流通範圍；按糧食品種分，有通用糧票，米票、麵粉票、各種雜糧票、熟食品票、糕點票等；按使用人員分，有普通群眾、軍人、學生、產婦、嬰兒以及特供對象。特供對象為中級以上幹部、高級知識分子、統戰對象等。甚至服刑犯人還有特別的供應標準；按供應面值分，有100斤、50斤、10斤、5斤、1斤、半斤、2兩、1兩、半兩（5錢）等，最低的僅為1錢。這一錢的糧票是南京市糧食局於一九六〇年印製的。在發放時間上，最早的是一九五四年，最遲的是一九九〇年，前後接近40年。除了糧食及其製品外，還有食油票、肉票、魚票、糖票、酒票、煙票、蛋品票、蔬菜票、鹽票以及副食品票等。每到節日則有特殊的節日供應，如花生、瓜子等，也一律要憑票供應。[1]在物品極其短缺的情況下，這為當

1　薛炎文、王同立：《票證舊事》，百花文藝出版社，1999年。

時保障百姓日常生活的物資供應、社會穩定起到了重要作用。

但是「一大二公」的人民公社體制，導致出現了「平均主義」的風氣，挫傷了農民的生產積極性，勞動效率大為降低，有的地方一個勞動日（10分工，基本上相當於一個青壯年勞力一天的勞動量）僅值8-9分錢。江蘇寶應湖邊上的農民，年終結算時，每個勞動日甚至還要倒貼2分錢。加之「大躍進」運動中片面強調發展速度，造成社會資源的極大浪費，使國民經濟比例嚴重失調，社會生產力遭到巨大破壞。以高指標、瞎指揮、浮誇風和「共產風」為主要標誌的「左」傾錯誤氾濫，致使農民生活非常艱難，即便是魚米之鄉的蘇南地區，農民也把吃一頓乾飯當作盛事。安徽省鳳陽縣，這裡曾經是朱元璋的家鄉，也是全國聞名的花鼓之鄉。新中國成立前，窮得叮噹響的鳳陽人，拿根竹筷敲著碟子外出乞討，唱著「說鳳陽，道鳳陽，鳳陽本是好地方，自從出了朱皇帝，十年倒有九年荒。」四處流浪，把自編自唱的花鼓小調唱遍了全國。新中國成立後，作為乞討文化的鳳陽花鼓調一度消失，人們用舊調新詞來讚頌新生活。但是，「大躍進」以後直到二十世紀七〇年代，這個縣又有許多人重操祖業，每年都有大量農民外出逃荒。幾年內，全縣農村人口驟減10萬人。一九七八年，全縣外出逃荒的有二三萬人。該縣梨園公社小崗村生產隊，一九七八年收穫的糧食只有一九五五年的三分之一，幾年之內，該村就有60個人被餓死，其中有6戶死絕，76人外出逃荒要飯。嚴酷的現實把人們逼急了，小崗生產隊隊長嚴俊昌召集了18戶農民祕密開會，提出了包產到戶，分田單幹，如果幹部因此吃了官司，大家負責把他的小孩撫養到18歲成人。18戶一致同意，空口無憑，立字為據，他們在一九七八年十一月十六日的夜晚，按下了自己的手印，立下了轉變歷史命運的合約。[1]這個合約，現在已經成為一級文物，被收藏在中國歷史博物館內。兩天以後，即一九七八年十一月十八日，中國共產黨十一屆三中全會開幕，小崗村農民成了革命先鋒，中國農民從此開始走向新的生活。

1　王青：《今日小崗人》，《文匯報》，1998年11月16日8版；吳象：《歷史在這裡拐了個彎——記農村改革突破階段的艱難歷程》，《都市文化報》，2005年5月19日A11版；《制定「包產到戶」政策的一段內情》，《報刊文摘》，2006年2月13日2版。

第二節　短缺經濟時期的飲食文化

經濟短缺時期的飲食必然十分困苦、艱難，必然形成一要節省，二要開發的特點。

一、以奢為恥，以儉為榮的飲食風尚

有關毛澤東個人的飲食生活，至今見到的報導不太多，除了他喜歡吃辣椒，喜歡紅燒肉，其他就沒有什麼了。關於他的養生之道，據他的保健醫生說，就是四句話：「遇事不怒，基本吃素。經常散步，勞逸適度。」所以他一直提倡勤儉節約，反對奢侈浪費。[1]周恩來也是提倡儉約的國家領導人，生前多次提倡「四菜一湯」，反對浪費。他雖少年離鄉，但仍喜愛家鄉風味，一九四九年十月一日的開國大典盛宴是由他核准的，即是以淮揚菜為基調組配的，並不奢侈。

由於國家主要領導人的提倡，再加上計劃經濟的指導思想就是不提倡浪費，又因為食物原料的短缺，所以，無論是社會餐飲業，還是家庭日常飲食，普遍都比較簡單。在那個時代，飯店的服務人員都想方設法替顧客省錢，和當前想方設法讓顧客多掏錢完全相反。一九六四年，新華社就曾經發過關於山東省平陰縣城南門裡飯店服務員張福蓮，說服顧客把40多元的消費變成7元多的消息。[2]這類事情當時在全國是相當普遍的，長江下游地區也不例外。那時候商業服務業的口號是「為人民服務」，而「服務」的主要內容就是勸你節約，就連廣告也是勸人家少花錢，為的是要反對鋪張浪費。形成消費水平低下的重要因素是人們的收入很少，農村的勞動工分制在正常年景只能獲得低水平的口糧，遇有天災人禍，連口糧都難保，當然就無

1　劉尊哲、潘家駒：《毛澤東身邊工作人員披露毛澤東的飲食生活》，《中國食品報‧餐飲週刊》，第163期，2001年11月4日。

2　劉尊哲、潘家駒：《毛澤東身邊工作人員披露毛澤東的飲食生活》，《中國食品報‧餐飲週刊》，第163期，2001年11月4日。

法進行工業品消費，更不要說下館子吃飯了。城市工人的工資一般在40元左右，幹部、教師、醫生等稍高一點，也就在50-60元之間，100元以上的肯定屬於高工資。以一對大學生夫婦為例，兩人月工資合計在110-120元之間，如果要負擔一方的雙親，再加上一個孩子的五口之家，每月糧食消費約20元，柴（煤）水電房租共約5元，油鹽醬醋約3元，買菜約30元，如果有人抽菸、喝茶，還需要再加5元，倘若有親戚朋友來訪或人情往來，這個家庭的恩格爾係數平均在60%-70%之間。剩下的是添置衣服、孩子的學習費用，算下來，能夠機動使用的收入是很少的。

毛澤東一生致力於縮小三大差別（城鄉差別、工農差別、體力勞動與腦力勞動的差別），但始終未能取得明顯的效果，即以城鄉差別而言，不僅沒有縮小，反而越縮越大，即便是大城市和中小城市之間，其差別也是很明顯的。在長江下游地區，上海人的平均收入就大大高於江蘇各城市；在江蘇省內，蘇南高於蘇北。為了防止農村衝擊城市，小城市衝擊大城市，不得已強化戶籍管理，限制城鄉交流，在一定程度上阻礙了一些地區的發展。

二、被政治化了的店名

中國傳統文化對中國烹飪的影響主要表現在精神層面上，飯店、酒家的名號和菜餚點心的名稱尤其有突出的體現。它們大多與長壽、幸福、吉祥、財富、尊貴、高雅等有關。新中國成立以後，由於人們對共產黨領導中國人民進行堅苦卓絕鬥爭的歷史和成功業績表示由衷地讚佩，因而喜歡將一些流行的政治概念引用到企業文化中來，諸如將「解放」「紅旗」「工農兵」「人民」等名詞用於店號，後來愈演愈烈，到了「文化大革命」時期，此風已達登峰造極之時，所有帶有傳統色彩的店名一律停止使用，取而代之的是「躍進」「大眾」「前進」「向陽」之類的店名，甚至一些地名也被概念化了，最常見的就是「大寨」「大慶」。「文革」鼎盛時期，「造反」「反修」「反帝」戰鬥之類火藥味更濃的詞彙也成店鋪名稱，此一時期，全國各地城鄉隨處都可見「解放飯店」「紅旗飯店」「工農兵飯店」「躍進酒家」之類的店標，

這些店名完全被政治化了。

中共十一屆三中全會以後，上述這種現象即行消逝。但是為了告知青少年和子孫後代，我們以為有必要註上一筆，永遠記住政治運動狂熱帶來的不良後果。如果說一九八〇年以前，中國飲食文化有什麼顯著特徵的話，這一點不應該被忽略。

三、食品科學的普及和廚師培養的現代化

❶·食品科學技術的普及與發展

與市場供應情況相反，在共和國建立的頭17年，我國的食品科學有了較大的普及和發展，這主要是因為在城市資本主義工商業和手工業的社會主義改造以後，原來的食品工廠和作坊都由國家來管理了，為了滿足計劃供應的需要，合併了許多小工廠和作坊，並注重引進科技人才。例如，揚州的醬品行業就由幾十家小作坊組合成了「三和」「四美」「五福」三家醬品廠，設備利用率提高了，技術力量加強了，同時實行了行業內部分工，有條件引進食品科技人才，在一段時間內，企業的確有了很大的發展。這種情況在當時是相當普遍的。可惜好景不長，一九六六年「文化大革命」開始以後，這種發展的勢頭便完全沒有了，而且隨著時間的推移，計劃經濟的弊端日益明顯，改革開放後又進行了一次新的整合。

一九九八年曾做過一個統計，全國共有食品和烹飪專業期刊158種，還有與食品相關學科的期刊140種，這些刊物編輯部所在地多數在北京，這是因為相關的主管機構均設在北京的緣故。但長江下游地區占的比例也不小，例如食品和烹飪專業期刊中有32種是長江下游地區編輯的，占全國總數的20%，相關專業期刊31種，占全國總數的22%，仍然能顯示長江下游地區食品科技發展及飲食文化研究在全國的重要地位。[1]

1　崔桂友：《食品與烹飪文獻檢索》，中國輕工業出版社，1999年。

長江下游地區的食品科學和食品工程教育在新中國成立前即處於領先地位，原國立中央大學食品工程繫於一九五二年院系調整後遷至無錫，與其他學校的相關專業合併成立無錫輕工業學院，後改名為無錫輕工業大學（1998年改為江南大學）。而原吳淞水產專科學校則改為上海水產學院。這兩所學校不僅為長江下游地區，也為全國培養了大批高級食品專業人才。在中專層次上，前輕工業部所屬的食品中專，全國只有兩所，其中的一所便是設在江蘇淮安。

❷ · 廚師的職業化教育

在廚師的培養方面，於二十世紀五〇年代發生了廚師培養方式上的重大變化。從古到今中國的廚師都是以師徒相傳的方式培養，這也是所有手工勞動者培養的共同模式。到了一九五六年，中國在經濟領域內全部完成了社會主義的改造任務，幾乎完全消滅了私營經濟。在餐飲行業中，老闆、師傅和徒弟都成了「同志」，過去那種徒弟對師傅的依附關係根本不存在了，師傅對徒弟也因失去了控制手段而不願收徒，這就使得餐飲行業的技術傳承鏈條出現了斷裂，但社會對廚師的需要量卻有所增加。為瞭解決這個矛盾，於是在政府的主持下，採用現代教育的模式，在全國各地開辦了一些專門培養廚師的烹飪技工學校，招收初中畢業生入學，進行專門的烹飪技能訓練，並且進行相應的文化基礎課教學，三年畢業，由主管單位分配到各個飯店去當廚師。據查，全國第一所這樣的技工學校是北京商業服務學校，創辦於一九五七年。一九五八至一九五九年在長江下游地區的上海，江蘇的揚州、蘇州和南京，浙江的杭州和紹興，安徽的合肥和蕪湖等地，也都先後創辦起了這種廚師學校。但在一九六六至一九七六年這十年動亂中，這些學校都停止招生。直到一九七八年十一屆三中全會以後，技工學校才又得以恢復招生，同時在一些中等專業學校中也設立了烹飪專業，加之一部分普通中學轉軌開辦職業班。也設有相當數量的烹飪班。這樣，技校、中專和職業中學三種不同名稱的學校，實際上培養的是同一層次、同一模式的人才。因為，除了中專校一度招收過高中畢業生以外，三種學校都是招收初中畢業生入學，畢業後都是做廚師。

中等層次烹飪教育的大發展是在二十世紀八〇年代以後，此時這一層次的教育已經積累了一定的辦學經驗和課程設置方案，如果不是十年「文革」的干擾，相關的學科建制早就可以定型。但一直推延到一九七九年，才由前商業部教育司成立並主持有相關學校教師參加專業教材編寫。共計編寫了《烹調技術》《烹飪原料加工技術》《烹飪原料知識》《飲食營養與衛生》《麵點製作工藝》和《飲食業成本核算》等6本一套的專業教材，當時的參編者主要是北京、上海和江蘇有關學校的教師。這套書對中國烹飪走向系統化、規範化和科學化起了重要的推動作用，它第一次對中國烹飪技術進行了系統的整理，並且把廚師的工作與現代營養衛生科學結合起來。據出版單位中國商業出版社的統計，其累計印數大多在100萬冊以上，最少的也有60多萬冊。應該說，中國烹飪真正成為一門科學就是從這套書開始的。

創辦於二十世紀五〇年代後期的中等烹飪教育，到了改革開放以後，對餐飲行業的發展起了很大的促進作用，它一方面促使對廣大職業廚師進行再教育工作的實施，二十世紀八〇年代後，各地開辦了難以計數的廚師和服務員培訓班；另一方面又促進了烹飪高等教育的創辦，同時人們再次認識到經濟建設是文化教育建設的基礎和條件。如果經濟建設的規模不夠，即便是超前開辦的教育機構也無法堅持。一九六二年黑龍江商學院就曾經辦過烹飪系，而且是本科層次的，但因為社會不接納而中途夭折。可是在一九八三年以後興辦的中國烹飪高等教育卻越辦越紅火。[1]

烹飪高等教育的興起是在二十世紀八〇年代之後，而它的大發展則是在二十一世紀初，由於高等職業技術教育的大發展，全國的烹飪高等教育也進入了大發展時期。即以長江下游地區為例，上海由原來的上海旅遊專科學校一家發展為3家，江蘇由原來的江蘇商業專科學校一家發展成為6家，安徽由原來的蚌埠高專和黃山高專發展成為4家，浙江也有了3家。烹飪高等教育的發展，一方面標誌著行業的興旺，另一方面也推動了飲食文化和烹飪科學技術研究的深入。二十世紀八〇年代的「烹飪熱」和當前的飲食文化熱都能說明這個問題。

1　季鴻崑：《中國大陸廚師培訓和烹飪教育的歷史與現狀》，第7屆中國飲食文化學術研討會論文，2001年10月。

第十一章　當代輝煌

從一九八〇年起到現在，是中國歷史上最富變化、最富傳奇、最激動人心的三十年，中國發生了巨大的變化，因為國家政策的轉變，使人們解放了思想，也解放了生產力，經濟騰飛了。

第一節　滄桑巨變，進入小康

一、經濟騰飛，迅猛發展

改革開放三十多年來，長江下游地區的經濟迅速發展。一九七八年十一月，安徽鳳陽小崗村的十八戶農民率先實行「大包幹」，揭開了中國農村改革的序幕。大包幹在農村的迅速推廣，調動起農民兄弟前所未有的生產熱情。隨之而來的農村政治和經濟改革，徹底解放了農村的生產力，使農民的基本生活水平有了較大改善，在長江下游的絕大部分地區溫飽已不成問題。以安徽省為例，改革開放的三十年間，農業總產值增長了二點五倍，糧食產量增長了百分之八十九，農民人均純收入增長了四點一七倍，農村小康實現率達百分之八十二點八。[1]

當各地農村熱火朝天「包產到戶」時，江蘇江陰市華士鎮華西村，在村支書吳仁寶的帶領下，不但沒有分田，卻早已「偷偷摸摸」地辦起了集體的工廠企業，另闢蹊徑走共同富裕的道路，這就是後來著名的「蘇南模式」。二〇〇六年華西集團已是年產值達三百億人民幣的特大企業。與此同時，浙江人從創辦家庭作坊開始進行他們資本的原始積累，然後懷揣鈔票走天下，現在幾乎到處都可以見到浙江商人，這就是著名的「溫州模式」。

農村的發展為區域經濟的發展和騰飛打下了堅實的基礎。以江蘇省為例，一九八四年全省鄉鎮企業總產值在工業經濟中約占三分之一的比例，到一九九〇年

1　方兆祥：《堅持和完善「大包幹」政策，加快安徽農業和農村現代化建設》，《安徽日報》，1998年12月20日。

鄉鎮工業總產值所占比例已上升到1/2，從而使江蘇省實現了從農業社會向工業社會的過渡。[1]

到二〇〇〇年，江蘇省國內生產總值為8584.68億元，位居全國第二；浙江省國內生產總值為6024.29億元，位居全國第四；上海市國內生產總值為4551.15億元，位居全國第八；安徽省國內生產總值為3031.84億元，位居全國第14；江西省國內生產總值為2000.00億元，位居全國第17。當年的全國國內生產總值為89403.50億元，而上述省市國內生產總值之和占全國國內生產總值的1/4強。

與全國的平均發展水平相比，長江下游地區人民生活水平的提高幅度總體上要更大一些。到了二〇〇八年，江蘇、浙江兩省的統計公報顯示，他們已基本上達到了小康，其中的先進地區，如蘇州、無錫、溫州、寧波、嘉興等地區已經向現代化邁進。江蘇省、浙江省的城鎮居民家庭的恩格爾係數[2]（％）分別達到37.9、36.4；農村居民家庭的恩格爾係數（％）分別達到41.3、38.0。江蘇的人均GDP已經達39080元，浙江省則為41967元，這兩省都已達到小康水平。但是在各自省內仍有經濟發展不平衡現象，以江蘇為例，淮北地區仍顯落後，這也是發展中的正常現象。

二、惠及民眾的「菜籃子工程」

二十世紀八〇年代末九〇年代初，最吸引老百姓的一個新名詞莫過於「菜籃子工程」。20多年來，菜籃子工程不僅解決了城市居民吃菜難的問題，而且逐步使居民的菜籃子越來越豐盛，從而提高了人們的生活質量和水平。

二十世紀八〇年代中期，城市經濟改革開始啟動。隨著經濟的迅速增長和城市居民收入的普遍提高，積累已久的副食品供應緊張的矛盾也日顯突出。一九八八年七月，國務院委託國家計委批覆同意農業部提出的《關於發展副食品生產保障城

1　葉書宗等：《長江文明史》，上海教育出版社，2001年。

2　恩格爾係數是食品支出總額占個人消費支出總額的比重，一般用來表示生活水平高低的一個參考指標。

市供應（簡稱菜籃子工程）的建議》，以緩解副食品消費的供求矛盾。同年九月，「菜籃子工程」率先在北京、上海和天津三個城市開始實施，繼而在全國推廣。自一九八八年以來，黨中央、國務院一直非常重視菜籃子工程的建設與發展，如今，圍繞百姓的菜籃子，已在全國形成了以市場為導向、多種經濟成分共同發展的大生產、大市場和大流通的格局。

　　長江下游地區的菜籃子工程建設亦成績斐然，以上海為例，下面所列數據是上海市一些年分的副食品產量比較，從中我們可以看出菜籃子工程為上海人作出的貢獻：

	單位	1978	1980	1985	1990	1995	2000	2001
蔬菜	萬噸	145.45	112.55	152.26	186.79	244.33	377.00	424.04
水果	萬噸	2.99	3.70	4.06	9.42	21.71	22.54	26.74
豬肉	萬噸	12.86	16.76	16.94	23.32	23.94	25.96	26.40
牛羊肉	萬噸		0.17	0.20	0.30	0.40	0.79	0.92
家禽	萬羽	1733	2577	1935	7357	14882	17213	17279
牛奶	萬噸	6.34	7.33	14.19	22.68	21.78	25.95	26.04
鮮蛋	萬噸	2.28	4.59	8.50	15.07	14.78	16.64	16.87
海水產品	萬噸	19.59	18.56	15.29	17.04	16.21	12.33	10.49
淡水產品	萬噸	1.81	1.89	5.31	10.32	12.86	16.64	19.28

（資料來源：《上海統計年鑑——2002》網絡版）

　　需指出，海水產品產量逐年下降，係過度捕撈導致資源減少的緣故，故二十一世紀以來實施夏季禁漁以求恢復資源生態。

　　再看一下江蘇省，下表列表是江蘇省一些年分居民家庭平均每人購買主要食品的數量，我們再次看到菜籃子工程對改善人民生活，提高生活質量，促進居民食物結構調整所產生的作用。

	單位	1985	1990	1995	1999	2000
糧食	公斤	128.60	119.00	96.31	86.35	75.81
植物油	公斤	7.30	6.98	7.31	8.78	8.6
鮮菜	公斤	122.00	117.73	112.30	111.70	105.01
豬肉	公斤	16.40	18.49	19.68	20.27	19.71
牛羊肉	公斤	1.10	2.38	1.40	1.63	1.77
家畜及製品	公斤	6.00	4.35	7.11	8.90	9.89
鮮蛋及製品	公斤	8.50	7.54	10.89	12.75	12.78
魚蝦及製品	公斤	9.90	10.76	14.31	18.00	15.89
鮮瓜果及製品	公斤	38.70	45.32	48.87	50.77	52.81
糖果	公斤	1.00	0.62	0.66	0.60	0.55
糕點	公斤	4.40	3.94	3.11	3.14	3.01
鮮、酸奶	公斤	5.50	3.72	4.19	9.54	12.04

（資料來源：《江蘇統計年鑑——2001》網絡版）

第二節　科學化、現代化、大眾化的飲食文化格局正在形成

　　與全國各地比較，長江下游地區歷來是人文薈萃之地，自然條件比較優越，特別是水利條件為全國之冠，除了江蘇和安徽兩省北部地區（即淮河以北）外，基本上都是旱澇保收的地區，農業生產的穩定使人民飲食生活的物質基礎有了保證，只有這樣，才能使該地區的飲食文化格局不斷出新。二十一世紀以來，長江下游地區的飲食文化向著科學化、現代化、大眾化的方面發展，這也是我國社會主義文化發展的主流方向，具體表現為如下幾個方面。

一、傳統食品的工業化生產

長江下游地區是傳統土特產食品相對集中而又比較豐富的產地。浙東蘇北沿海和舟山地區的海產品，太湖、洪澤湖和巢湖以及長江的淡水產品、金華火腿、如皋火腿、太倉肉鬆、南京板鴨、高郵鴨蛋、符離集燒雞，浙江和皖南的竹筍、杭州龍井茶、蘇州碧螺春茶、祁門紅茶、紹興黃酒、安徽口子窖、洋河和雙溝大曲等，早已是馳名全國甚至馳名世界的名特產品，這些產品的產量和質量在近30年都有了很大的提高，其中重要的一條措施就是對傳統食品進行工業化生產，許多傳統食品的生產都採用了現代化的科學方法，在走出手工作坊的生產模式之後，仍然保持其傳統的風味品質不變，這是非常成功的。另外，由於食品冷鏈（在冷凍狀態下儲存和運輸）工藝的普及，許多原本只能在本地消費的名特點心，現在可以用速凍食品形式在全國各地銷售，著名品種如寧波湯圓、嘉興粽子、紹興梅乾菜燒肉、杭州東坡肉、蘇州糕團、無錫醬排骨、鎮江肴肉、南京桂花鴨、揚州包子、鹽城藕粉圓子、淮安茶饊等，都已採取了不同程度的機械化生產方式，從而保證了一些食品能夠長年供應，本地特色食品在異地同樣能夠品嚐，顯示了傳統食品工業化的巨大威力。

二、餐飲行業的發展與民眾消費習俗的變化

據各省「統計公報」的數據顯示，二〇〇八年江蘇省社會餐飲人均消費為1579元，浙江省為1698元，而同年的全國人均社會餐飲消費為1160元。另據中國烹飪協會的評定，二〇〇八年中國餐飲企業百強中，上海和浙江各15家，江蘇有5家，安徽省僅1家，共計36家，占全國的36%，這標誌著長江下游地區餐飲行業的大發展。

❶・刻意追求「正宗」的消費心態

值得注意的是江蘇的五個百強企業主要都是經營中式快餐的企業，而沒有一家是經營正宗傳統淮揚菜的百強企業，這和江蘇省社會餐飲人均消費水平極不相稱，

◀圖11-1 揚州富春茶社

即江蘇人在外吃飯的人和花的錢都不少，但大型的傳統餐飲企業並不多，這跟江蘇人特別追求正宗淮揚菜的文化心態有很大的關係，一些傳統餐飲店絕不輕易擴張分店。以揚州「富春茶社」為例，向來將做功精細、調餡獨特的點心稱為「維揚細點」，這些細點常年空運銷往港澳，「維揚細點」名揚天下。但它自己只有一家分店，其總店至今仍在那條不起眼的小巷中，連三輪車都不容易踏進去，但生意異常興隆。而新開的分店雖然生意也不錯，但揚州本地人卻說他家的包子不如老店好吃，如遇有應酬，還是願意步行去城中的老店。這種現象在江蘇各地相當普遍，這或許和淮揚菜的文人風格有關，文人飲食的特徵是「品」，而不只是吃。陸文夫的《美食家》對此描寫得惟妙惟肖，哪怕是一段烘山芋，也會吃出不同品位來。袁枚在《隨園食單》中說那些不會品嚐的人是「餓鬼投胎」。這種飲食心態和當代的市場擴張觀念相悖，人們更樂意尋找那些自己中意的小飯店，自己信得過的廚師，點自己喜歡品嚐的幾道美食，約三五知己，小酌一番。所以在江蘇，要把飯店做大極難，要發展到滿城都見同一塊招牌，容易使老食客頓生狐疑，因為犯了「正宗」的忌。

❷・家庭年夜飯改在飯店吃

改革開放以來，隨著經濟的發展、物質生活水平的提高，以及整個政治、經

濟、文化和社會生活環境的變化，在人們接受新思想、新觀念的同時，傳統的觀念和風俗習慣亦發生了變化。這種變化使得傳統的飲食風貌呈現出一種新的格局和氣象，年夜飯的變化即是其中之一。

過年是中國人最重要的節日。年關歲末的「回家大軍」中，不少人都有一個強烈的願望，一定要趕在大年三十到家，全家人團團圓圓地吃上一頓「年夜飯」。作為一種傳承已久的民俗傳統，在二十世紀末，已悄然發生了一些變化，這就是有一些家庭的「年夜飯」改在到飯店去吃。這種現像在20年前是難以想像的。

近年來，每到歲末「年夜飯」總是媒體的熱門話題。二〇〇三年一月二十日的《揚子晚報》有這樣一條報導——《大店靠規模，小店憑特色——年夜飯攬客出奇招》，該報導說：「記者瞭解到，南京多數大中型餐館年夜飯已被訂滿，特別是浙江、上海等外埠餐飲『巨艦』，早在半個多月前就亮出紅燈。預訂的市民以中青年和白領階層為主，這些餐館吸引人的是人氣旺，過年圖個熱鬧。南京本地中高檔餐飲企業特別是一些『老字號』，在年夜飯市場的爭奪中也是贏家，其誘人之處在於百年傳承的菜餚特色和深厚的文化底蘊……」

同日的《揚子晚報》還刊登了一條發自杭州的消息，稱：「春節臨近，杭州餐飲業的生意也是如火如荼。正當許多『老闆』為能賺個盆滿缽滿而高興時，一樁令他們頭痛的事也隨之而來：不少外來就業人員返鄉過年，服務人員嚴重『斷檔』……」

❸．「洋節」食俗的興起

與中國傳統的節令食俗逐年淡化傾向共生的另一個現像是，外來的「洋節」食俗在一定地區和社會階層中的流行，其典型的代表大概莫過於「聖誕節大餐」。二〇〇二年十二月十六日的《揚子晚報》刊載了一篇《高星級飯店：此時乃見「真功夫」》的文章，文中寫到：「南京人最早見識『聖誕大餐』大約是在10年前。當時，金陵飯店、中心大酒店等率先引入『聖誕晚宴會』，主要是用於酒店的年終公關、答謝客戶，並未想賣票賺大錢。但沒想到就此引爆了酒店每年的巨大商機。歌

舞表演加聖誕大餐，讓人耳目一新。隨後，高星級酒店增多，各家為了提高檔次、爭奪『眼球』，又紛紛增加抽大獎的項目，抽獎的禮品從最初的聖誕禮物、餐券、客房券，到後來的大家電、出國游直至家用轎車。『聖誕大餐』門券的價格也從最初的上百元逐步提升到數百元、上千元。朋友聚會、單位公關、公司聯歡，似乎只有藉助『聖誕大餐』的熱鬧、抽獎，才算有品位上檔次的。而正是靠高星級酒店年年推波助瀾，才使『聖誕經濟』從酒店走向全社會，使所有的商業部門都打起『聖誕牌』，把一個季節性的促銷活動演繹成了歲末特有的經濟現象和文化現象。」

❹ · 消費習俗變化的啟示

這一系列消費習俗的變化給予我們以多方面的啟示，首先反映社會的進步。如果我們的社會還是以一九八〇年前的方式在運行，恐怕就沒有幾個人能瀟灑地出去吃年夜飯、吃聖誕大餐了。改革開放30多年來，中國社會的政治、經濟、文化，以及百姓日常生活方式、生活觀念等諸方面發生了巨大的變化，使得一些人有能力、有條件、也有心情出去吃年夜飯和聖誕大餐。這種變化反映出人民生活質量的提高和內容的豐富多彩。出去吃年夜飯也好，吃聖誕大餐也罷，消費者希望得到的是一種愉快的心情，和精神與物質上的享受。對社會發展而言，人們對精神生活的重視，表示著社會文明程度的進步。傳統消費習俗作為一種民俗的歷史傳承，在不同的時代必然要賦予它不同的時代色彩，尤其是在民族、社會經歷重大的時代變革的時刻。

其次，是反映了飲食消費觀念的解放。隨著社會的發展和進步，中國人的個性也在逐步得到張揚。改革開放以來，中國人一般可以較為自由地以自己的方式來表達自己的觀點和要求。在飲食消費領域中的突出表現就是消費觀念的解放及消費的多元化。逢年過節吃什麼？怎樣吃？在什麼地方吃？盡可按照自己的意願行事，而不必受什麼條條框框的約束，也不必過多考慮別人會怎麼看，怎麼說，體現了一種「精神解放」的意義和力量。

再次，是消費習俗向著便捷和休閒的方式發展。改革開放30年來，大眾飲食取

向的一個顯著特點是「便利」和「休閒」概念的出現，人們似乎越來越「偷懶」，越來越「好享福」，越來越「會享受」了。

便利，是說人們怎麼方便怎麼來，越省事越好。於是，從淨菜、速凍食品、保鮮食品、半成品，直到熟食、快餐、盒飯、方便食品、即食食品等既快捷又省事的商品開始走向市場。對普通消費者來說，與食物製作、供應相關的主要環節，幾乎都被不同程度地「便利」了。

「休閒」的本意是指無事而休息達到身心愉悅的一種生活。由於經濟的發展，人們收入水平的普遍提高，以及社會階層分化的漸趨明顯，各種「無事而休息」的時間成了眾多精明商人「掘金」的「寶地」，「休閒」因而演變成為一種消費的概念，「休閒經濟」幾乎滲透到了人們日常生活的方方面面，形形色色的茶樓、酒吧、書吧、氧吧、咖啡屋、練歌房等休閒場所逐漸融入百姓的日常生活。

在《自然辯證法》雜誌社主辦的「2002——中國：休閒與社會進步學術研討會」上，成思危先生對休閒時間的增加有如下的表述：「大約一萬年前，當人類進入農耕時代，人類只有10%的時間用於休閒；當工匠和手工業者們出現時，則省下了17%的時間用於休閒；到了蒸汽機時代，由於生產力水平的提高，人類將休閒時間增加到23%；而到了20世紀90年代，電子化的動力機器提高了每一件工作的速度，譬如從燒飯到交通……因而使得人們能將生活中41%的時間用於追求休閒。」「根據國外學者的預測，到2015年前後，隨著知識經濟和新技術的迅猛發展，人類將有50%的時間用於休閒。」「越來越多休閒時間的獲得，必然帶來百姓需求結構的變化——由對物質的追求轉向對精神享受的渴求，同時必然促進產業結構和消費市場的變化。」[1]當下人們飲食消費習慣的變化，和人們有了較多的休閒時間不無關係，人們也便崇尚休閒。

1　成思危：《關注休閒理論三大焦點》，《揚子晚報》，2002年11月4日。

三、高等教育的全面發展

長江下游地區是中國近代食品工業的發源地，也是食品工程教育的源頭。自從十九世紀三〇年代國立中央大學食品工程系創立以來，這個地區的食品工程教育一直處於全國領先的地位，現在三省一市辦有食品類專業的高等院校有十幾所，其中以江南大學（其前身為無錫輕工大學）為領頭羊，在全國都有很大的影響。

在烹飪高等教育方面，自一九八三年江蘇商業專科學校中國烹飪系（現揚州大學旅遊烹飪學院）創辦開始，長江下游的烹飪高等教育迅速發展。二〇〇九年在揚州大學舉辦的全國高等烹飪院校烹飪大賽上，全國參賽的院校有35所，由此估計，全國此類院校當在40所以上，而長江下游就有10多所，占全國的1/4。

在營養教育方面，長江下游三省一市的醫學院校，都設有公共衛生學科的營養專業，就全國來說，長江下游地區培養的營養人才數量居全國的首位。

食品、烹飪和營養高等教育的發展，使得食品和餐飲行業從業人員的科學文化素養有了顯著的提高，同時引領人們現代飲食觀念的形成。吃得文明、吃得科學、吃得健康成為人們的普遍追求。

四、飲食文化的研究日益深入

長江下游地區的飲食文化研究水平，在全國來說是居於前列的，這也是該地區的傳統優勢。自從唐宋以後，中國古籍中出現了大量的學術筆記類的著作，四庫全書把它們歸入「集部」，其中有好多種是珍貴的飲食文化史料。長江下遊人士的此類著作，在前面幾章中已經作了介紹。但是，這類學術筆記並不是飲食文化學的專門著作，因此幾乎沒有什麼系統的學術觀點，而且在改革開放之前，這些著作往往被視為封建士大夫頹廢生活的寫照，從而被打入學術禁區，故而很少有人研究。

改革開放以後的二十世紀八〇年代，在烹飪熱的高潮中，飲食文化方面的古籍被稱為「食經」，得到了很好的研究，並且在此基礎上展開了系統的飲食文化學研

究。從單純挖掘古代食譜和飲食故事，提高到建立食文化學科建設的高度，從直觀的文人談吃，提高到中國人民對飲食總結的人文感悟，從而建立現代中國人的飲食之道。近年來，相關的論文和專著（包括某些教材），已經發表和出版了相當數量，其中長江下游地區食文化學者的著作占有很大的比重。

第三節　當前的困惑與反思

中華民族的飲食文化傳統是偉大的，有天人合一、醫食同源、食養食療、「養助益充」、飲和食德、去食存信、尊老愛老等一系列寶貴的物質和精神兩種層面上的文化瑰寶。但是任何事物都有它的兩面性，在現實的飲食生活中，也有一些不盡如人意的負面情況，是我們在對中國飲食文化進行弘揚時，必須注意批評和防止的，其中最突出的是：

❶ · 環境問題

人類對大自然掠奪式的開發，導致了自然資源的枯竭和環境生態的惡變，如，長江下游的鰣魚、刀鱭，甚至河豚都幾乎絕跡，而過度的圍網養殖又造成了主要江河湖泊的水質惡化。關於我國「三河（淮河、海河、遼河）三湖（太湖、巢湖、滇池）」的治理問題，再次提上了國家級的議事日程，其中的淮河、太湖和巢湖都在長江下游地區。淮河水質為中度污染，太湖和巢湖都是Ⅴ類，甚至劣Ⅴ類，這個問題不可小視。另外，黃海和東海的近海污染也相當嚴重，一些地方性的中小型湖泊和河流污染，已導致不少地方產生水質性缺水。造成的原因雖不能完全歸咎於飲食，但不當的飲食活動卻是重要的原因之一。

另外，餐飲服務行業的發展對環境污染的問題也日益受到社會重視。如，煙塵污染、油煙污染、廚餘垃圾、廢水污染、噪聲污染等。

❷‧食品安全問題

食品安全雖然是個世界性的難題，但對於我國來說，問題的嚴重性恐怕要大於世界上的發達國家。二〇〇八年的三鹿奶粉事件催生了《食品安全法》的頒佈，但得不到不折不扣的執行，尚感任重而道遠。從農田到餐桌的食品產業鏈危機四伏，「蘇丹紅」「多寶魚」「劣質奶粉」「瘦肉精」等事件，直接危害到百姓的飲食生活，給中國的食品安全敲響了一次又一次的警鐘。

❸‧生產手段的現代化和服務對象的大眾化

對於這個問題，似乎存在著一對矛盾，無論是食品工業還是餐飲行業，傳統特色的優質服務都是以精細操作的手工技巧為前提的，而且對食物原料的品級要求高，製作的工時也相應增加了，因此生產成本必然較高，與服務對象大眾化的要求相悖。要解決這個矛盾，就要提高相關技術的科技含量，準確總結名師的操作工藝參數，設計合乎產品規範要求的技術設備，用提高效率的辦法來降低成本。二〇〇八年北京奧運會期間，全聚德的北京烤鴨已經作出了良好的榜樣，其他產品也應該可以做到。至於作為非物質文化遺產保護的項目，應該保持其原汁原味的名師手工工藝，其服務價格也應該提高到合理的水平，要使消費者明白，他們品嚐到的是中華傳統的優秀飲食藝術。但只是靠華而不實的豪華裝修或特殊的地理位置忽悠消費者，動輒以人均千元甚至萬元的消費門檻來吸引人們的眼球，這種做法與弘揚中華飲食文化是背道而馳的。

參考文獻[※]

一、古籍文獻

〔1〕論語·十三經注疏本·北京：中華書局，1980·

〔2〕禮記·十三經注疏本·北京：中華書局，1980·

〔3〕詩經·十三經注疏本·北京：中華書局，1980·

〔4〕墨子·諸子百家叢書本·上海：上海古籍出版社，1989·

〔5〕楚辭·北京：中華書局，2010·

〔6〕呂不韋·呂氏春秋·諸子百家叢書本·上海：上海古籍出版社，1989·

〔7〕越絕書·中國歷代名著全譯叢書本·貴陽：貴州人民出版社，1996·

〔8〕司馬遷·史記·北京：中華書局，1982·

〔9〕劉安·淮南子·諸子百家叢書本·上海：上海古籍出版社，1989·

〔10〕班固·漢書·北京：中華書局，1962·

〔11〕許慎·說文解字·北京：中華書局，1963·

〔12〕陳壽·三國志·北京：中華書局，1959·

〔13〕干寶·搜神記·長春：吉林文史出版社，1997·

〔14〕蕭統·文選·李善，注·北京：中華書局，1977·

〔15〕劉義慶·世說新語·北京：中華書局，2004·

〔16〕賈思勰·齊民要術校釋·繆啟愉，校釋·北京：農業出版社，1982·

〔17〕楊炫之·洛陽伽藍記校箋·楊勇，校箋·北京：中華書局，2006·

〔18〕陸羽·茶經·飲食物語飲之語集·北京：華齡出版社，2004·

〔19〕姚思廉·梁書·北京：中華書局，1973·

〔20〕李延壽·南史·北京：中華書局，1975·

〔21〕魏徵·隋書·北京：中華書局，2008·

〔22〕曾慥·類說·北京：文學古籍刊行社，1955·

※　編者註：本書「參考文獻」，主要參照中華人民共和國國家標準GB/T 7714-2005《文後參考文獻著錄規則》著錄。

〔23〕陶穀・清異錄・北京：中國商業出版社，1985・

〔24〕沈括・夢溪筆談・上海：上海出版公司，1956・

〔25〕范成大・吳郡志・南京：鳳凰出版社，1999・

〔26〕李昉・太平御覽・北京：中華書局，1960・

〔27〕吳自牧・夢粱錄・北京：文化藝術出版社，1998・

〔28〕魏收・魏書・北京：中華書局，1974・

〔29〕李吉甫・元和郡縣圖志・北京：中華書局，1983・

〔30〕李延壽・北史・北京：中華書局，1974・

〔31〕李肇・唐國史補・上海：上海古籍出版社，1979・

〔32〕令狐德棻・周書・北京：中華書局，1971・

〔33〕歐陽詢・藝文類聚・上海：上海古籍出版社，1982・

〔34〕蘇軾・東坡志林・北京：中華書局，1981・

〔35〕竇蘋・酒譜・四庫全書本・北京：中華書局，2010・

〔36〕孟元老・東京夢華錄・北京：文化藝術出版社，1998・

〔37〕李昉・太平廣記・北京：中華書局，1961・

〔38〕林洪・山家清供・烏克，註釋・北京：中國商業出版社，1985・

〔39〕陳直・養老奉親書・陳可冀，李春生，訂正評註・上海：上海科技出版社，1988・

〔40〕陸游・老學庵筆記・北京：中華書局，1979・

〔41〕忽思慧・飲膳正要・黃斌，校注・北京：中國書店，1993・

〔42〕脫脫等・宋史，北京：中華書局，1985・

〔43〕俞希魯・至順鎮江志・南京：鳳凰出版社，1999・

〔44〕高濂・遵生八箋・成都：巴蜀書社，1988・

〔45〕宋濂，王禕・元史・北京：中華書局，1976・

〔46〕李時珍・本草綱目・北京：人民衛生出版社，2004・

〔47〕徐光啟・農政全書・陳煥良，羅文華，校注・長沙：岳麓書社，2002・

〔48〕宋應星・天工開物・揚州：江蘇廣陵古籍刻印社，1997・

〔49〕劉基・多能鄙事・上海：上海古籍出版社，1995・

〔50〕陳夢雷・古今圖書集成・北京：中華書局，成都：巴蜀書店，1985・

〔51〕薛寶辰・素食說略・北京：中國商業出版社，1984・

〔52〕袁枚・隨園食單・揚州：廣陵書社，1998・

〔53〕徐珂·清稗類鈔·北京：中華書局，1984·

〔54〕李斗·揚州畫舫錄·北京：中華書局，2007·

〔55〕朱士嘉·中國地方志綜錄·北京：商務印書館，1958·

二、現當代著作

〔1〕吳仁敬，辛安潮·中國陶瓷史，北京：商務印書館，1937·

〔2〕林慧群·中國民族史·北京：商務印書館，1937·

〔3〕李橋蘋·中國化學史·北京：商務印書館，1940·

〔4〕裴文中·中國舊石器時代的文化//郭沫若·中國人類化石的發現和研究·北京：科學出
版社，1955·

〔5〕呂振羽·史前期中國社會研究·北京：三聯書店，1961·

〔6〕馬克思，恩格斯·馬克思恩格斯全集：第20集·2版·北京：人民出版社，1962·

〔7〕賈蘭坡·中國大陸上的遠古居民·天津：天津人民出版社，1978·

〔8〕姚仲源·二論馬家濱文化//中國考古學會第二次年會論文集·北京：文物出版社，
1982·

〔9〕郭沫若·郭沫若全集：歷史編·北京：人民出版社，1984·

〔10〕苑書義·中國近代史新編·北京：人民出版社，1988·

〔11〕俞松年，等·生活名物史話·上海：上海人民出版社，1988·

〔12〕吳汝康·古人類學·北京：文物出版社，1989·

〔13〕趙榮光·中國飲食史論·哈爾濱：黑龍江科學技術出版社，1990·

〔14〕張之恆，吳建民·中國舊石器時代文化·南京：南京大學出版社，1991·

〔15〕張之恆·中國考古學通論·南京：南京大學出版社，1991·

〔16〕柴繼光·中國鹽文化·北京：新華出版社，1991·

〔17〕楊曉東·燦爛的吳地魚稻文化·北京：當代中國出版社，1993·

〔18〕鍾來茵·蘇東坡養生藝術·南京：江蘇文藝出版社，1995·

〔19〕孫機·尋常的精緻·瀋陽：遼寧教育出版社，1996·

〔20〕孫家振·退醒廬筆記·上海：上海書店，1997·

〔21〕沈關忠，張渭林·名人筆下的樓外樓·北京：中國商業出版社，1999·

〔22〕崔桂友·食品與烹飪文獻檢索·北京：中國輕工業出版社，1999·

〔23〕薛炎文，王同立·票證舊事·北京：百花文藝出版社，1999·

〔24〕葉書宗，等·長江文明史·上海：上海教育出版社，2001·

〔25〕江林昌·夏商周文明新探·杭州：浙江人民出版社，2001·

〔26〕趙榮光·滿漢全席源流考述·北京：崑崙出版社，2003·

〔27〕柏楊·中國人史綱·北京：人民文學出版社，2011·

〔28〕侯外廬·中國思想通史：第三卷·北京：人民出版社，2011·

三、期刊、報紙

〔1〕浙江省博物館自然組·河姆渡遺址動植物遺存的鑑定研究·考古學報，1978（1）·

〔2〕賈蘭坡·從工具和用火看早期人類對物質的認識和利用·自然雜誌，1978（5）·

〔3〕揚州博物館·揚州邗江縣胡場漢墓·文物，1980（3）·

〔4〕郭演義，王壽英，陳堯成·中國歷代南方青瓷的研究·硅酸鹽學報，1980（3）·

〔5〕姚仲源·二論馬家濱文化//中國考古學會第二次年會論文集，北京：文物出版社，1982·

〔6〕黃萬坡，方篤生，葉永相·安徽和縣人化石及有關問題的初步研究·古脊椎動物與古人類，1982（3）·

〔7〕揚州博物館·揚州邗江胡場五號漢墓·文物，1987（11）·

〔8〕許春華，張銀遠，方篤生·和縣和巢湖人類化石的關係·文物研究：第七輯，1991·

〔9〕邵建華·海派文化與海派飲食‖中華食苑：第7集·北京：中國社會科學出版社，1994·

〔10〕周三金·上海菜的形成和發展‖中華食苑：第5集·北京：中國社會科學出版社，1994·

〔11〕劉志琴·明代飲食思想與文化思潮·史學集刊，1999（4）·

〔12〕沈德祥·良渚文化祭壇與大墓共存的關係探索·東南文化，1994（5）·

〔13〕趙榮光·中國飲食文化研究·香港：香港東方美食出版社，2003·

〔14〕季鴻崑·食品家族的孽子——菸草·飲食文化研究，2007（1）·

索引※

※　編者註：本書「參考文獻」，主要參照中華人民共和國國家標準GB/T 7714-2005《文後參考文獻著錄
　　規則》著錄。

索引

索
引

後記

　　本書籌劃於一九九八年，當時決定由馬健鷹寫第一章至第四章，季鴻崑寫第五章和第九、第十章，李維冰寫第六章至第八章和第十一章。由於近年來情況變化很大，所以在二〇〇九年十一月，季鴻崑重寫了第八章的鹽文化和第十章的中國廚師這兩節。原先從編寫大綱的擬定到初稿完成，歷時兩年，所交初稿總字數達56萬。二〇〇〇年由本人統稿，壓縮至40萬字；二〇〇二年送主編趙榮光先生初審後，再次壓縮到30萬字；二〇〇四年，根據出版社約稿合同，定為20萬字，於是作了最後一次壓縮，並稍加潤飾；後經馬靜編審覆審後退回，再作調整，至此已經六易其稿了。其中的艱辛，只有作者才能真正體會得到。

　　編寫《中國飲食文化史‧長江下游地區卷》，我們主要體會到兩點：一是在時間維度上不能斷檔，這樣就出現資料不足的矛盾；二是在空間維度上不能跳出圈外，這樣史料的典型性就會受到影響。我們試圖努力克服，但是否成功，只有請大家幫助指正。

　　當代飲食文化史研究，感覺也有兩個特點：一是只講飲食本身，不講或少講歷史文化背景；二是厚古薄今，甚至無視當代。在這兩方面，我們進行了一些嘗試，做得對不對，也請大家指正。

季鴻崑

2006年5月19日初稿

2007年1月6日重校

2009年11月15日再稿

2010年9月最後定稿

編輯手記

為了心中的文化堅守
——記《中國飲食文化史》（十卷本）的出版

《中國飲食文化史》（十卷本）終於出版了。我們迎來了遲到的喜悅，為了這一天，我們整整守候了二十年！因此，這一份喜悅來得深沉，來得艱辛！

（一）

談到這套叢書的緣起，應該說是緣於一次重大的歷史機遇。

一九九一年，「首屆中國飲食文化國際學術研討會」在北京召開。掛帥的是北京市副市長張建民先生，大會的總組織者是北京市人民政府食品辦公室主任李士靖先生。來自世界各地及國內的學者濟濟一堂，共敘「食」事。中國輕工業出版社的編輯馬靜有幸被大會組委會聘請為論文組的成員，負責審讀、編輯來自世界各地的大會論文，也有機緣與來自國內外的專家學者見了面。

這是一次高規格、高水準的大型國際學術研討會，自此拉開了中國食文化研究的熱幕，成為一個具有里程碑意義的會議。這次盛大的學術會議激活了中國久已蘊藏的學術活力，點燃了中國飲食文化建立學科繼而成為顯學的希望。

在這次大會上，與會專家議論到了一個嚴肅的學術話題——泱泱中國，有著五千年燦爛的食文化，其豐厚與絢麗令世界矚目——早在170萬年前元謀（雲南）人即已發現並利用了火，自此開始了具有劃時代意義的熟食生活；古代先民早已普遍知曉三點決定一個平面的幾何原理，製造出了鼎、鬲等飲食容器；先民發明了二十四節氣的農曆，在夏代就已初具雛形，由此創造了中華民族最早的農耕文明；中國是世界上最早栽培水稻的國家，也是世界上最早使用蒸汽烹飪的國家；中國有著令世界傾倒的美食；有著製作精美的最早的青銅器酒具，有著世界最早的茶學著作《茶經》……為世界飲食文化建起了一座又一座的豐碑。然而，不容迴避的現實是，至今沒有人來系統地彰顯中華民族這些

了不起的人類文明，因為我們至今都沒有一部自己的飲食文化史，飲食文化研究的學術制高點始終掌握在國外學者的手裡，這已成為中國學者心中的一個痛，一個鬱鬱待解的沉重心結。

這次盛大的學術集會激發了國內專家奮起直追的勇氣，大家發出了共同的心聲：全方位地占領該領域學術研究的制高點時不我待！作為共同參加這次大會的出版工作者，馬靜和與會專家有著共同的強烈心願，立志要出版一部由國內專家學者撰寫的中華民族飲食文化史。趙榮光先生是中國飲食文化研究領域建樹頗豐的學者，此後由他擔任主編，開始了作者隊伍的組建，東西南北中，八方求賢，最終形成了一支覆蓋全國各個地區的飲食文化專家隊伍，可謂學界最強陣容。並商定由中國輕工業出版社承接這套學術著作的出版，由馬靜擔任責任編輯。

此為這部書稿的發端，自此也踏上了二十年漫長的坎坷之路。

（二）

撰稿是極為艱辛的。這是一部填補學術空白與出版空白的大型學術著作，因此沒有太多的資料可資借鑑，多年來，專家們像在沙裡淘金，爬梳探微於浩瀚古籍間，又像春蠶吐絲，絲絲縷縷傾吐出歷史長河的乾坤經緯。冬來暑往，飽嘗運筆滯澀時之苦悶，也飽享柳暗花明時的愉悅。殺青之後，大家一心期待著本書的出版。

然而，現實是嚴酷的，這部嚴肅的學術著作面臨著商品市場大潮的衝擊，面臨著生與死的博弈，一個繞不開的話題就是經費問題，沒有經費將寸步難行！我們深感，在沒有經濟支撐的情況下，文化將沒有任何尊嚴可言！這是苦苦困擾了我們多年的一個苦澀的原因。

一部學術著作如果不能靠市場賺得效益，那麼，出還是不出？這是每個出版社都必須要權衡的問題，不是一個責任編輯想做就能做決定的事情。一九九九年本書責任編輯馬靜生病住院期間，有關領導出於多方面的考慮，探病期間明確表示，該工程必須下馬。作為編輯部的一件未盡事宜，我們一方面八方求助資金以期救活這套書，另一方面也在以萬分不捨的心情為其尋找一個「好人家」「過繼」出去。由於沒有出版補貼，遂被多家出版社婉拒。在走投無路之時，馬靜求助於出版同仁、老朋友——上海人民出版社的李偉國總編輯。李總編學歷史出身，深諳我們的窘境，慷慨出手相助，他希望能削減一些字數，並答應補貼10萬元出版這套書，令我們萬分感動！

但自「孩子過繼」之後，我們心中出現的竟然是在感動之後的難過，是「過繼」後的難以割捨，是「一步三回頭」的牽掛！「我的孩子安在？」時時襲上心頭，遂「長使英雄淚滿襟」——它畢竟是我們已經看護了十來年的孩子。此時心中湧起的是對自己無錢而又無能的自責，是時時想「贖回」的強烈願望！至今寫到這裡仍是眼睛濕潤唏噓不已……

經由責任編輯提議，由主編撰寫了一封情辭懇切的「請願信」，說明該套叢書出版的重大意義，以及出版經費無著的困窘，希冀得到飲食文化學界的一位重量級前輩——李士靖先生的幫助。這封信由馬靜自北京發出，一站一站地飛向了全國，意欲傳到十捲叢書的每一位專家作者手中簽名。於是這封信從東北飛至西北，從東南飛至西南，從黃河飛至長江……歷時一個月，這封滿載著全國專家學者殷切希望的滾燙的聯名信件，最終傳到了「北京中國飲食文化研究會」會長、北京市人民政府食品辦公室主任李士靖先生手中。李士靖先生接此信後，如雙肩荷石，沉吟許久，遂發出軍令一般的誓言：我一定想辦法幫助解決經費，否則，我就對不起全國的專家學者！在此之後，便有了知名企業家——北京稻香村食品有限責任公司董事長、總經理畢國才先生慷慨解囊、義舉資助本套叢書經費的感人故事。畢老總出身書香門第，大學讀的是醫學專業，對中國飲食文化有著天然的情愫，他深知這套學術著作出版的重大價值。這筆資助，使得這套叢書得以復甦——此時，我們的深切體會是，只有餓了許久的人，才知道糧食的可貴！……

在我們獲得了活命的口糧之後，就又從上海接回了自己的「孩子」。在這裡我們要由衷感謝李偉國總編輯的大度，他心無半點芥蒂，無條件奉還書稿，至今令我們心存歉意！

有如感動了上蒼，在我們一路跌跌撞撞泣血奔走之時，國賜良機從天而降——國家出版基金出台了！它旨在扶助具有重要出版價值的原創學術精品力作。經嚴格篩選審批，本書獲得了國家出版基金的資助。此時就像大旱中之雲霓，又像病困之人輸進了新鮮血液，由此全面盤活了這套叢書。這筆資金使我們得以全面鋪開精品圖書製作的質量保障系統工程。後續四十多道工序的工藝流程有了可靠的資金保證，從此結束了我們捉襟見肘、寅吃卯糧的日子，從而使我們恢復了文化的自信，感受到了文化的尊嚴！

（三）

我們之所以做苦行僧般的堅守，二十年來不離不棄，是因為這套叢書所具有的出版

價值——中國飲食文化是中華文明的核心元素之一，是中國五千年燦爛的農耕文化和畜牧漁獵文化的思想結晶，是世界先進文化和人類文明的重要組成部分，它反映了中國傳統文化中的優秀思想精髓。作為出版人，弘揚民族優秀文化，使其走出國門走向世界，是我們義不容辭的責任，儘管文化堅守如此之艱難。

季羨林先生說，世界文化由四大文化體系組成，中國文化是其中的重要組成部分（其他三個文化體系是古印度文化、阿拉伯—波斯文化和歐洲古希臘—古羅馬文化）。中國是世界上唯一沒有中斷文明史的國家。中國自古是農業大國，有著古老而璀璨的農業文明，它是中國飲食文化的根基所在，就連代表國家名字的專用詞「社稷」，都是由「土神」和「穀神」組成。中國飲食文化反映了中華民族這不朽的農業文明。

中華民族自古以來就有著「五穀為養，五果為助，五畜為益，五菜為充」的優良飲食結構。這個觀點自兩千多年前的《黃帝內經》時就已提出，在兩千多年後的今天來看，這種飲食結構仍是全世界推崇的科學飲食結構，也是當代中國大力倡導的健康飲食結構。這是來自中華民族先民的智慧和驕傲。

中華民族信守「天人合一」的理念，在年復一年的勞作中，先民們敬畏自然，尊重生命，守天時，重時令，拜天祭地，守護山河大海，守護森林草原。先民發明的農曆二十四個節氣，開啟了四季的農時輪迴，他們既重「春日」的生發，又重「秋日」的收穫，他們頌春，愛春，喜秋，敬秋，創造出無數的民俗、農諺。「吃春餅」「打春牛」「慶豐登」……然而，他們節儉、自律，沒有掠奪式的索取，他們深深懂得人和自然是休戚與共的一體，愛護自然就是愛護自己的生命，從不竭澤而漁。早在周代，君王就已經認識到生態環境安全與否關乎社稷的安危。在生態環境嚴重惡化的今天，在掠奪式開採資源的當代，對照先民們信守千年的優秀品質，不值得當代人反思嗎？

中華民族篤信「醫食同源」的功用，在現代西方醫學傳入中國以前，幾千年來「醫食同源」的思想護佑著中華民族的繁衍生息。中國的歷史並非長久的風調雨順、豐衣足食，而是災荒不斷，迫使人們不斷尋找、擴大食物的來源。先民們既有「神農嘗百草，日遇七十二毒」的艱險，又有「得茶而解」的收穫，一代又一代先民，用生命的代價換來了既可果腹又可療疾的食物。所以，在中華大地上，可用來作食物的資源特別多，它是中華先民數千年戮力開拓的豐碩成果，是先民們留下的寶貴財富；「醫食同源」也是中國飲食文化最傑出的思想，至今食療食養長盛不衰。

中華民族有著「尊老」的優良傳統，在食俗中體現尤著。居家吃飯時第一碗飯要先奉給老人，最好吃的也要留給老人，這也是農耕文化使然。在古老的農耕時代，老人是

農耕技術的傳承者，是新一代勞動力的培養者，因此使老者具有了權威的地位。尊老，是農耕生產發展的需要，祖祖輩輩代代相傳，形成了中華民族尊老的風習，至今視為美德。

中國飲食文化的一個核心思想是「尚和」，主張五味調和，而不是各味單一，強調「鼎中之變」而形成了各種復合口味，從而構成了中國烹飪豐富多彩的味型，構建了中國烹飪獨立的文化體系，久而昇華為一種哲學思想——尚和。《中庸》載「和也者，天下之達道」，這種「尚和」的思想體現到人文層面的各個角落。中華民族自古崇尚和諧、和睦、和平、和順，世界上沒有哪一個國家能把「飲食」的社會功能發揮到如此極致，人們以食求和體現在方方面面：以食尊師敬老，以食饗友待客，以宴賀婚、生子以及陞遷高就，以食致歉求和，以食表達謝意致敬……「尚和」是中華民族一以貫之的飲食文化思想。

「一方水土養一方人」。這十卷本以地域為序，記述了在中國這片廣袤的土地上有如萬花筒一般絢麗多彩的飲食文化大千世界，記錄著中華民族的偉大創造，也記述了各地專家學者的最新科研成果——舊石器時代的中晚期，長江下游地區的原始人類已經學會捕魚，使人類的食源出現了革命性的擴大，從而完成了從矇昧到文明的轉折；早在商周之際，長江下游地區就已出現了原始瓷；春秋時期筷子已經出現；長江中游是世界上最早栽培稻類作物的地區。《呂氏春秋・本味》述於2300年前，是中國歷史上最早的烹飪「理論」著作；中國最早的古代農業科技著作是北魏高陽（今山東壽光）太守賈思勰的《齊民要術》；明代科學家宋應星早在幾百年前，就已經精闢論述了鹽與人體生命的關係，可謂學界的最先聲；新疆人民開鑿修築了坎兒井用於農業灌溉，是農業文化的一大創舉；孔雀河出土的小麥標本，把小麥在新疆地區的栽培歷史提早到了近四千年前；青海喇家麵條的發現把我國食用麵條最早記錄的東漢時期前提了兩千多年；豆腐的發明是中國人民對世界的重大貢獻；有的卷本述及古代先民的「食育」理念；有的卷本還以大開大闔的筆力，勾勒了中國幾萬年不同時期的氣候與人類生活興衰的關係等等，真是處處珠璣，美不勝收！

這些寶貴的文化財富，有如一顆顆散落的珍珠，在沒有串成美麗的項鏈之前，便彰顯不出它的耀眼之處。如今我們完成了這一項工作，雕琢出了一串光彩奪目的珍珠，即將放射出耀眼的光芒！

編輯部全體工作人員視稿件質量為生命，不敢有些許懈怠，我們深知這是全國專家學者20年的心血，是一項極具開創性而又十分艱辛的工作。我們肩負著填補國家學術空白、出版空白的重託。這個大型文化工程，並非三朝兩夕即可一蹴而就，必須長年傾心投入。因此多年來我們一直保持著飽滿的工作激情與高度的工作張力。為了保證圖書的精品質量並儘早付梓，我們無年無節、終年加班而無怨無悔，個人得失早已置之度外。

全體編輯從大處著眼，力求全稿觀點精闢，原創鮮明。各位編輯極儘自身多年的專業積累，傾情奉獻：修正書稿的框架結構，爬梳提煉學術觀點，補充遺漏的一些重要史實，匡正學術觀點的一些訛誤之處，並誠懇與各卷專家作者切磋溝通，務求各卷寫出學術亮點，其拳拳之心殷殷之情青天可鑒。編稿之時，為求證一個字、一句話，廣查典籍，數度披閱增刪。青黃燈下，蹙眉凝思，不覺經年久月，眉間「川」字如刻。我們常為書稿中的精闢之處而喜不自勝，更為瑕疵之筆而扼腕嘆息！於是孜孜矻矻、秉筆躬耕，一句句、一字字吟安鋪穩，力求語言圓通，精煉可讀。尤其進入後期階段，每天下班時，長安街上已是燈火闌珊，我們卻剛剛送走一個緊張工作的夜晚，又在迎接著一個奮力拚搏的黎明。

為了不懈地追求精品書的品質，本套叢書每卷本要經過40多道工序。我們延請了國內頂級專家為本書的質量把脈，中華書局的古籍專家劉尚慈編審已是七旬高齡，她以古籍善本為據，為我們的每卷書稿逐字逐句地核對了古籍原文，幫我們糾正了數以千計的舛誤，從她那裡我們學到了非常多的古籍專業知識。有時已是晚九時，老人家還沒吃飯在為我們核查書稿。看到原稿不盡如人意時，老人家會動情地對我們喊起來，此時，我們感動！我們折服！這是一位學者一種全身心地忘我投入！為了這套書，她甚至放下了自己的個人著述及其他重要邀請。

中國社會科學院歷史研究所李世愉研究員，為我們審查了全部書稿的史學內容，匡正和完善了書稿中的許多漏誤之處，使我們受益匪淺。在我們圖片組稿遇到困難之時，李老師憑藉深廣的人脈，給了我們以莫大的幫助。他是我們的好師長。

本書中涉及各地區少數民族及宗教問題較多，是我們最擔心出錯的地方。為此我們把書稿報送了國家宗教局、國家民委、中國藏學研究中心等權威機構精心審查了書稿，並得到了他們的充分肯定，使我們大受鼓舞！

我們還要感謝北京觀復博物館、大連理工大學出版社幫我們提供了許多有價值的歷

史圖片。

　　為了嚴把書稿質量，我們把做辭書時使用的有效方法用於這部學術精品專著，即對本書稿進行了二十項「專項檢查」以及後期的五十三項專項檢查，諸如，各卷中的人名、地名、國名、版圖、疆域、西元紀年、諡號、廟號、少數民族名稱、現當代港澳台地名的表述等，由專人做了逐項審核。為使高端學術著作科普化，我們對書稿中的生僻字加了注音或簡釋。

　　其間，國家新聞出版總署貫徹執行「學術著作規範化」，我們聞風而動，請各卷作者添加或補充了書後的參考文獻、索引，並逐一完善了書稿中的註釋，嚴格執行了總署的文件規定不走樣。

　　我們還要感謝各卷的專家作者對編輯部非常「給力」的支持與配合，為了提高書稿質量，我們請作者做了多次修改及圖片補充，不時地去「電話轟炸」各位專家，一頭卡定時間，一頭卡定質量，真是難為了他們！然而，無論是時處酷暑還是嚴冬，都基本得到了作者們的高度配合，特別是和我們一起「熬」了二十年的那些老作者，真是同呼吸共命運，他們對此書稿的感情溢於言表。這是一種無言的默契，是一種心靈的感應，這是一支二十年也打不散的隊伍！憑著中國學者對傳承優秀傳統文化的責任感，靠著一份不懈的信念和期待，苦苦支撐了二十年。在此，我們向此書的全體作者深深地鞠上一躬！致以二十年來的由衷謝意與敬意！

　　由於本書命運多舛遷延多年，作者中不可避免地發生了一些變化，主要是由於身體原因不能再把書稿撰寫或修改工作堅持下去，由此形成了一些卷本的作者缺位。正是我們作者團隊中的集體意識及合作精神此時彰顯了威力——當一些卷本的作者缺位之時，便有其他卷本的專家伸出援助之手，像接力棒一樣傳下去，使全套叢書得以正常運行。華中師範大學的博士生導師姚偉鈞教授便是其中最出力的一位。今天全書得以付梓而沒有出現缺位現象，姚老師功不可沒！

　　「西藏」「新疆」原本是兩個獨立的部分，組稿之初，趙榮光先生殫精竭慮多方奔走物色作者，由於難度很大，終而未果，這已成為全書一個未了的心結。後期我們傾力進行了接續性的推動，在相關專家的不懈努力下，終至彌補了地區缺位的重大遺憾，並獲得了有關審稿權威機構的好評。

　　最令我們難過的是本書「東南卷」作者、暨南大學碩士生導師、冼劍民教授沒能見到本書的出版。當我們得知先生患重病時即趕赴探望，那時先生已骨瘦如柴，在酷熱的廣州夏季，卻還身著毛衣及馬甲，接受著第八次化療。此情此景令人動容！後得知冼先

生化療期間還在堅持修改書稿，使我們感動不已。在得知冼先生病故時，我們數度哽咽！由此催發我們更加發憤加快工作的步伐。在本書出版之際，我們向冼劍民先生致以深深的哀悼！

在我們申報國家項目和有關基金之時，中國農大著名學者李里特教授為我們多次撰寫審讀推薦意見，如今他竟然英年早逝離我們而去，令我們萬分悲痛！

在此期間，李漢昌先生也不幸遭遇重大車禍，嚴重影響了身心健康，在此我們致以由衷的慰問！

（五）

中國飲食文化學是一門新興的綜合學科，涉及歷史學、民族學、民俗學、人類學、文化學、烹飪學、考古學、文獻學、地理經濟學、食品科技史、中國農業史、中國文化交流史、邊疆史地、經濟與商業史等諸多學科，現正處在學科建設的爬升期，目前已得到越來越多領域的關注，也有越來越多的有志學者投身到這個領域裡來，應該說，現在已經進入了最好的時期，從發展趨勢看，最終會成為顯學。

早在一九九八年於大連召開的「世界華人飲食科技與文化國際學術研討會」，即是以「建立中國飲食文化學」為中心議題的。這是繼一九九一年之後又一次重大的國際學術會議，是一九九一年國際學術會議成果的繼承與接續。建立「中國飲食文化學」這個新的學科，已是國內諸多專家學者的共識。在本叢書中，就有專家明確提出，中國飲食文化應該納入「文化人類學」的學科，在其之下建立「飲食人類學」的分支學科。為學科理論建設搭建了開創性的構架。

這套叢書的出版，是學科建設的重要組成部分，它完成了一個帶有統領性的課題，它將成為中國飲食文化理論研究的扛鼎之作。本書的內容覆蓋了全國的廣大地區及廣闊的歷史空間，本書從史前開始，一直敘述到當代的二十一世紀，貫通時間百萬年，從此結束了中國飲食文化無史和由外國人寫中國飲食文化史的局面。這是一項具有里程碑意義的歷史文化工程，是中國對世界文明的一種國際擔當。

二十年的風風雨雨、坎坎坷坷我們終於走過來了。在拜金至上的浮躁喧囂中，我們為心中的那份文化堅守經過了煉獄般的洗禮，我們坐了二十年的冷板凳但無怨無悔！因為由此換來的是一項重大學術空白、出版空白的填補，是中國五千年厚重文化積澱的梳

理與總結，是中國優秀傳統文化的彰顯。我們完成了一項重大的歷史使命，我們完成了老一輩學人對我們的重託和當代學人的夙願。這二十年的泣血之作，字裡行間流淌著中華文明的血脈，呈獻給世人的是祖先留給我們的那份精神財富。

我們篤信，中國飲食文化學的崛起是歷史的必然，它就像那冉冉升起的朝陽，將無比燦爛輝煌！

《中國飲食文化史》編輯部

二〇一三年九月

編輯手記

亮點書系・中國文化通史 A1002011

中國飲食文化史・長江下游地區卷

主　　編	趙榮光
版權策畫	李　鋒
責任編輯	楊婉慈

發 行 人	林慶彰
總 經 理	梁錦興
總 編 輯	張晏瑞
編 輯 所	萬卷樓圖書股份有限公司

臺北市羅斯福路二段 41 號 6 樓之 3

電話 (02)23216565

傳真 (02)23218698

出　　版	昌明文化有限公司

桃園市龜山區中原街 32 號

電話 (02)23216565

發　　行　萬卷樓圖書股份有限公司

臺北市羅斯福路二段 41 號 6 樓之 3

電話 (02)23216565

傳真 (02)23218698

電郵 SERVICE@WANJUAN.COM.TW

大陸經銷

廈門外圖臺灣書店有限公司

電郵 JKB188@188.COM

ISBN 978-986-496-148-1

2018 年 1 月初版

定價：新臺幣 380 元

如何購買本書：

1. 劃撥購書，請透過以下郵政劃撥帳號：

　帳號：15624015

　戶名：萬卷樓圖書股份有限公司

2. 轉帳購書，請透過以下帳戶

　合作金庫銀行 古亭分行

　戶名：萬卷樓圖書股份有限公司

　帳號：0877717092596

3. 網路購書，請透過萬卷樓網站

　網址 WWW.WANJUAN.COM.TW

大量購書，請直接聯繫我們，將有專人為您

服務。客服：(02)23216565 分機 610

如有缺頁、破損或裝訂錯誤，請寄回更換

國家圖書館出版品預行編目資料

中國飲食文化史. 長江下游地區卷 / 趙榮光
著. -- 初版. -- 桃園市：昌明文化出版；臺北
市：萬卷樓發行, 2018.01

　冊；　公分

ISBN 978-986-496-148-1(平裝). --

1.飲食風俗 2.中國

538.782　　　　　　　　　　107001752

本著作物經廈門墨客知識產權代理有限公司代理，由中國輕工業出版社授權萬卷樓圖
書股份有限公司出版、發行中文繁體字版版權。